Começando a Programar em C Para Leigos

Folha de Cola

A melhor maneira de aprender a programar é começar com uma linguagem fundamental como C. Quase todas as outras linguagens populares de hoje pegam algo emprestado de C. Caso você seja curioso sobre programação, precisa passar em um curso da faculdade ou quer começar seu próprio negócio de aplicativos, aprender C é o jeito certo de começar.

Entendendo o Esqueleto de Linguagem C

A maioria das codificações começam com uma estrutura de linguagem C. Este *esqueleto* inclui os ossos básicos sobre os quais a maioria dos programas são escritos. Use este simples esqueleto para começar:

```
#include <stdio.h>
int main()
{
return(0);
}
```

Tradicionalmente, o programa começa com diretivas de pré-processamento mais protótipos. As declarações `#include` trazem arquivos de cabeçalho, como `stdio.h`, o arquivo cabeçalho padrão de entrada/saída.

A função primária em todo o código C é `main()`, que é a primeira função que executa quando o programa começa. A função `main()` é uma função `int`, então deve retornar um valor inteiro. Todas as declarações de funções estão inclusas entre chaves.

Palavras-chave de Linguagem C

As palavras-chave de linguagem C representam a base da linguagem. Com a revisão C11 para a linguagem, várias palavras-chave novas foram adicionadas. Elas são exibidas iniciando com o sublinhado (*underscore*) na tabela seguinte:

_Alignas	break	float	signed
_Alignof	case	for	sizeof
_Atomic	char	goto	static
_Bool	const	if	struct
_Complex	continue	inline	switch
_Generic	default	int	typedef
_Imaginary	do	long	union
_Noreturn	double	register	unsigned
_Static_assert	else	restrict	void
_Thread_local	enum	return	volatile
auto	extern	short	while

Lembre-se dos seguintes pontos quando começar a programar em C:

- Não nomeie nenhuma função ou variável da mesma maneira que uma palavra-chave.

- Você usa apenas algumas palavras-chave de linguagem C no seu código. Algumas delas você provavelmente nunca usará.

- A maioria do trabalho no seu código é feita por funções, não por palavras-chave.

Para Leigos®: A série de livros para iniciantes que mais vende no mundo.

Começando a Programar em C Para Leigos

Folha de Cola

Lembre-se dessas observações sobre tipos de variáveis:

- Garanta que você escolha o tipo de variável adequado para os valores que você precisa armazenar.

- O tipo `_Bool` armazena apenas dois valores, 0 e 1, que podem representar VERDADEIRO ou FALSO ou Ligado e Desligado em qualquer condição binária.

- A variável tipo `char` armazena valores de caracteres, embora também possa ser usada para armazenar inteiros.

- Inteiros, ou números inteiros, são armazenados nas variáveis tipo `int`.

- Qualquer tipo de valor, do maior para o menor, e qualquer valor fracionário são armazenados nos tipos `float` e `double`.

- Lembre-se de usar valores `int` para funções que geram inteiros, como `getchar()`. É fácil supor que a função retorna um valor `char` por causa do nome da função.

- C não possui um tipo de variável string. Em vez disso, um array de variáveis `char` é usado.

- Outros tipos de variáveis incluem estruturas e ponteiros.

Sequências de Escape Comuns em C

Quando você não pode digitar caracteres em sua string, use as sequências de escape para inserir caracteres não-imprimíveis em suas strings de texto, variáveis char e arrays. Aqui estão algumas sequências de escape em C:

Caracteres	O que Representa ou Exibe
\a	Alarme ("beep!")
\b	Barra de espaço, não destrutivo
\f	Feed de formulário ou limpa a tela
\n	Newline (nova linha)
\r	Código de fim de linha
\t	Tab
\v	Tab vertical
\\	Caractere de contrabarra
\?	Ponto de interrogação
\'	Aspas simples
\"	Aspas duplas
\xnn	Código de caractere hexadecimal nn
\onn	Código de caractere octal nn
\nn	Código de caractere octal nn

Para Leigos®: A série de livros para iniciantes que mais vende no mundo.

Começando a Programar em C

PARA LEIGOS®

por Dan Gookin

ALTA BOOKS
E D I T O R A
Rio de Janeiro, 2016

Começando a Programar em C Para Leigos — ISBN: 978-85-7608-975-9
Copyright © 2016 da Starlin Alta Editora e Consultoria Eireli.

Translated from original Beginning Programming With C For Dummies, 1ª Edition © 2013 by John Wiley & Sons, Inc. ISBN 978-1-118-73763-7. This translation is published and sold by permission of John Wiley & Sons, Inc., the owner of all rights to publish and sell the same. PORTUGUESE language edition published by Starlin Alta Editora e Consultoria Eireli, Copyright © 2016 by Starlin Alta Editora e Consultoria Eireli.

Todos os direitos reservados e protegidos por Lei. Nenhuma parte deste livro, sem autorização prévia por escrito da editora, poderá ser reproduzida ou transmitida.

Erratas: No site da editora relatamos, com a devida correção, qualquer erro encontrado em nossos livros, bem como disponibilizamos arquivos de apoio se aplicável ao livro. Acesse o site www.altabooks.com.br e procure pelo título do livro desejado para ter acesso a erratas e/ou arquivos de apoio.

Marcas Registradas: Todos os termos mencionados e reconhecidos como Marca Registrada e/ou Comercial são de responsabilidade de seus proprietários. A Editora informa não estar associada a nenhum produto e/ou fornecedor apresentado no livro.

Impresso no Brasil, 2016

Edição revisada conforme Acordo Ortográfico da Língua Portuguesa de 2009.

Produção Editorial	Supervisão Editorial	Design Editorial	Gerência de Captação e Contratação de Obras	Vendas Atacado e Varejo
Editora Alta Books	Sergio de Souza	Aurélio Corrêa	J. A. Rugeri	Daniele Fonseca
Gerência Editorial	**Produtor Editorial**	**Marketing Editorial**	Marco Pace	Viviane Paiva
Anderson Vieira	Claudia Braga	marketing@altabooks.com.br	autoria@altabooks.com.br	comercial@altabooks.com.br
Assistente Editorial	Thiê Alves			**Ouvidoria**
Carolina Gianninni				ouvidoria@altabooks.com.br

Equipe Editorial	Bianca Teodoro Christian Danniel	Jéssica Carvalho Juliana Oliveira	Mayara Coelho Renan Castro	Silas Amaro

Tradução	**Copi**	**Revisão Gramatical**	**Revisão Técnica**	**Diagramação**
Samantha Batista	Gabriel Arantes	Gloria Melgarejo	André Sarmento	Diego Oliveira

Erratas e arquivos de apoio: No site da editora relatamos, com a devida correção, qualquer erro encontrado em nossos livros, bem como disponibilizamos arquivos de apoio se aplicáveis à obra em questão. Acesse o site www.altabooks.com.br e procure pelo título do livro desejado para ter acesso às erratas, aos arquivos de apoio e/ou a outros conteúdos aplicáveis à obra.

Suporte Técnico: A obra é comercializada na forma em que está, sem direito a suporte técnico ou orientação pessoal/exclusiva ao leitor.

Dados Internacionais de Catalogação na Publicação (CIP)

G659a   Gookin, Dan.
          Aprendendo a programar em C para leigos / por Dan Gookin. – Rio de Janeiro, RJ : Alta Books, 2016.
          448 p. : il. ; 24 cm. – (Para leigos)

          Inclui índice e apêndice.
          Tradução de: Beginning programming with C for dummies.
          ISBN 978-85-7608-975-9

          1. C (Linguagem de programação de computador). 2. Linguagem de programação (Computadores). I. Título. II. Série.

                                                                   CDU 004.438C
                                                                   CDD 005.133

Índice para catálogo sistemático:
1. Linguagem de programação C   004.438C

(Bibliotecária responsável: Sabrina Leal Araujo – CRB 10/1507)

Rua Viúva Cláudio, 291 — Bairro Industrial do Jacaré
CEP: 20970-031 — Rio de Janeiro
Tels.: 21 3278-8069/8419 Fax: 21 3277-1253
www.altabooks.com.br — e-mail: altabooks@altabooks.com.br
www.facebook.com/altabooks — www.twitter.com/alta_books

Sobre o Autor

Dan Gookin escreve sobre tecnologia há mais de 25 anos. Ele combina seu amor por escrever com a fascinação por dispositivos para criar livros que são informativos, interessantes e divertidos. Já tendo escrito mais de 130 títulos, com 12 milhões de cópias impressas traduzidas em mais de 30 línguas, Dan pode provar que seu método de criar livros de computação funciona.

Talvez, seu título mais famoso seja o original *DOS For Dummies*, publicado em 1991. Ele se tornou o livro de computação de venda mais rápida do mundo, vendendo mais cópias por semana de uma só vez que o best-seller número um do *New York Times* (embora, como livro de referência, ele não possa ser listado na Lista de Best Sellers do jornal). Esse livro gerou uma linha inteira de livros *For Dummies*, que se mantém como fenômeno de publicação até os dias de hoje.

Os títulos mais populares de Dan incluem *PCs Para Leigos, Notebooks e Laptops Para Leigos, Word For Dummies* e *Android Phones For Dummies*.

Dan possui graduação em Comunicação/Artes Visuais pela Universidade da Califórnia, San Diego. Mora no noroeste Pacífico, onde gosta de passar o tempo com seus filhos, jogando videogames dentro de casa, enquanto apreciam as madeiras suaves de Idaho.

Agradecimentos

Gostaria de agradecer a Jon Rossen por seu feedback e revisão deste livro. Jon tem lido meus livros de C há muito tempo. De vez em quando, ele me mandava um e-mail com uma pergunta ou sugestão. Eu aproveitei nossa comunicação e o jeito que ele olha as coisas e é por isso que estou muito agradecido por sua revisão. O resultado final foi muito melhor do que seria sem ele. Jon, obrigado por suas contribuições.

Sumário Resumido

Introdução *1*

Parte I: Começando a programar em C *7*

Capítulo 1: Um Início Rápido Para os Impacientes 9
Capítulo 2: O Segredo da Programação..21
Capítulo 3: Anatomia do C 31

Parte II: Introdução à Programação C *45*

Capítulo 4: Testes e Erros 47
Capítulo 5: Valores e Constantes 59
Capítulo 6: Um Lugar para Colocar Coisas 71
Capítulo 7: Entrada e Saída 83
Capítulo 8: Tomando Decisões 97
Capítulo 9: Loops, Loops, Loops 113
Capítulo 10: Diversão com Funções 129

Parte III: Construa Sobre o que Você Sabe *143*

Capítulo 11: O Capítulo Inevitável Sobre Matemática 145
Capítulo 12: Me dê Arrays 163
Capítulo 13: Diversão com Texto...181
Capítulo 14: Estruturas, as Multivariáveis...199
Capítulo 15: Existe Vida no Prompt de Comando 209
Capítulo 16: Variáveis Sem Noção 219
Capítulo 17: Mania de Binários 231

Parte IV: A Parte Avançada *249*

Capítulo 18: Introdução a Ponteiros 251
Capítulo 19: Nas Profundezas da Terra dos Ponteiros...267
Capítulo 20: Listas Ligadas..287
Capítulo 21: Já era Hora...307

Parte V: E o Resto? *315*

Capítulo 22: Funções de Armazenamento Permanente.......................................317
Capítulo 23: Gerenciamento de Arquivos 335
Capítulo 24: Além de Projetos de Meros Mortais 345
Capítulo 25: Fora, Bugs! 355

Parte VI: A Parte dos Dez 367

Capítulo 26: Dez Errinhos Comuns 369
Capítulo 27: Dez Lembretes e Sugestões 377

Posfácio 385

Apêndice A: Códigos ASCII 387

Apêndice B: Palavras-chave 393

Apêndice C: Operadores 395

Apêndice D: Tipos de Variáveis 397

Apêndice E: Sequências de Escape 399

Apêndice F: Conversão de Caracteres 401

Apêndice G: Ordem de Precedência 403

Índice 405

Sumário

Introdução 1
    A Linguagem C é Relevante? 1
    A Abordagem de Começando a Programar em C Para Leigos 2
    Como Este Livro Funciona..2
    Ícones Utilizados Neste Livro 4
    Pensamentos Finais..4

Parte I: Começando a programar em C 7

Capítulo 1: Um Início Rápido Para os Impacientes 9
    O Que Você Precisa para Programar..9
        Obtendo ferramentas de programação...9
        Adquirindo um Ambiente de Desenvolvimento Integrado (IDE).......10
    Eis o IDE Code::Blocks 10
        Instalando o Code::Blocks 10
        Um tour pela área de trabalho do Code::Blocks................................12
    Seu Primeiro Projeto..14
        Criando um novo projeto..14
        Examinando o código-fonte 16
        Montando e executando o projeto 18
        Salvando e fechando...19

Capítulo 2: O Segredo da Programação 21
    A História da Programação..21
        Revisando o início da história da programação 22
        Apresentando a linguagem C 22
    O Processo de Programação 23
        Entendendo a programação..23
        Escrevendo o código-fonte..24
        Compilando para código objeto 26
        Vinculando à biblioteca C...27
        Executando e testando 28

Capítulo 3: Anatomia do C 31
Partes da Linguagem C 31
    Palavras-chave 32
    Funções 33
    Operadores 34
    Variáveis e valores 35
    Declarações e estrutura 35
    Comentários 36
Observe um Típico Programa em C 38
    Entendendo a estrutura de um programa em C 39
    Definindo a função main() 39
    Retornando alguma coisa para o sistema operacional 40
    Adicionando uma função 41

Parte II: Introdução à Programação C 45

Capítulo 4: Testes e Erros 47
Exiba Algo na Tela 47
    Exibindo uma mensagem cômica 47
    Introduzindo a função puts() 48
    Adicionando mais texto 49
    Comentando uma declaração 50
    Errando de propósito 51
Exibindo Mais Algumas Coisas 53
    Exibindo texto com printf() 53
    Introduzindo a função printf() 54
    Entendendo a quebra de linha 55
    Empregando sequências de escape 55
    Errando de propósito de novo 57

Capítulo 5: Valores e Constantes 59
Um Local para Vários Valores 59
    Entendendo valores 60
    Exibindo valores com printf() 60
    Preocupando-se com os zeros extras 62
O Computador Faz a Conta 63
    Fazendo aritmética simples 63
    Revendo a jogada do float-inteiro 65
Sempre o Mesmo 66
    Utilizando o mesmo valor repetidas vezes 66
    Introduzindo constantes 67
    Utilizando constantes 68

Capítulo 6: Um Lugar para Colocar Coisas 71
    Valores que Variam...71
        Configurando um exemplo rápido 72
        Introduzindo os tipos de variáveis...72
        Utilizando variáveis 73
    Variáveis Muito Loucas!...76
        Utilizando tipos mais específicos de variáveis...........................77
        Criando múltiplas variáveis 78
        Agregando valor à criação...80
        Reutilizando variáveis 80

Capítulo 7: Entrada e Saída 83
    Caractere I/O 83
        Entendendo os dispositivos de entrada e saída........................83
        Lendo caracteres com getchar()...84
        Utilizando a função putchar()...86
        Trabalhando com variáveis do tipo caractere 87
    Texto I/O, mas principalmente I..88
        Armazenando strings...88
        Introduzindo a função scanf()...90
        Lendo uma string com scanf( ) 91
        Lendo valores com scanf( )...92
        Utilizando fgets() para entrada de texto 93

Capítulo 8: Tomando Decisões 97
    Se o Quê? 97
        Fazendo uma comparação simples..97
        Introduzindo a palavra-chave if 99
        Comparando valores de várias maneiras..................................99
        Percebendo a diferença entre = e ==..101
        Esquecendo onde colocar o ponto e vírgula 102
    Decisões Múltiplas..103
        Tomando decisões mais complexas 103
        Adicionando uma terceira opção..104
    Comparações Múltiplas com Lógica 105
        Construindo uma comparação lógica......................................106
        Adicionando operadores de lógica 106
    O Velho Truque do Switch Case 107
        Fazendo uma seleção de múltipla escolha 108
        Entendendo a estrutura do switch-case 109
        Sem fazer pausas...110
    A Estranha Estrutura de Decisão ?:..111

Capítulo 9: Loops, Loops, Loops 113
Um Pequeno Déjà Vu 113
A emoção dos Loops for 114
    Fazendo alguma coisa x número de vezes..114
    Introduzindo o loop for..115
    Contando com a declaração for...117
    Letras em looping 118
    Aninhando loops for 119
A Alegria do Loop while..120
    Estruturando um loop while..120
    Utilizando um loop do-while..122
Coisas de Loop 123
    Fazendo loops infinitos...123
    Fazendo loops infinitos, mas de propósito..124
    Saindo de um loop 125
    Estragando um loop 126

Capítulo 10: Diversão com Funções 129
Anatomia de uma Função 129
    Construindo uma função 130
    Prototipar (ou não) 132
Funções e Variáveis 134
    Utilizando variáveis em funções 135
    Enviando um valor a uma função 136
    Enviando múltiplos valores a uma função 138
    Criando funções que retornam valores...138
    Retornando antes..141

Parte III: Construa Sobre o que Você Sabe 143

Capítulo 11: O Capítulo Inevitável Sobre Matemática 145
Operadores Matemáticos
de Além do Infinito 145
    Incrementando e decrementando..146
    Pré-fixando os operadores + + e - -..148
    Descobrindo o resto (módulo) 149
    Ganhando tempo com operadores
    de atribuição...150
Mania de Funções Matemáticas...151
    Explorando algumas funções
    matemáticas comuns...152
    Sofrendo com trigonometria 154
É Totalmente Aleatório 156
    Descarregando números aleatórios...157
    Tornando os números mais aleatórios..158
A Sagrada Ordem da Precedência...160
    Recebendo a ordem correta 160
    Forçando ordem com parênteses...161

Capítulo 12: Me dê Arrays **163**
   Contemple o Array 163
      Evitando arrays..163
      Entendendo arrays..164
      Inicializando um array 167
      Brincando com arrays de caracteres (strings) 167
      Trabalhando com arrays char vazios 169
      Ordenando arrays 170
   Arrays Multidimensionais 173
      Fazendo um array bidimensional 173
      Enlouquecendo com arrays tridimensionais 176
      Declarando um array multidimensional inicializado 177
   Arrays e Funções 178
      Passando um array para uma função 178
      Retornando um array de uma função 180

Capítulo 13: Diversão com Texto **181**
   Funções de Manipulação de Caracteres 181
      Introduzindo os CTYPEs 182
      Testando caracteres 183
      Mudando caracteres 185
   Abundância de Funções String 186
      Revisando funções string 186
      Comparando texto 187
      Construindo strings 189
   Diversão com Formatação printf() 190
      Formatando ponto flutuante 190
      Configurando a largura da saída 192
      Alinhando a saída 193
   Descendo o Fluxo Tranquilamente 194
      Demonstrando o fluxo de entrada 195
      Lidando com o fluxo de entrada 195

Capítulo 14: Estruturas, as Multivariáveis **199**
   Olá, Estrutura 199
      Introduzindo a multivariável 199
      Entendendo struct 201
      Preenchendo uma estrutura 203
      Fazendo um array de estruturas 204
   Conceitos estranhos sobre estruturas 206
      Colocando estruturas dentro de estruturas 206
      Passando uma estrutura para uma função 207

Capítulo 15: Existe Vida no Prompt de Comando **209**
   Invoque uma Janela de Terminal 209
      Inicializando uma janela de terminal 209
      Executando código no modo texto 210

Os Argumentos da Função main () 211
    Lendo a linha de comando 212
    Entendendo os argumentos do main () 214
Hora de Cair Fora 215
    Saindo do programa 215
    Executando outro programa 216

Capítulo 16: Variáveis Sem Noção 219

Controle de Variáveis 219
    Typecasting em descrença 219
    Criando coisas com typedef 221
    Criando variáveis estáticas 223
Variáveis, Variáveis em Todo Lugar 225
    Utilizando variáveis globais 226
    Criando uma variável de estrutura global 227

Capítulo 17: Mania de Binários 231

O Básico dos Binários 231
    Entendendo binários 231
    Exibindo valores binários 233
Manipulação de Bit 235
    Utilizando o operador bitwise (bit-a-bit) | 235
    Utilizando o operador bitwise (bit-a-bit) & 237
    Operando exclusivamente com XOR 238
    Entendendo os operadores ~ e ! 240
    Mudando valores binários 241
    Explicando a função binbin () 243
A Alegria do Hex 245

Parte IV: A Parte Avançada 249

Capítulo 18: Introdução a Ponteiros 251

O Maior Problema com Ponteiros 251
Avaliando o Armazenamento
de Variáveis 252
    Entendendo o armazenamento de variáveis 252
    Lendo o tamanho de uma variável 253
    Checando a localização de uma variável 257
    Revisando as informações de armazenamento de variáveis 260
O Tópico Terrivelmente Complexo
dos Ponteiros 260
    Introduzindo o ponteiro 260
    Trabalhando com ponteiros 263

Capítulo 19: Nas Profundezas da Terra dos Ponteiros 267

Ponteiros e Arrays 267
    Pegando o endereço de um array 267

Trabalhando com o ponteiro matemático em um array 269
Substituindo ponteiros por notação array 273
Strings são "Tipo Ponteiros" 274
Utilizando ponteiros para exibir uma string 275
Declarando uma string através da utilização de um ponteiro 276
Construindo um array de ponteiros 277
Classificando strings 280
Ponteiros em Funções 282
Passando um ponteiro para uma função 282
Retornando um ponteiro de uma função 283

Capítulo 20: Listas Ligadas 287

Dê-me Memória! 287
Introduzindo a função malloc () 288
Criando armazenamento de string 289
Liberando memória 290
Listas que Ligam 293
Alocando espaço para uma estrutura 293
Criando uma lista ligada 295
Editando uma lista ligada 300
Salvando uma lista ligada 305

Capítulo 21: Já era Hora 307

Que horas são? 307
Entendendo o calendário 308
Trabalhando com tempo em C 308
Hora de Programar 310
Checando o relógio 310
Visualizando uma timestamp 312
Cortando a string de tempo 312
Cochilando 314

Parte V: E o Resto? *315*

Capítulo 22: Funções de Armazenamento Permanente 317

Acesso Sequencial a Arquivos 317
Entendendo o acesso a arquivos em C 318
Escrevendo texto em um arquivo 319
Lendo texto de um arquivo 320
Anexando texto a um arquivo 322
Escrevendo dados binários 323
Trabalhando com arquivos de dados binários 324
Acesso Aleatório a Arquivo 327
Escrevendo uma estrutura em um arquivo 327
Lendo e voltando 330
Encontrando um registro específico 332
Salvando uma lista ligada em um arquivo 333

Capítulo 23: Gerenciamento de Arquivos 335
Diretórios Muito Loucos 335
Chamando um diretório 335
Reunindo mais informações de arquivo 337
Separando arquivos de diretórios 339
Explorando a árvore de diretórios 340
Diversão com Arquivos 341
Renomeando um arquivo 342
Copiando um arquivo 343
Deletando um arquivo 344

Capítulo 24: Além de Projetos de Meros Mortais 345
O Monstro Multimodular 345
Vinculando dois arquivos de código-fonte 345
Compartilhando variáveis entre módulos 348
Criando um arquivo cabeçalho customizado 349
Outras Bibliotecas para Vincular 352

Capítulo 25: Fora, Bugs! 355
O Depurador do Code::Blocks 355
Configurando a depuração 356
Trabalhando o depurador 357
Estabelecendo um breakpoint 359
Observando variáveis 360
Resolvendo Problemas Através da Utilização de printf() e puts() 362
Documentando problemas 362
Salvando comentários para o seu futuro 363
Mensagens de Erro Melhoradas 363

Parte VI: A Parte dos Dez 367

Capítulo 26: Dez Errinhos Comuns 369
Estragos Condicionais 369
= = v. = ... 370
Perigosos Ponto e Vírgulas em Loop 371
Vírgulas em Loops for 372
Esquecendo o break em uma
  Estrutura Switch 372
Esquecendo Parênteses e Chaves 373
Preste Atenção Àquele Aviso 374
Loops Infinitos 375
Mancadas de scanf() 375
Restrições de Entrada em Tempo Real 376

Capítulo 27: Dez Lembretes e Sugestões...377
    Mantendo uma Boa Postura..377
    Use Nomes Criativos 378
    Escreva uma Função 379
    Trabalhe no Seu Código Pouco a Pouco 379
    Divida Projetos Grandes em Vários Módulos 379
    Saiba o que É um Ponteiro..380
    Adicione Espaço em Branco ao invés de Condensar................380
    Saiba Quando if-else Se Torna um switch-case.......................381
    Lembre-se dos Operadores de Atribuição................................382
    Quando Estiver Travado, Leia Seu Código em Voz Alta............383

Posfácio 385

Apêndice A: Códigos ASCII 387

Apêndice B: Palavras-chave 393

Apêndice C: Operadores 395

Apêndice D: Tipos de Variáveis 397

Apêndice E: Sequências de Escape 399

Apêndice F: Conversão de Caracteres 401

Apêndice G: Ordem de Precedência 403

Índice..405

Introdução

Diga "Olá" para *Começando a Programar em C Para Leigos*, um livro que transforma você, um ser humano afetuoso e bem-intencionado, em um elemento admirado da subcultura nerd underground: um programador.

Ah, sim, isso é uma coisa boa. Ao aprender a codificar em C, você se torna o mestre final de muitos dispositivos eletrônicos. Passa a poder criar seus próprios programas, ditando, para computadores, tablets e telefones celulares, seus caprichos e desejos. Os eletrônicos obedecem prontamente! Com as informações oferecidas neste livro, você pode esquecer aquela aula de programação, impressionar seus amigos, ser admirado por Hollywood ou, até mesmo, começar sua própria empresa de software. Sim, aprender a programar é um investimento valioso do seu tempo.

Este livro torna o aprendizado da programação compreensível e agradável. Você não precisa de nenhuma experiência em programação — você nem precisa comprar um software novo! Você só precisa querer programar em C e ter habilidade para se divertir enquanto faz isso.

A Linguagem C é Relevante?

A cada poucos anos, o argumento de que aprender C não leva a nada, vem à tona. Existem linguagens de programação novas e melhores e é preferível aprendê-las a perder tempo aprendendo C. Bobagem.

De certa maneira, C é o Latim das linguagens de programação. Praticamente todas as linguagens de programação recentes usam a sintaxe C. Palavras-chave de C e até certas funções encontram seus lugares em outras linguagens populares, de C++, passando pelo Java, para Python e para qualquer outra linguagem que estiver na moda.

Minha opinião é que, uma vez que se aprenda a programar em C, todas as outras linguagens de programação serão mais fáceis. Na verdade, muitos dos livros que ensinam essas outras linguagens frequentemente presumem que o leitor sabe um pouco de C antes de começar. Isto pode ser frustrante para qualquer principiante — mas não quando você já sabe C.

Apesar do que os especialistas e sábios dizem, C ainda é relevante. A programação para microcontroladores, sistemas de operação e importantes pacotes de software ainda é feita utilizando-se a boa e velha C. Não é perda de tempo.

A Abordagem de Começando a Programar em C Para Leigos

Como programador, trabalhei com muitos e muitos livros de programação. Sei do que não gosto de ver, mas lamentavelmente vejo com muita frequência autores escreverem códigos de várias páginas ou simplesmente se gabarem pelo que sabem, impressionando seus companheiros nerds e não ensinando nada de fato. Existe muito desse tipo de treinamento e é provavelmente por causa disso que você escolheu este livro. Minha abordagem aqui é simples: programas curtos. Demonstrações diretas. Muitos exemplos. Exercícios de sobra.

O melhor jeito de aprender alguma coisa é fazendo. Cada conceito apresentado neste livro é ligado a um exemplo de código. As listagens são curtas o suficiente para que você possa incluí-las rapidamente — e recomendo que faça isso. Depois, você pode montar e executar o código para ver como as coisas funcionam. Esse feedback imediato não é só gratificante, mas também uma ferramenta de aprendizado maravilhosa.

Exemplos de programas são seguidos por exercícios, que você pode tentar resolver sozinho, testando suas habilidades e expandindo seu conhecimento. Sugestões de respostas para os exercícios podem ser encontradas no site relacionado a este livro:

```
http://www.c-for-dummies.com/begc4d/exercises
```

Como Este Livro Funciona

Este livro ensina programação em linguagem C. Começa assumindo que você sabe de muito pouco a nada sobre programação e termina cobrindo algumas das operações mais avançadas em C.

Para programar em C você precisa de um computador. Não há indicação sobre o computador "ideal" que você deve escolher: pode ser um PC com Windows, um Macintosh ou um sistema Linux. Importante para todos os sistemas, e para programar com este livro, é a configuração e utilização do ambiente de desenvolvimento integrado (ou IDE) Code::Blocks. Os passos para isso serão oferecidos no Capítulo 1.

Este livro também não perde tempo, fazendo você programar já no Capítulo 1. Nada é introduzido sem uma explicação completa antes, embora, devido à natureza da programação, eu tenha feito algumas exceções, que estão cuidadosamente anotadas no texto. Ademais, a melhor maneira de ler este livro é da primeira página ao seu final.

Palavras-chave e funções da linguagem C são mostradas em fonte monoespaçada, como `printf()` e `break`. Algumas palavras-chave, como `for` e `if`, podem fazer as frases serem lidas erroneamente, de uma forma esquisita, e é por isso que são exibidas em fonte monoespaçada.

Nomes de arquivos são mostrados em fonte monoespaçada, como `program.exe`.

Se você precisar digitar alguma coisa, esse texto será mostrado em negrito. Por exemplo, "Digite o comando **blorfus**" significa que você deve digitar `blorfus` no teclado. Você é orientado quanto ao momento de pressionar a tecla Enter, se precisar.

Quando trabalharmos com passos numerados, o texto para digitar aparecerá em um formato regular (roman):

3. Digite exit e pressione a tecla Enter.

Você digita a palavra *exit* e então pressiona a tecla Enter.

Exemplos de programas são mostrados em fragmentos na página, parecidos com este:

```c
if( i == 1)
    printf("eye won");
```

Você não precisa digitar um exemplo a não ser que seja orientado a fazê-lo.

Listagens completas de programas são mostradas e numeradas em cada capítulo; por exemplo:

Listagem 1-1:   O Esqueleto do Code::Blocks

```c
#include <stdio.h>
#include <stdlib.h>

int main()
{
    printf("Hello world!\n");
    return(0);
}
```

Por causa das margens deste livro, o texto de uma listagem pode ser quebrado, passando de uma linha para a outra. Você não precisa dividir o seu código de uma maneira similar e será lembrado disso sempre que esse tipo de coisa ocorrer.

As listagens neste livro não contêm linhas numeradas, mas no editor no Code::Blocks sim (como em vários editores de texto populares). Este livro referencia as listagens de exemplos de código usando o número das linhas. Utilize os números das linhas em seu editor para referenciar o código.

Exercícios são numerados por capítulo e então sequencialmente. Logo, o terceiro exercício do Capítulo 13 é o Exercício 13-3. Você é orientado no texto a trabalhar em um exercício. Aqui está um exemplo:

Exercício 1-1: Digite o código-fonte da Listagem 1-1 no editor Code::Blocks. Salve com o nome de arquivo `ex0101`. Monte e execute.

Respostas para todos os exercícios podem ser encontradas nesse site (conteúdo em inglês):

```
http://www.c-for-dummies.com/begc4d/exercises
```

Vá nesta página, se quiser copiar e colar o código-fonte também; não ofereço os arquivos de código-fonte porque você aprende melhor quando digita os exercícios. Vou conceder a você um "copiar e colar", mas, sinceramente, o código-fonte é tão curto que você pode digitá-lo rapidamente.

Ícones Utilizados Neste Livro

Este ícone assinala informações que valem a pena lembrar. Embora recomende que você grave o máximo que puder, estes ícones marcam as coisas que simplesmente não se pode esquecer.

Uma dica é uma sugestão, um truque especial ou algo super sofisticado para ajudá-lo.

Este ícone marca algo que você deve evitar. É um conselho que também poderia ser assinalado com um ícone de Dica ou Cuidado, mas tem consequências terríveis se ignorado.

Encare o fato: toda a programação é técnica. Reservo o uso deste ícone para pedacinhos extratécnicos, exceções e anedotas. Chame-os de "coisas nerds".

Pensamentos Finais

Gosto de programar. É um hobby, que acho incrivelmente relaxante, frustrante e recompensador. Presumo que não mais do que apenas algumas pessoas compartilhem destes sentimentos, mas você também pode ser um estudante com dificuldades ou alguém que almeja uma carreira. De qualquer maneira, *goste* de programar. Se você pode imaginar o programa que quer escrever em uma tela, você pode fazer acontecer. Pode não acontecer tão rápido quanto gostaria, mas pode acontecer.

Por favor, faça os exercícios deste livro. Tente alguns próprios, variações de um tema. Continue trabalhando com problemas até resolvê-los. O incrível da programação é que não existe um jeito único absolutamente correto de fazer alguma coisa. Sempre que tentar, aprenderá.

Se possível, encontre um amigo programador que possa ajudá-lo. Não o faça fazer o trabalho por você ou explicar como as coisas funcionam, mas conte com ele como um recurso. Programar pode ser uma coisa individual, mas ocasionalmente é bom solidarizar-se com outros que também programam em C — ou qualquer outra linguagem.

Este livro possui alguns sites que se relacionam a ele.

Para analisar as respostas dos exercícios, encontrar informações suplementares e ver o que há de novo, visite os seguintes sites com conteúdo em inglês:

```
www.c-for-dummies.com
```

Para arquivos de códigos do livro, visite o site da editora e procure pelo título do livro:

```
www.altabooks.com.br
```

Para algumas dicas úteis e artigos de Programação em C, acesse e procure pelo título do livro (conteúdo em inglês):

```
www.dummies.com
```

Aproveite sua programação em C!

Parte I

Nesta parte...

✔ Comece com a IDE Code::Blocks

✔ Trabalhe no seu primeiro programa

✔ Aprenda como a programação funciona

✔ Descubra as partes da linguagem C

✔ Use o Code::Blocks para escrever o esqueleto básico de C

Capítulo 1

Um Início Rápido Para os Impacientes

Neste Capítulo
- Obtendo o Code::Blocks
- Configurando seu primeiro projeto
- Digitando em código
- Montando e executando
- Saindo do Code::Blocks

*V*ocê deve estar ansioso para começar a programar em C. Eu não farei com que perca tempo.

O Que Você Precisa para Programar

Para ter total controle sobre um computador, tablet, telefone celular, console de vídeogame etc, você precisa de algumas ferramentas de software. A boa notícia é que, a esta altura do século 21, todas essas ferramentas são gratuitas e fáceis de serem obtidas através da internet. Você só precisa saber o que é necessário e onde conseguir.

Obtendo ferramentas de programação

As duas coisas mais importantes que você precisa para começar sua aventura na programação são:

- um computador
- acesso à internet

O computador é sua ferramenta primária para escrever e compilar código. Sim, até mesmo se estiver escrevendo um jogo para o Xbox, você precisará de um computador para poder codificar. O computador pode ser um PC ou um Macintosh. O PC pode executar Windows ou Linux.

O acesso à internet é necessário para obter o restante das suas ferramentas de programação. Você precisará de um editor de texto para escrever o código de programação e um compilador para traduzir o código em um programa. O compilador geralmente vem com outras ferramentas necessárias, como um vinculador e um depurador. Todas essas ferramentas são encontradas sem custo na internet.

Não pire! Os termos *compilador*, *vinculador* e *depurador* estão todos definidos no Capítulo 2.

Adquirindo um Ambiente de Desenvolvimento Integrado (IDE)

É ótimo que você comece sua jornada na programação, procurando por um editor de texto, um compilador e outras ferramentas. Utilizar programas diferentes na linha de comando de uma janela de terminal foi como aprendi a programar, lá na idade das trevas. É um processo que ainda pode ser feito, mas é estranho.

O jeito mais tranquilo e profissional de codificar atualmente é através de um Ambiente de Desenvolvimento Integrado — popularmente chamado de *IDE*. Ele combina todas as ferramentas necessárias para programar em uma unidade compacta, aterrorizante e intimidadora.

Você utiliza o IDE para escrever código, montar e depurar programas, além de encontrar todos os tipos de magia. Apesar de ser nostálgico utilizar um editor de texto ou um compilador separados, todos os profissionais utilizam um IDE. É isso que recomendo neste livro também.

Obter um IDE também resolve o grande número de problemas de configurar um compilador, o editor de texto e fazer todos esses elementos separados trabalharem juntos. Ter um IDE é a melhor maneira de começar a programar — que, acho, é algo que você está realmente ansioso para fazer.

Eis o IDE Code::Blocks

Você vai ver que a internet está cheia de vários IDEs e são todos muito bons. Para ser consistente, este livro usa o IDE Code::Blocks, que funciona no Windows, no Mac OS C e no Linux. Ele vem com tudo o que você precisa.

Se você já tem um IDE, ótimo! Estou certo de que ele faz coisas similares ao Code::Blocks, embora as ilustrações e exemplos deste livro, especialmente nos primeiros capítulos, sejam específicos do Code::Blocks.

Instalando o Code::Blocks

Obtenha o Code::Blocks na internet neste site:

www.codeblocks.org

Capítulo 1: Um Ínicio Rápido Para os Impacientes

Este site certamente será modificado com o tempo. Então, os seguintes passos para instalar o IDE podem mudar sutilmente:

1. **Use o navegador do seu computador para visitar o site do Code::Blocks.**

2. **Entre na área de Downloads.**

   Baixe a versão binária ou a versão executável do Code::Blocks. Ela deve ser específica para o sistema operacional do seu computador. Mais para frente, encontre a versão que inclui um compilador C, como o compilador comum *MinGW*.

3. **Clique no link para exibir a instalação do binário ou do executável do Code::Blocks.**

   No momento deste livro ir para a gráfica, o link estava na frase *Download the Binary Release*.

4. **Escolha o sistema operacional do seu computador ou role a tela até a parte que lista as opções para esse sistema operacional.**

   Você pode encontrar seções (ou páginas) para Windows, Linux e Mac OS X.

5. **Clique no link que baixa o compilador e o IDE para o sistema operacional do seu computador.**

   A versão para Windows do IDE e do compilador está nomeada desta forma:

   ```
   codeblocks-xx.yymingw-setup.exe
   ```

   O *xx* e o *yy* representam o maior e menor números de versões do Code::Blocks.

   No Linux, você pode escolher a versão 32-bit ou a 64-bit, dependendo da sua distribuição, ou *distro*, e o formato de arquivo que você quer. Recomendo uma versão estável.

   Usuários de Mac OS X podem escolher entre baixar um arquivo `.dmg`, ou uma imagem de disco, ou o arquivo zip tradicional.

6. **Extraia o programa de instalação do Code::Blocks do arquivo.**

   Apesar do título *Para Leigos* deste livro, parto do princípio que você sabe trabalhar bem com arquivos `.zip`, `.gz`, `.dmg`, e outros formatos para qualquer que seja o sistema operacional que utilize.

7. **Execute o programa de instalação.**

   Observe com atenção as orientações na tela. Realize uma instalação padrão; você não precisa customizar nada a essa altura.

   No Windows, garanta que você esteja instalando o *MinGW compiler suite*. Se você não vê essa opção presente na janela *Choose Components*, então baixou a versão errada do Code::Blocks. Volte ao Passo 5.

8. **Termine a instalação executando o Code::Blocks.**

    No meu computador, surgiu um lembrete perguntando se eu queria executar o Code::Blocks. Cliquei no botão *Yes*. Se você não visualizar este lembrete, utilize o sistema operacional do computador para inicializar o Code::Blocks do mesmo jeito que faria para inicializar qualquer programa.

9. **Feche a janela de instalação.**

    Mesmo que veja o Code::Blocks espalhado por toda a tela, você ainda precisa finalizar, fechando a janela de instalação.

A próxima seção oferece uma visão geral da interface do programa Code::Blocks.

Um tour pela área de trabalho do Code::Blocks

Se o Code::Blocks não inicializou, vá em frente e o inicialize, como você faria com qualquer outro programa: localize o ícone no menu Iniciar ou encontre o ícone de atalho para o Code::Blocks na Área de Trabalho, que é o jeito mais fácil de inicializar o IDE no Windows 8.

A Figura 1-1 ilustra a *área de trabalho* do Code::Blocks, que é o nome oficial do mosaico enorme de janelas que você vê na tela. Os detalhes da Figura 1-1 são bem pequenos, mas o que você precisa encontrar são as áreas principais, que estão na figura e são chamadas:

Toolbars (Barra de ferramentas): Essas tiras bagunçadas, adornadas com vários botões de comando, agarram-se ao topo da janela do Code::Blocks. Existem oito barras de ferramentas, que você pode rearranjar, exibir ou esconder. Não mexa com elas até se sentir confortável com a interface.

Management (Gerenciamento): A janela do lado esquerdo da área de trabalho possui quatro abas, embora você não veja todas ao mesmo tempo. A janela fornece uma visão geral conveniente dos seus esforços de programação.

Status Bar (Barra de status)**:** Na parte inferior da tela, você vê informações sobre o projeto e editor, e sobre outras atividades que possam ocorrer no Code::Blocks.

Editor: A janela grande na área central direita da tela é onde você digita o código.

Logs: A parte inferior da tela possui uma janela com muitas, muitas abas. Cada aba exibe informações sobre seus projetos de programação. A aba que você utilizará mais frequentemente é chamada de *Build Log*.

O menu Visualizar controla a visibilidade de cada item exibido na janela. Escolha o comando adequado, como o *Manager*, do menu *View* para exibir ou esconder aquele item. Controle as barras de ferramentas, utilizando o submenu View ⇨ Toolbars.

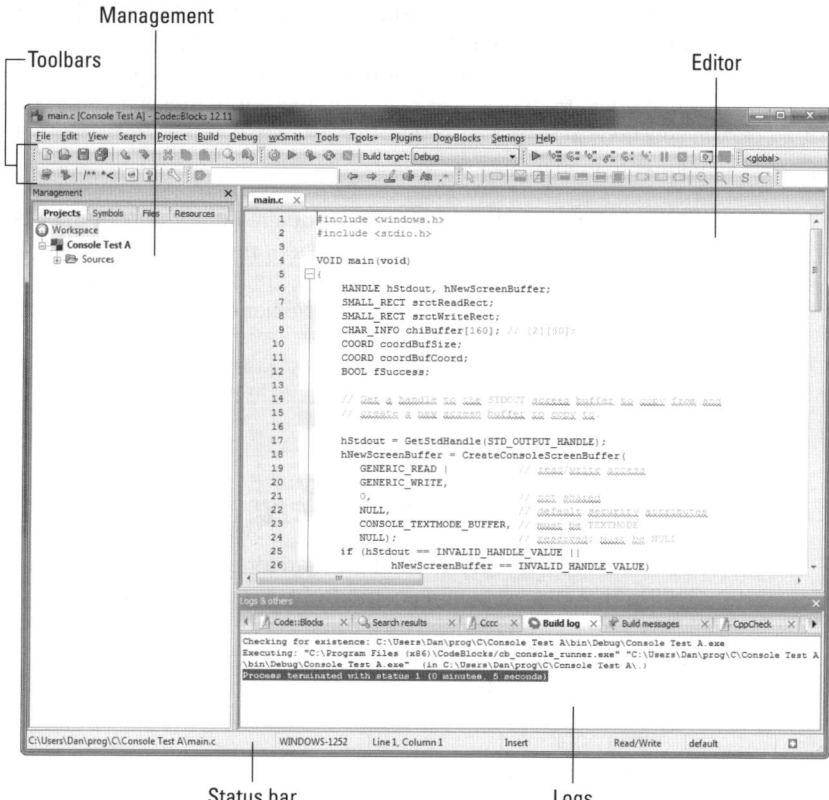

Figura 1-1:
A área de trabalho do Code::Blocks.

A coisa mais importante a ser lembrada sobre a interface do Code::Blocks é não ficar confuso com ela. Um IDE como o Code::Blocks pode ser altamente intimidante, mesmo quando você se considera um veterano em programação. Não se preocupe: você logo se sentirá em casa.

- Maximize a janela do programa Code::Blocks para que preencha a tela. Você precisará de toda essa área.

- Cada uma das várias áreas na tela — Management, Editor, Logs — pode ser redimensionada: posicione o ponteiro do mouse entre duas áreas. Quando o ponteiro virar uma "coisinha" de flechas duplas, você pode arrastar o mouse para mudar o tamanho da área.

- As áreas do Editor e de Logs possuem interfaces com abas. Cada janela exibe diversas "folhas" de informações. Troque entre as folhas, escolhendo uma aba diferente.

Seu Primeiro Projeto

Em programação tradicional para computador, utilizava-se um editor de texto, um compilador e um vinculador separados. A ação acontecia no *prompt de comando*, onde você digitava os comandos para editar, compilar e vincular. Era um processo linear e funcionava muito bem para pequenos projetos. Com o advento dos sistemas operacionais modernos e da programação para dispositivos móveis e consoles de vídeogame, esse método linear tornou-se altamente ineficiente.

O IDE moderno ainda tem elementos de um editor, um compilador, um vinculador, um depurador e de outras ferramentas de programação. Exibe características necessárias para criar programas gráficos e projetos complexos. Por essa razão, o IDE é orientado a trabalhar com projetos e não apenas com programas individuais.

Esta seção explica o processo de criação de um projeto, utilizando-se o IDE Code::Blocks.

Criando um novo projeto

Os exemplos apresentados neste livro são todos aplicações de *console*, o que significa que eles executam em modo Texto em uma janela de terminal. Sinto que esta é a melhor maneira de ensinar conceitos básicos de programação sem sobrecarregar com um programa grande, complexo e graficamente complicado. Então, apesar de um IDE ser capaz de mais, você o utiliza, neste livro, para criar programas simples e baseados em console. É assim que funciona:

1. **Inicialize o Code::Blocks.**

   Você vê a Tela *Start Here*, que exibe a logo do Code::Blocks e alguns links. Caso não veja a Tela Start Here, selecione *File*  *Close Workspace*.

2. **Clique no link *Create a New Project*.**

   A caixa de diálogo *New from Template* vai aparecer, como mostrado na Figura 1-2.

3. **Escolha *Console Application* e então clique no botão *Go*.**

   O Assistente de Console Application vai aparecer.

   Você pode inserir uma marca de verificação ao lado do item *Skip This Page Next Time* para pular a primeira tela do assistente.

4. **Clique no botão *Next*.**

5. **Escolha C como a linguagem que você quer utilizar e então clique no botão Next.**

   C é bem diferente de C++ — você pode fazer coisas em uma linguagem que não são permitidas na outra.

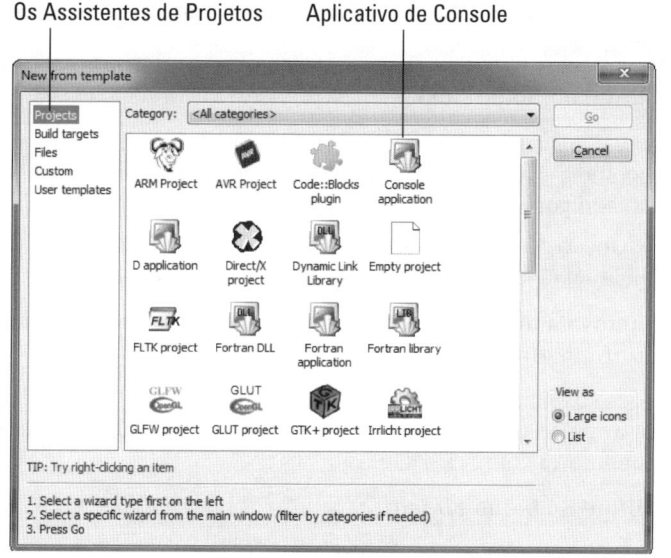

Capítulo 1: Um Início Rápido Para os Impacientes 15

Figura 1-2: Novos projetos começam aqui.

(Figura mostra a janela "New from template" com os Assistentes de Projetos à esquerda e o Aplicativo de Console destacado)

6. **Digite** `ex0101` **como título do projeto.**

   Todo o código neste livro segue a mesma convenção para títulos: as letras *ex* (para *ex*ercício) seguidas do número do capítulo com dois dígitos e o número do projeto com dois dígitos.

   Quando você define o título do projeto, o nome do arquivo do projeto é preenchido automaticamente.

7. **Clique no botão ... *(Browse)* à direita da próxima caixa de texto intitulada *Folder to Create Project In*.**

   Recomendo que você crie e utilize uma pasta especial para todos os projetos deste livro.

8. **Use o botão *Make New Folder* na caixa de diálogo *Browse for Folder* para criar uma pasta de projetos.**

   Se você já tem uma pasta para projetos de programação, crie uma nova subpasta intitulada `BegC4D` para projetos deste livro. O nome desta pasta é baseado no título original do livro, *Beginning Programming with C For Dummies*.

   Se você não possui uma pasta para projetos de programação, na pasta Principal ou Pessoal da sua conta, crie uma subpasta chamada `prog` e então crie outra pasta, chamada `c`. Finalmente, crie uma subpasta chamada `BegC4D` e escolha salvar o projeto nela.

   No meu computador com Windows 7, os projetos para este livro são salvos nesta pasta:

```
C:\Users\Dan\prog\c\BegC4D\
```

9. **Clique no botão OK para selecionar a pasta e feche a caixa de diálogo.**

10. **Clique no botão Next.**

    A próxima tela (a última) lhe permite selecionar um compilador e escolher se você quer criar versões de Depuração ou de Lançamento do seu código, ou ambas.

    A seleção do compilador é tranquila; o Compilador GNU GCC (ou qualquer coisa que é exibida na tela) é o que você quer.

11. **Remova a marca de verificação do lado de *Create Debug Configuration*.**

    Você só cria essa configuração quando precisa realmente *depurar*, ou arrumar, um dilema de programação que quebra a sua cabeça. O Capítulo 25 cobre essa situação.

12. **Clique no botão *Finish*.**

O Code::Blocks cria um esqueleto do seu projeto, que você não pode ver ainda nesta janela do programa. Para um projeto com uma linha de comando simples, o esqueleto é um arquivo de *código-fonte* — um arquivo de texto simples, que contém o código de programação em C para ajudá-lo a começar seu projeto.

Continue lendo na próxima seção.

Um aplicativo de console é um dos programas mais simples que se pode criar. Se você estivesse montando um programa para Windows, o Code::Blocks criaria outros elementos para você e exibiria ferramentas para criar a janela, fazer um ícone e trabalhar com outras coisinhas necessárias. O IDE facilita o trabalho com todas essas coisas.

Examinando o código-fonte

Quando o Code::Blocks faz um novo projeto, ele cria um punhado de elementos básicos para poder começar. Para um aplicativo de console, isso inclui apenas um item: o arquivo de código-fonte `main.c`.

Um arquivo de *código-fonte* é um arquivo de texto simples, que contém o código de programação. O Capítulo 2 explica os detalhes, mas, por enquanto, saiba que o Code::Blocks criará este arquivo, automaticamente, sempre que você iniciar um novo projeto. Ele até lhe dará alguns exemplos de código para começar, embora, na maioria das vezes, você acabará deletando o esqueleto e recomeçará, escrevendo seu próprio código.

Projetos no IDE são listados no painel de Gerenciamento do lado esquerdo da tela (remeta à figura 1-1). Se você não vir este painel, pressione as teclas de atalho Shift+F2 no teclado ou escolha View ⇨ Manager no menu.

A Figura 1-3 ilustra o painel de Gerenciamento com a aba *Projects* selecionada. O projeto atual é exibido aberto, mas você pode ver outros projetos também.

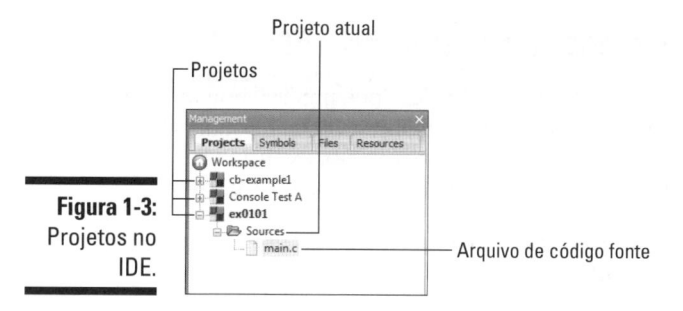

Capítulo 1: Um Ínicio Rápido Para os Impacientes

Figura 1-3:
Projetos no IDE.

Projeto atual — Projetos — Arquivo de código fonte

Para um novo projeto de aplicativo de console, o arquivo de código-fonte é nomeado `main.c`. Ele é armazenado na pasta Sources do projeto. Se você não vir o arquivo de código-fonte (Figura 1-3), abra a pasta Sources para revelar esse item.

Clique duas vezes no item `main.c`, na pasta Sources, para abrir esse arquivo na janela do editor. O esqueleto de código pré-escrito é exibido na Listagem 1-1. É um código de verdade para um programa em C real e vivo, que você pode montar e que será tratado na próxima seção.

Listagem 1-1: O Esqueleto do Code::Blocks

```
#include <stdio.h>
#include <stdlib.h>

int main()
{
    printf("Hello world!\n");
    return 0;
}
```

O Capítulo 2 trata das especificidades do que está acontecendo na Listagem 1-1. Por enquanto, você pode admirar o texto colorido do código e sua linda formatação.

LEMBRE-SE

✔ A janela do Editor exibe os números das linhas. Se você não os vê, selecione *Edit* ⇨ *Editor Tweaks* ⇨ *Show Line Numbers*. Este livro presume que você pode ver os números das linhas como fins de referência.

✔ Os números das linhas não fazem parte do seu código C. Eles são usados para editar, mas também, quando ocorrem erros, referenciam aos números das linhas no código.

✔ Você pode configurar o parágrafo da aba, selecionando Edit ⇨ Editor Tweaks ⇨ *Tab Size* e então escolher um tamanho. Eu prefiro quatro espaços por parágrafo.

✔ O colorido do texto é configurado, selecionando *Edit* ⇨ *Highlight Mode* ⇨ *C/C++*. Para remover os destaques, selecione o item Plain Text do submenu Highlight Mode. (É o primeiro item.)

Montando e executando o projeto

Para criar um programa no IDE Code::Blocks, você precisa montar o projeto. Este único passo faz várias coisas, cujos detalhes evitarei discutir até o Capítulo 2. Se você já começou seu primeiro projeto, ex0101, e ele está aberto e exibido no Code::Blocks, já pode montá-lo. Atente a esses passos:

1. **Verifique se o projeto que você quer montar está ativado na janela Management.**

   Os projetos ativados aparecem em negrito. Se você tem mais de um projeto exibido na janela de Projetos, ative o que quer utilizar para trabalhar, clicando com o botão direito no nome do projeto (ao lado do ícone do Code::Blocks) e selecione o comando *Activate Project*.

2. **Selecione Build ⇨ Build a partir do menu.**

   A aba Build Log na parte Logs da janela exibe os resultados da montagem do projeto. Você vê algumas linhas do texto, cujos detalhes tratarei no Capítulo 2.

Por você não ter mexido no esqueleto do código-fonte, o projeto é compilado sem erros; você vê o texto dentro do sumário, que indica zero erros e zero avisos. Bom. Quando erros aparecem, o que é frequente, você tem que corrigi-los. As mensagens de erro lhe ajudam nessa parte, que é um tópico tratado no Capítulo 3.

Montar um projeto é apenas metade do trabalho. A outra metade é executar o projeto, o que significa executar o programa completo de dentro do IDE.

Para executar o projeto atual, selecione Build ⇨ Run from the menu. Você verá aparecer a janela de terminal, listando a produção do programa e mais um pouco de texto supérfluo, como mostrado na Figura 1-4.

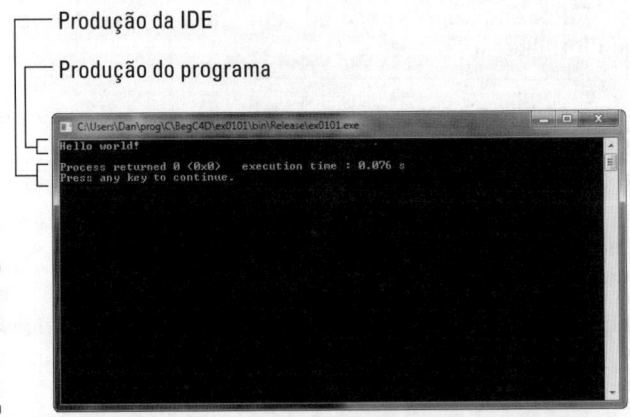

Figura 1-4: Executando um programa.

Pressione Enter para fechar a janela de prompt de comando.

E agora, para o atalho: você pode montar e executar um projeto, utilizando um único comando: selecione *Build* ➪ *Build and Run*.

- Os atalhos do teclado para Build, Run e Build and Run são Ctrl+F9, Ctrl+F10 e F9, respectivamente. Você não precisa memorizar esses atalhos — eles são listados no menu.

- Botões de comando para montar e executar projetos são encontrados na barra de ferramentas *Compiler*. Você encontrará um ícone de engrenagem amarela para Build, uma flecha verde para Run e uma combinação das duas para o comando Build and Run.

- A produção do programa aparece na parte de cima da janela de prompt de comando (veja a Figura 1-4). As duas últimas linhas são geradas pelo IDE quando o programa é executado. O texto exibe um valor retornado do programa para o sistema operacional, um zero, e quanto tempo o programa levou para executar (9 milissegundos). O lembrete `Press any key to continue` significa que você pode pressionar a tecla Enter para fechar a janela.

Salvando e fechando

Quando tiver terminado o projeto, ou até mesmo depois de mudar um detalhe, você deve salvá-lo. Entretanto, em um IDE, há várias coisas para salvar, como o código-fonte, a área de trabalho e o projeto. Os comandos são encontrados no menu *File* para salvar cada uma dessas coisas individualmente.

Um jeito fácil de salvar tudo de uma vez só é usar o comando *Save Everything*. Este comando está no menu File e o atalho para ele é Alt+Shift+S (ou Shift+Command+S no Macintosh).

Se você ainda não salvou seu projeto, faça-o agora.

Você também pode fechar o projeto atual, selecionando *File* ➪ *Close Project*.

- Saia do Code::Blocks agora se quiser fazer uma pausa.

- Não se preocupe! O Code::Blocks avisa quando arquivos ou projetos não foram salvos. Salve e então saia.

- Quando o comando Save Everything não está disponível, considere que tudo está atualizado e já foi salvo.

- O comando padrão Save no Code::Blocks — tanto o File ➪ Save quanto o Ctrl+S — é utilizado para salvar arquivos, como o seu arquivo de código-fonte de linguagem C. Recomendo enfaticamente que você salve seus arquivos de código-fonte enquanto os edita.

Use as páginas man

Uma janela da área de trabalho do Code::Blocks é intitulada *Man/Html Pages Viewer*. É o seu link para a biblioteca de documentação C. *Man* é a abreviação de *manual*. Visualize a janela, selecionando *View* ⇨ *Man Pages Viewer*.

Para usar o Man Page Viewer, digite uma palavra-chave de linguagem C ou uma função na caixa de texto. Clique no botão *Search* ou pressione a tecla Enter para procurar o item. Tenha paciência, pois, às vezes, a informação demora para ser processada.

Se o Code::Blocks não conseguir achar as páginas man, você poderá procurar online pela documentação de função C. Recomendo essas páginas:

http://man7.org/linux/man-pages/dir_section_2.html

http://man7.org/linux/man-pages/dir_section_3.html

As funções de linguagem C referenciadas neste livro são encontradas na página man 2 ou na página man 3, ligadas às duas páginas que acabei de listar.

Se você está usando um sistema operacional do tipo Unix, poderá abrir uma janela de terminal e usar o comando man para revisar os documentos de função — por exemplo:

man random

Este comando exibe informações sobre a função random().

Capítulo 2
O Segredo da Programação

Neste Capítulo
- Entendendo a história da programação
- Criando um código-fonte
- Compilando o código-fonte em um código objeto
- Utilizando um vinculador para criar um programa
- Testando o programa final

Chama-se *programação*, embora popularmente seja conhecido pelo termo *codificar* — o processo em que o ser humano escreve informações, às vezes, lembrando inglês crítico, que então é traduzido de alguma maneira em orientações para um dispositivo eletrônico. No fim, esta arte silenciosa e solitária concede aos indivíduos o poder de controlar os dispositivos eletrônicos. Isto é importante. Este é o segredo da programação.

A História da Programação

Alguns livros sobre programação deixam escapar o drama e a emoção, quando não descrevem a história da programação. Como programador, é difícil pra mim não escrever sobre isso, muito mais conter o meu entusiasmo, quando abordo o tema. Então, considere a leitura dessa seção como opcional, embora uma revisão de onde a programação esteve e onde está hoje possa ajudá-lo a entender melhor esta forma da arte.

Em poucas palavras, *programação* é o processo de "dizer" a um dispositivo o que fazer. Esse dispositivo é um *hardware*; o programa é o *software*.

Revisando o início da história da programação

O primeiro dispositivo a ser programado foi a máquina analítica de Charles Babbage em 1822. A programação ocorreu pela mudança física dos valores representados por uma coluna de engrenagens. A engrenagem, então, calcularia o resultado de uma equação matemática complexa e chata.

Na década de 1940, os primeiros computadores eletrônicos foram programados de maneira parecida com a máquina de Babbage. A diferença principal foi que, em vez de rearranjar fisicamente as engrenagens, instruções foram conectadas diretamente ao circuito elétrico. "Programar" praticamente significava "reconectar".

Com o tempo, o trabalho de reconectar foi substituído por fileiras de interruptores. Instruções de computador eram inseridas, mudando as posições dos interruptores de certa maneira.

O professor John von Neumann foi o pioneiro no método de programação moderno na década de 1950. Ele introduziu a tomada de decisões no processo, onde computadores podiam fazer escolhas se-então (*if-then*). O professor von Neumann também desenvolveu o conceito de loop de repetição e de sub-rotina.

Foi a Almirante Grace Hopper quem desenvolveu o *compilador* ou um programa que cria outros programas. Seu compilador pegava palavras ou frases em inglês e as traduzia em código de computador. Assim, nasceu a linguagem de programação.

Na década de 1950, a primeira linguagem de programação significativa foi a FORTRAN. Seu nome veio de *for*mula *trans*lator (tradutor de fórmula). Outras linguagens de programação do período foram COBOL, Algol, Pascal e BASIC, entre outras.

Independentemente da forma, seja religando circuitos, acionando interruptores ou escrevendo uma linguagem de programação, no fim, o resultado é o mesmo: dizer ao hardware para fazer alguma coisa.

Apresentando a linguagem C

A linguagem C foi desenvolvida em 1972 nos Laboratórios Bell da AT&T, por Dennis Ritchie. Ela combina características das linguagens de programação B e BCPL, mas também mistura um pouco da linguagem Pascal. O Sr. Ritchie, junto a Brian Kernighan, utilizaram C para criar o sistema operacional Unix. Um compilador C faz parte do sistema operacional desde então.

No início da década de 1980, Bjarne Stoustroup utilizou C como base para a linguagem de programação orientada a objeto C++. O ++ (mais-mais) do nome é meio que uma piada interna, que você vai entender melhor depois de ler o

Capítulo 11, mas o Sr. Stoustroup pretendia que o C++ fosse o sucessor do C. É em vários aspectos, mas o C continua popular.

A linguagem de programação D foi introduzida no início dos anos 2000. Não é tão popular quanto o C++ e só é parecida com o C visualmente. Ainda, com o nome *D*, implica que é a linguagem seguinte ao C. Ou, neste caso, depois de C++.

- A linguagem de programação B, na qual a C é baseada, tem esse nome por causa do *B* de Laboratórios Bell.
- BCPL quer dizer *Basic Combined Programming Language* (Linguagem de Programação Básica Combinada).
- A linguagem de programação C++ é muito parecida com C, mas não é apenas uma extensão ou um add-on. É mais fácil aprender C++ quando você sabe C, mas não é fácil alternar entre as linguagens.
- Infelizmente, não tenho ideia de como se pronuncia "Bjarne Stoustroup".

O Processo de Programação

Não importa o que você programe ou qual linguagem utiliza, alguns procedimentos são comuns ao processo. Esta seção lhe dá uma visão geral.

Entendendo a programação

O objetivo da programação é escolher uma linguagem e utilizar várias ferramentas para criar um programa. A linguagem é C e as ferramentas são o editor, o compilador e o vinculador — ou um IDE, que combina as três. O resultado final é um programa, que direciona o hardware a fazer alguma coisa. Esse hardware pode ser um computador, tablet, telefone, microcontrolador ou qualquer coisa.

Aqui está o passo a passo de como funciona o processo de programação:

1. **Escreva o código-fonte.**
2. **Compile o código-fonte em um código objeto.**
3. **Vincule o código objeto a bibliotecas para montar um programa.**
4. **Execute e teste o programa.**

Reserve um momento para absorver este processo: escrever, compilar, vincular e executar. O humano escreve código-fonte. O código-fonte é compilado em código objeto. O código objeto é vinculado a uma biblioteca C para criar um programa. Então, finalmente, o programa é executado.

Na verdade, funciona mais assim:

5. Escreva o código-fonte.
6. Compile o código-fonte em um código objeto.
7. Corrija erros e repita os passos 1 e 2.
8. Vincule o código objeto a bibliotecas para montar o programa.
9. Corrija erros e repita os passos 1 a 4.
10. Execute e teste o programa.
11. Corrija erros repetindo todo o processo.

   Ou, mais frequentemente, o programa executa bem, mas você quer adicionar uma característica ou um elemento refinado. Então, você repete tudo.

Com sorte, os passos 3, 5 e 7 não acontecem frequentemente, mas você ainda corrige muita coisa no ciclo da programação.

A boa notícia é que o computador, obedientemente, reporta erros e até lhe mostra onde eles estão. Isso é melhor do que rastrear um erro em metros de cabos no tempo do velho ENIAC.

- Quando você usa um IDE, os passos de compilar e vincular são feitos pelo comando Build. Os passos de compilar, vincular e executar são feitos pelo comando Build and Run. Apesar do termo *build*, internamente o IDE ainda está compilando o código objeto, vinculando bibliotecas e criando o programa final para executar.

- Um dos meus amigos programadores profissionais disse que esta forma de arte deveria ser chamada de *depuração* e não programação.

- A lenda diz que o primeiro bug ("bug" em inglês quer dizer inseto) de computador foi literalmente um inseto que Grace Hopper encontrou no cabeamento de um dos primeiros computadores. Existem dúvidas sobre essa lenda, considerando que a palavra *bug* tem sido utilizada desde a época de Shakespeare para descrever algo bizarro ou fora do comum.

Escrevendo o código-fonte

O *código-fonte* representa a parte do processo que contém a linguagem de programação em si. Você utiliza um editor de texto para escrever um arquivo de código-fonte.

Neste livro, o código-fonte é mostrado em listagens de programa, como o exemplo na Listagem 2-1.

Capítulo 2: O Segredo da Programação

Listagem 2-1: Programa Padrão "Hello World" ("Olá, mundo")

```
#include <stdio.h>

int main()
{
    puts("Greetings, human.");
    return 0;
}
```

Os números das linhas não são exibidos nas listagens porque podem ser muito confusos. Além do mais, eles são referenciados no editor, como no Code::Blocks, enquanto você digita.

Você é orientado a digitar o código-fonte de uma listagem como parte de um exercício, por exemplo:

Exercício 2-1: Comece um novo projeto no Code::Blocks. Nomeie o projeto ex0201.

Faça isso: obedeça ao Exercício 2-1 e comece um novo projeto no Code::Blocks chamado ex0201, de acordo com esses passos específicos:

1. **Crie uma nova aplicação de console no Code::Blocks, um projeto em linguagem C chamado ex0201.**

    Volte ao Capítulo 1, se você não conseguir entender este passo.

2. **Digite o código da Listagem 2-1 no editor.**

    Você pode apagar o esqueleto dado pelo Code::Blocks ou apenas editá-lo para que o resultado seja igual à Listagem 2-1.

3. **Salve o arquivo de código-fonte selecionando o comando File ⇨ Save File.**

Pronto. Você acabou de completar o primeiro passo do processo de programação — escrever o código-fonte. Na próxima seção, continua sua jornada com o compilador.

✓ Todos os arquivos de código-fonte em C terminam com a extensão de arquivo .c ("ponto-cê").

✓ Se você estiver usando o Windows, recomendo que configure as opções de pasta para que as extensões de arquivo sejam exibidas.

✓ Os arquivos de código-fonte em C++ possuem a extensão .cpp ("ponto-cê-pê-pê").

✓ Arquivos de código-fonte são nomeados da mesma maneira que qualquer arquivo em um computador. Tradicionalmente, um programa pequeno possui o mesmo nome de arquivo de código-fonte do programa final. Então, se seu programa é nomeado puzzle, o código-fonte é nomeado puzzle.c. O nome de arquivo main.c é utilizado pelo Code::Blocks, mas não precisa ser chamado main.c.

> ✔ No Code::Blocks, o nome do programa final é o mesmo nome do projeto; então, mudar o nome de arquivo do código-fonte não é vital.

Compilando para código objeto

Um compilador é um programa que lê o texto de um arquivo de código-fonte e o traduz — a linguagem de programação — em algo chamado *código objeto*. Em C, o compilador também lida com instruções especiais chamadas *diretivas do pré-processador*.

Por exemplo, a Listagem 2-1 exibe a seguinte diretiva de pré-compilação:

```
#include <stdio.h>
```

A diretiva `include` orienta o compilador a localizar o arquivo cabeçalho `stdio.h`. Os conteúdos desse arquivo são adicionados ao código-fonte e, então, ambos são convertidos pelo compilador em um código objeto, que é salvo em um *arquivo de código objeto*. O arquivo objeto tem o mesmo nome do arquivo de código-fonte, mas com a extensão `.o` ("ponto-o").

Enquanto o compilador traduz seu código C em um código objeto, ele procura por erros comuns, falta de itens e outros problemas. Se algo estiver incorreto, o compilador exibe uma lista de erros. Para corrigir os erros, é necessário reeditar o código-fonte e tentar compilar o código mais uma vez.

Continue o Exercício 2-1: No Code::Blocks, siga este passo para compilar:

4. **Selecione *Build* ➪ *Compile Current File.***

    A janela Build Log exibe o resultado, que mostra zero erros e zero avisos. Bem, a não ser que você tenha digitado algo errado, neste caso, é possível verificar seu código-fonte, comparando-o com a Listagem 2-1 na seção anterior.

Normalmente, você selecionaria o comando Build neste passo, como demonstrado no Capítulo 1, mas, quando só é preciso compilar, o comando a ser utilizado é o Compile Current File.

Com sucesso, o compilador produz um *arquivo de código objeto*. Porque o nome do arquivo de código-fonte é `main.c`, o arquivo de código objeto será nomeado `main.o`.

No Code::Blocks, o arquivo de código objeto é encontrado na pasta de projetos ou dentro da subpasta `obj/Release` ou da subpasta `obj/Debug`.

Vinculando à biblioteca C

O *vinculador* é a ferramenta que cria o programa final, vinculando o arquivo de código objeto com bibliotecas de linguagem C. As bibliotecas contêm as instruções reais que "dizem" ao computador (ou outro dispositivo) o que fazer. Essas instruções são selecionadas e executadas com base nas orientações de taquigrafia encontradas no código objeto.

Por exemplo, na Listagem 2-1, você vê a palavra `puts`. Esta palavra é uma função da linguagem C, escrita como `puts()` neste texto. Ela significa *put string* (colocar string).

O compilador traduz `puts()` em um símbolo e o salva no arquivo de código objeto, `main.o`.

O vinculador combina o arquivo objeto com o arquivo de biblioteca padrão de linguagem C, criando o programa final. Como no caso do compilador, se qualquer erro é detectado (principalmente símbolos desconhecidos neste ponto), o processo para e você é alertado do possível problema.

Caso contrário, um programa totalmente funcional é gerado.

No Code::Blocks, o comando Build é utilizado para compilar *e* vincular; o IDE carece de um comando Link separado.

Continue com o Exercício 2-1: Monte o projeto ex0201. Siga este passo:

5. **Selecione o comando Build ⇨ Build.**

    O Code::Blocks vincula o arquivo objeto com o arquivo de biblioteca padrão de C para criar um arquivo de programa.

O próximo e último passo do processo é executar o programa.

LEMBRE-SE

- ✔ O texto que um programa manipula é referido como uma *string*, que é qualquer texto maior que um único caractere. Em C, uma string é vista entre aspas:

```
"Hello! I am a string."
```

- ✔ "Hello! I am a string." ("Olá, eu sou uma string.")
- ✔ O programa final inclui a biblioteca de linguagem C, associando-a com o código objeto. Essa combinação explica por que um arquivo de programa é maior que o arquivo de código-fonte que o criou.
- ✔ Alguns programas em C vinculam em várias bibliotecas, dependendo do que o programa faz. Além das bibliotecas C padrões, você pode vincular bibliotecas para trabalhar com gráficos, redes, som e assim por diante. Quando você aprender mais sobre programação, descobrirá como escolher e vincular várias bibliotecas. O Capítulo 24 oferece os detalhes.

Executando e testando

Criar um programa é o objetivo de programar; então, a primeira coisa a se fazer depois de vincular é executar o resultado. Executar é necessário, principalmente para demonstrar que o programa faz o que você pretendia e da maneira que você queria.

Quando o programa não funciona, é preciso voltar e corrigir o código. Sim, é perfeitamente possível montar um programa, não ver erros e então descobrir que ele não funciona. Isso acontece o tempo todo.

Continue com o Exercício 2-1: Complete o processo da seção anterior e então siga esses passos finais no Code::Blocks:

6. **Selecione Build ⇨ Run.**

    O programa executa. Como um programa em modo Texto, ele aparece em uma janela de terminal, onde você pode examinar os resultados.

7. **Feche a janela de terminal pressionando a tecla Enter no teclado.**

Para um programa simples como o ex0201, basta executar e conferir os resultados. Para projetos complexos, é preciso testar mais o programa, executando-o e digitando vários valores. Tente quebrá-lo! Se o programa sobreviver, você terá feito um bom trabalho. Caso contrário, terá que reeditar o código-fonte para corrigir o problema e então remontar o programa.

> ✔ Executar um programa é um trabalho do processador e do sistema operacional do dispositivo: o *sistema operacional* carrega o programa na memória, onde o *processador* executa o código. Essa é uma descrição bem simplificada de como um programa funciona.
>
> ✔ No Code::Blocks, o arquivo de programa é nomeado em homenagem ao projeto. No Windows, o nome é ex0201.exe. No Mac OS X, no Linux e no Unix, o nome do programa é ex0201 sem extensão. Mais para frente, nesses sistemas operacionais, as permissões do arquivo são configuradas para que o arquivo se torne um executável.

Contabilidade do arquivo de projeto no Code::Blocks

O Code::Blocks organiza seus projetos em pastas. À pasta principal, é dado o nome do projeto, como ex0201. Dentro dessa pasta, você encontrará todos os arquivos associados ao projeto, incluindo o código-fonte, o código objeto e o programa executável. Aqui está a separação do que é o quê, assumindo que o projeto se chame ex0201:

`*.c` — Os arquivos de código-fonte. Arquivos de código-fonte são armazenados na pasta principal do projeto.

`*.cbp` — O arquivo do projeto do Code::Blocks, nomeado como o projeto. Você pode abrir este arquivo para executar o Code::Blocks e trabalhar no projeto.

`bin/Release/` — A pasta na qual o arquivo de programa é armazenado. O arquivo é nomeado como o projeto.

`bin/Debug/` — A pasta que é criada, quando você seleciona um debug build target. Um programa executável com informação de depuração é armazenado aqui.

`obj/Release/` — A pasta que contém os arquivos de código objeto para a versão de lançamento do projeto. Um arquivo de código objeto é encontrado para cada arquivo de código-fonte.

`obj/Debug/` — A pasta que contém arquivos de código objeto para o alvo de depuração.

Outros arquivos podem se esconder na pasta do projeto, a maioria deles relacionada a algo que o Code::Blocks faz. Se você criar projetos mais complexos, como programas do Windows ou aplicativos para celulares, outras pastas e arquivos aparecerão, quando necessários.

Você não precisa investigar as profundezas de uma pasta de projeto regularmente, pois o Code::Blocks gerencia tudo pra você.

Capítulo 3
Anatomia do C

Neste Capítulo
- Revisando partes da linguagem C
- Entendendo as palavras-chave e funções
- Explorando operadores, variáveis e valores
- Aprendendo a comentar
- Montando um esqueleto básico de linguagem C
- Fazendo print de um problema matemático

Todas as linguagens de programação consistem de instruções, que dizem a um computador ou a outro dispositivo eletrônico o que fazer. Embora os conceitos de programação básica continuem os mesmos, cada linguagem é diferente, criada para satisfazer uma necessidade específica ou para frustrar uma nova leva de calouros de faculdade. A linguagem C faz ambos, sendo flexível e intimidante. Para começar um relacionamento de uma maneira amigável e positiva com C, conheça a linguagem e como ela funciona.

Você provavelmente vai querer reler este capítulo depois de se aventurar profundamente na Parte II deste livro.

Partes da Linguagem C

Diferente de uma linguagem humana, o C não possui declinações ou casos. Não há masculino, feminino ou neutro. Para compreendê-la, você nunca precisará saber o que as palavras *mais-que-perfeito* ou *subjuntivo* querem dizer. Precisará, por outro lado, entender um pouco do dialeto, da sintaxe e outras coisinhas chatas. Esta seção fornece uma visão geral do que é o quê em linguagem C.

Níveis da linguagem de programação

É quase uma tradição. Com o tempo, centenas de linguagens de programação foram desenvolvidas. Muitas desapareceram, mas, ainda assim, outras novas aparecem anualmente. A variedade é explicada por linguagens diferentes que satisfazem necessidades específicas.

Em geral, linguagens de programação existem em três níveis: baixo, médio e alto.

Linguagens de alto nível são as mais fáceis de ler, pois utilizam palavras ou frases encontradas na linguagem humana (a maioria em inglês). Essas linguagens são rápidas de serem aprendidas, mas são frequentemente limitadas em sua flexibilidade.

Linguagens de baixo nível são as mais complexas. Frequentemente, contêm poucas, quando há alguma, palavras reconhecíveis da língua humana. Essas linguagens acessam hardware diretamente e, por isso, são extremamente rápidas. A desvantagem é que o tempo de desenvolvimento é lento porque quase tudo tem que ser feito do zero.

Linguagens de nível médio combinam aspectos das linguagens de níveis alto e baixo. Como tal, são bem versáteis e os programas podem ser projetados para fazer praticamente qualquer coisa. C é um exemplo primário de uma linguagem de programação de nível médio.

Palavras-chave

Esqueça substantivos, verbos, adjetivos e advérbios. A linguagem C possui *palavras-chave*. Diferente das linguagens humanas, nas quais você precisa saber 2.000 palavras ou mais para ser considerado um pouco alfabetizado, a linguagem C apresenta um vocabulário escasso: existe apenas um punhado de palavras-chave, sendo que você talvez nunca utilize todas elas. A Tabela 3-1 lista as 44 palavras-chave de linguagem C.

Tabela 3-1	Palavras-chave de Linguagem C		
_Alignas	break	float	signed
_Alignof	case	for	sizeof
_Atomic	char	goto	static
_Bool	const	if	struct
_Complex	continue	inline	switch
_Generic	default	int	typedef
_Imaginary	do	long	union
_Noreturn	double	register	unsigned
_Static_assert	else	restrict	void
_Thread_local	enum	return	volatile
auto	extern	short	while

As palavras mostradas na Tabela 3-1 representam os comandos básicos da linguagem C. Essas orientações simples são combinadas de várias maneiras interessantes para fazer coisas surpreendentes. A linguagem, porém, não para nas palavras-chave; continue lendo na próxima seção.

- ✔ Não se preocupe em memorizar a lista de palavras-chave. Embora eu saiba até hoje as 23 formas do verbo "to be" (e na mesma ordem especificada no meu livro de inglês da oitava série), nunca memorizei as palavras-chave da linguagem C.

- ✔ As palavras-chave são todas sensíveis à capitalização, como mostra a Tabela 3-1.

- ✔ Das 44 palavras-chave, 32 são originais da linguagem C. A atualização C99 (em 1999) adicionou cinco outras, e a atualização mais recente, C11 (2001), outras sete. A maioria das palavras-chave novas começa com um sublinhado, como em `_Alignas`.

- ✔ Palavras-chave também são conhecidas como *palavras reservadas*, o que significa que você não pode nomear funções ou variáveis com o mesmo nome das palavras-chave. Se tentar fazer isso, o compilador vai reclamar como um blogueiro político-partidário bêbado.

Funções

Onde se vê apenas 44 palavras-chave, existem centenas (se não milhares) de funções na linguagem C, incluindo funções que você pode criar. Pense em uma função como uma máquina de programar que realiza uma tarefa. A rigor, as funções são os cavalos de carga da linguagem C.

O sinal que revela a função são os parênteses, como em `puts()` para a função `puts`, que exibe um texto. Especificamente, *puts* significa "put string" (colocar string), onde *string* é o dialeto de programação para textos maiores que um caractere.

Funções são utilizadas de diversas maneiras. Por exemplo, uma função `beep()` pode fazer o alto-falante de um computador emitir um beep:

```
beep();
```

A algumas funções, são enviados valores, como em:

```
puts("Greetings, human.");
```

A string `Greetings, human.` (saudações, humano — incluindo o ponto) é enviada para a função `puts()`, para ser enviada para a saída padrão ou ser exibida na tela. As aspas definem a string; elas não são enviadas para a saída padrão. As informações entre parênteses são chamadas de *argumentos* da função ou *valores*. Elas são *passadas* para a função.

Funções também podem *gerar* ou retornar informações:

```
value = random();
```

A função `random()` gera um número aleatório, que é retornado da função e armazenado na variável chamada `value`. Funções em C retornam apenas um valor de cada vez. Elas também podem não retornar nada. A documentação de funções explica o que a função retorna.

Funções também podem ter informações enviadas e/ou retornar alguma coisa:

```
result = sqrt(256);
```

A função `sqrt()` envia o valor 256. Ela calcula a raiz quadrada desse valor. O resultado é calculado e então retornado e armazenado na variável `result`.

- Consulte a seção "Variáveis e valores" posteriormente para uma discussão sobre o que é uma variável.

- Uma função em C deve ser definida antes de ser utilizada. Essa definição é chamada de *protótipo*. Ela é necessária para que o compilador entenda como o código está utilizando a função.

- Você encontrará listas de todas as funções da linguagem C online, nas que são chamadas *bibliotecas de referência* C.

- Protótipos de função são mantidos nos *arquivos cabeçalho*, que podem ser incluídos no código-fonte. Veja a seção "Adicionando uma função."

- As funções em si são armazenadas em bibliotecas de linguagem C. Uma *biblioteca* é uma coleção de funções e o código que executa essas funções. Quando você vincula um programa, o vinculador incorpora o código das funções no programa final.

- Assim como palavras-chave, funções são sensíveis à capitalização.

Operadores

Misturados às funções e palavras-chave estão vários símbolos coletivamente conhecidos como *operadores*. A maioria deles tem origem na matemática, incluindo os símbolos tradicionais como o mais (+), o menos (-) e o igual (=).

Operadores são colocados entre as funções, palavras-chave e outras partes da linguagem C; por exemplo:

```
result = 5 + sqrt(value);
```

Aqui, os operadores = e + são utilizados para inventar um tipo de loucura matemática.

Capítulo 3: Anatomia do C **35**

> **LEMBRE-SE**
>
> Nem todos os operadores de linguagem C fazem matemática. Veja o Apêndice C para conhecer mais.

Variáveis e valores

Um programa funciona através da manipulação de informações armazenadas em variáveis. Uma *variável* é um contêiner, no qual você coloca valores, caracteres ou outras formas de informação. O programa também pode trabalhar com valores imutáveis e específicos, que chamo de valores *imediatos*:

```
result = 5 + sqrt(value);
```

Neste exemplo, `result` e `value` são variáveis; seus conteúdos são desconhecidos olhando no código e podem mudar de acordo com o que o programa executar. O número 5 é um valor imediato.

A linguagem C exibe tipos diferentes de variáveis, cada uma feita para manter valores específicos. O Capítulo 6 explica variáveis e valores em mais detalhes.

Declarações e estrutura

Como as linguagens humanas, linguagens de programação possuem *sintaxe* — que é o método pelo qual as peças se encaixam. Diferente do inglês, onde a sintaxe pode ser determinada jogando dados, o método pelo qual o C combina palavras-chave, funções, operadores, variáveis e valores é bem preciso.

O centro da linguagem C é a *declaração*, que é parecida com uma frase em inglês. Uma declaração é uma ação ou uma orientação que o programa dá ao hardware. Todas as declarações da linguagem C terminam com ponto e vírgula, que equivale a um ponto final na programação:

```
beep();
```

Aqui, a função `beep()` é uma declaração. Pode ser simples assim. Na verdade, só o ponto e vírgula em uma linha pode ser uma declaração:

```
;
```

A declaração anterior é não fazer nada.

Declarações em C são executadas uma após a outra, começando pelo topo do código-fonte e seguindo até o final. Existem maneiras de mudar essa ordem de acordo com o andamento do programa, o que você verá em outro lugar neste livro.

A sintaxe em nível de parágrafo para a linguagem C envolve o uso de *chaves*. Elas englobam várias declarações como um grupo:

```
{
    if( money < 0 ) getjob();
    party();
    sleep(24);
}
```

Essas três declarações são mantidas dentro de chaves, indicando que elas devem permanecer juntas. Elas são tanto partes de uma função quanto partes de um loop ou algo similar. De qualquer modo, elas ficam todas juntas e são executadas uma após a outra.

Você notará que as declarações mantidas entre chaves possuem uma tabulação a mais. Essa é uma tradição em C, mas não é necessária. Chamamos de espaço em branco as tabulações, linhas vazias e outras partes em branco do seu código-fonte.

Geralmente, o compilador C ignora o espaço em branco, procurando então por pontos e vírgulas e chaves. Por exemplo, você pode editar o código-fonte do projeto ex0201 para ser lido como:

```
#include <stdio.h>
int main(){puts("Greetings, human.");return 0;}
```

São duas linhas de código-fonte, onde antes você via várias. A diretiva `#include` deve estar sozinha em uma linha, mas o código C pode estar todo amassado sem espaços em branco. O código ainda executa.

Felizmente, a maioria dos programadores utiliza espaços em branco para tornar o código mais legível.

- O erro mais comum cometido por programadores de linguagem C iniciantes é esquecer de colocar um ponto e vírgula depois de uma declaração. Também pode ser o erro mais comum feito por programadores experientes!

- O compilador é a ferramenta que procura por pontos e vírgulas esquecidos. Isso porque, quando você esquece o ponto e vírgula, o compilador assume que aquelas duas declarações são, na verdade, apenas uma. O efeito é que o compilador fica confuso e, então, em um ataque de pânico, assinala aquelas linhas de código-fonte como um erro.

Comentários

Alguns itens no seu código-fonte de linguagem C não são nem parte da linguagem, nem da estrutura. Eles são comentários, que podem ser informações sobre o programa, notas para você mesmo ou piadinhas sujas.

Comentários tradicionais em C começam com os caracteres /* e terminam com os caracteres */. Todo o texto entre essas duas marcações é ignorado pelo compilador, evitado pelo vinculador e pelo programa final.

A Listagem 3-1 mostra uma atualização do código do projeto ex0201, onde os comentários foram adicionados livremente.

Listagem 3-1:   Código-fonte Excessivamente Comentado

```
/* Autor: Dan Gookin */
/* Este programa exibe texto na tela */

#include <stdio.h>      /* Necessário para puts() */

int main()
{
    puts("Greetings, human.");   /* Exibe texto */
    return 0;
}
```

Você pode ver comentários na Listagem 3-1. Um comentário pode aparecer em uma linha sozinho ou no final de uma linha.

As duas primeiras linhas podem ser combinadas para um comentário de linhas múltiplas, como mostrado na Listagem 3-2.

Listagem 3-2:   Comentários multilineares

```
/* Autor: Dan Gookin
   Este programa exibe texto na tela */

#include <stdio.h>      /* Necessário para puts() */

int main()
{
    puts("Greetings, human.");   /* Exibe texto */
    return 0;
}
```

Todo o texto entre /* e */ é ignorado. O editor do Code::Blocks exibe textos comentados em uma cor única, que posteriormente confirma como o compilador vê e ignora o texto comentado. Vá em frente e edite o código-fonte ex0201 para ver como os comentários funcionam.

Um segundo estilo de comentário utiliza os caracteres de barra dupla (//). Este tipo de comentário afeta o texto em uma linha, dos caracteres // até o final da linha, como mostrado na listagem 3-3.

Listagem 3-3:   Comentários de Barra Dupla

```
#include <stdio.h>

int main()
{
    puts("Greetings, human.");   // Exibe texto
    return 0;
}
```

Não se preocupe em colocar comentários no seu texto a esta altura, a não ser que esteja em alguma universidade por aí e o professor esteja sendo extremamente obsessivo com isso. Comentários são para você, programador, para ajudá-lo a entender seu código e lembrá-lo quais são suas intenções. Eles serão úteis posteriormente, quando você olhar para o seu código e não entender totalmente o que estava fazendo. Isso acontece frequentemente.

Observe um Típico Programa em C

Todos os programas em C possuem uma mesma estrutura básica, que é facilmente visível, quando analisamos o código-fonte C que o Code::Blocks utiliza para começar um novo projeto, como mostrado na Listagem 3-4.

Listagem 3-4:   Esqueleto C do Code::Blocks

```
#include <stdio.h>
#include <stdlib.h>

int main()
{
    printf("Hello world!\n");
    return 0;
}
```

A listagem não é nem o mínimo do que é o programa em C básico, mas dá uma ideia.

- ✔ Assim como você lê um texto em uma página, o código-fonte C flui de cima para baixo. O programa começa a execução na primeira linha, segue na próxima linha e assim por diante até o final do código-fonte. Exceções para esta ordem incluem estruturas de tomada de decisão e loops, mas, no geral, o código executa de cima pra baixo.

- ✔ Estruturas de tomada de decisão são tratadas no Capítulo 8; loops são introduzidos no Capítulo 9.

Entendendo a estrutura de um programa em C

Para entender melhor como um programa em C nasce, você pode criar o tipo de programa mais simples e mais inútil em C.

Exercício 3-1: Siga os passos desta seção para criar um novo projeto no Code::Blocks, ex0301.

Aqui estão os passos específicos:

1. **Comece um novo projeto no Code::Blocks: ex0301.**
2. **Edite o código-fonte para ficar igual à Listagem 3-5.**

Listagem 3-5:   Um Programa Simples que Não Faz Nada

Isso não é um erro de impressão. O código-fonte para main.c está em branco ou vazio. Apenas apague o esqueleto que o Code::Blocks forneceu.

3. **Salve o projeto.**
4. **Monte e execute.**

O Code::Blocks reclama que o projeto não foi montado ainda. Difícil!

5. **Clique no botão Yes e continue com a montagem do projeto.**

Nada acontece.

Devido ao código-fonte estar vazio, nenhum código objeto é gerado. O programa que é criado (se um programa for criado) está vazio. Não faz nada. Foi isso que você falou para o compilador fazer e o programa resultante fez bem.

Observe que há uma mensagem de erro no Code::Blocks depois do Passo 4. Isso é porque o IDE estava orientando o sistema operacional para executar um programa em uma janela de prompt de comando. O erro que você vê é a referência a um arquivo de programa que não existe ou não faz nada.

Definindo a função main ( )

Todos os programas têm uma função `main()`. É a primeira função que vai executar quando o programa começar. Como função, ela requer os parênteses, mas também as chaves para manter as declarações da função, como mostrado na Listagem 3-6.

Continue o Exercício 3-1: Reconstrua o código-fonte para o projeto ex0301, como mostrado na Listagem 3-6. Salve o projeto. Monte e execute.

Listagem 3-6: A Função main()

```
main() {}
```

Dessa vez, você vê a janela de prompt de comando, mas nenhuma produção. Isso é ótimo! Você não orientou o código a fazer nada e ele fez isso bem. O que você vê é o programa C mínimo. Ele também é chamado de programa *idiota*.

- main não é uma palavra-chave; é uma função. É a primeira função necessária em todo o código-fonte de linguagem C.
- Diferente de outras funções, main() não precisa ser declarada, mas ela usa argumentos específicos, que serão tópico tratado no Capítulo 15.

Retornando alguma coisa para o sistema operacional

O protocolo adequado necessita que, quando um programa fecha, ele forneça um valor ao sistema operacional. Chame isso de sinal de respeito. Esse valor é um inteiro (um número inteiro), normalmente zero, mas, às vezes, outros valores são utilizados, dependendo do que o programa faz e o que o sistema operacional espera.

Continue o Exercício 3-1: Atualize o código-fonte para o projeto ex0301 para refletir as mudanças exibidas na Listagem 3-7.

Listagem 3-7: Adicionando uma Declaração de Retorno

```
int main()
{
    return(1);
}
```

Primeiro, você está declarando a função main() para ser uma função inteira. O int diz ao compilador que a main() retorna, ou *gera*, um valor inteiro.

A declaração return passa o valor 1 de volta para o sistema operacional, finalizando efetivamente a função main() e, portanto, o programa.

> **DICA:** Enquanto você digita return, o Code::Blocks pode exibir um texto de autocompletar, como mostrado na Figura 3-1. Essas dicas são úteis para ajudá-lo a codificar, apesar de que, a essa altura na sua carreira de programação, você já pode ignorá-las livremente.

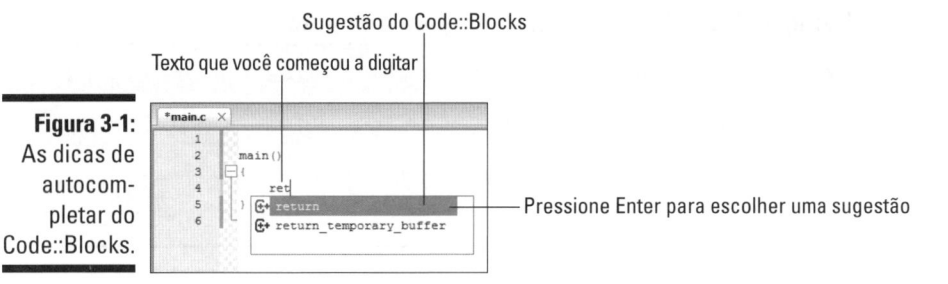

Figura 3-1:
As dicas de autocompletar do Code::Blocks.

(Sugestão do Code::Blocks; Texto que você começou a digitar; Pressione Enter para escolher uma sugestão)

Continue o Exercício 3-1: Salve, monte e execute o projeto

Os resultados são parecidos com os da execução anterior, mas você notará o valor retornado de 1 especificado no sumário do Code::Blocks na janela de prompt de comando:

```
Process returned 1 (0x1)
```

Se você quiser, edite o código novamente e mude o valor de retorno para outra coisa — um 5. Esse valor aparecerá na saída do Code::Blocks quando você executar o projeto.

- Tradicionalmente, um valor de retorno 0 é utilizado para indicar que um programa completou seu trabalho com sucesso.
- Os valores de retorno 1 ou maiores frequentemente indicam algum tipo de erro ou talvez eles indiquem os resultados de uma operação.
- A palavra-chave return pode ser utilizada em uma declaração com ou sem parênteses. Aqui está sem eles:

```
return 1;
```

Na Listagem 3-7, return foi utilizado com parênteses. O resultado foi o mesmo. Prefiro utilizar os parênteses quando codifico return, e é assim que será exibido ao longo deste livro.

Adicionando uma função

Os programas em C devem fazer alguma coisa. Apesar de você poder utilizar palavras-chave e operadores para que um programa faça coisas maravilhosas, o jeito de tornar essas coisas úteis é a saída. Continue trabalhando no exemplo desse capítulo:

Continue o Exercício 3-1: Modifique o código-fonte do projeto uma última vez para combinar com a Listagem 3-8.

Listagem 3-8: Mais Atualizações para o Projeto

```
#include <stdio.h>

int main()
{
    printf("4 times 5 is %d\n",4*5);
    return(0);
}
```

Você está adicionando três linhas. Primeiro, adicione a linha `#include`, que traz o protótipo da função `printf()`. Depois, digite uma linha em branco para separar a diretiva do processador da função `main()`. Em terceiro lugar, adicione a linha com a função `printf()`. Todas as funções devem ser declaradas antes de serem utilizadas e o arquivo `stdio.h` contém a declaração para `printf()`.

Quando você digita as primeiras aspas para `printf()`, você vê as segundas aspas aparecerem automaticamente. Novamente, isso é o Code::Blocks lhe ajudando. Mantenha a calma e vá até a Figura 3-2 para informações sobre outras coisas que você pode ver na tela.

O autocompletar insere as segundas aspas.

Figura 3-2: Digitando uma função no Code::Blocks.

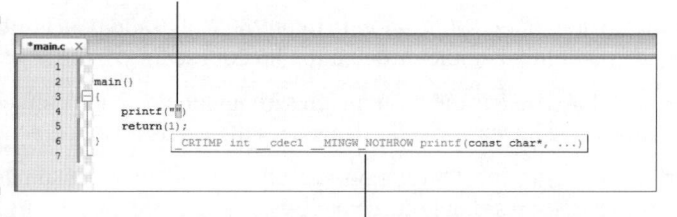

Dica confusa sobre a função printf()

Antes de continuar, por favor, note estes dois itens importantes no seu código-fonte:

- Certifique-se que digitou a linha `#include` exatamente como escrito abaixo:

    ```
    #include <stdio.h>
    ```

    A diretiva `#include` diz ao compilador para buscar o arquivo cabeçalho, `stdio.h`. O arquivo cabeçalho é necessário para utilizar a função `printf()`.

- Certifique-se que você digitou a declaração e `printf()` exatamente como escrito.

    A função `printf()` envia texto formatado à saída padrão do dispositivo: o monitor. Ela também contém um problema matemático, `4*5`. O resultado desse problema é calculado pelo computador e então exibido no texto formatado:

```
printf("4 times 5 is %d\n",4*5);
```

Você encontrará vários itens importantes na declaração `printf()`. Cada um deles requer: aspas, vírgula e ponto e vírgula. Não esqueça de nada!

Capítulos posteriores tratarão da função `printf()` em mais detalhes; então, não se preocupe se você não estiver entendendo tudo a essa altura.

Finalmente, mudei o valor de retorno de 1 para 0, o valor tradicional que é passado de volta ao sistema operacional.

Continue o Exercício 3-1: Salve o código-fonte do projeto. Monte e execute.

Se ocorrer um erro, verifique novamente o código-fonte. Caso contrário, o resultado que aparecerá na janela de terminal será semelhante a isso:

```
4 times 5 is 20
```

O programa C básico é o que você viu apresentado nessa seção, como construído ao longo das últimas seções. As funções que usará vão mudar e você aprenderá como as coisas funcionam e ficará mais confortável enquanto explora a linguagem C.

Onde estão os arquivos?

Um projeto de programação em C precisa de mais do que apenas o código-fonte: ele inclui arquivos cabeçalho e bibliotecas. Os arquivos cabeçalho são chamados pelo uso da declaração `#include`; bibliotecas são trazidas pelo vinculador. Não se preocupe com esses arquivos, porque o IDE — especificamente o compilador e o vinculador — tratam desses detalhes pra você.

Por descender do Unix, as localizações tradicionais dos arquivos cabeçalho e de bibliotecas são utilizados em C. Os arquivos cabeçalho são encontrados no diretório (pasta) `/usr/include`. Os arquivos de biblioteca residem no diretório `/usr/lib`. Esses são os sistemas de pastas; então, olhe, mas *não mexa* nos conteúdos. Frequentemente, examino os arquivos cabeçalho para procurar dicas ou informações que podem não estar óbvias na documentação de linguagem C. (Arquivos cabeçalho são textos simples; arquivos de biblioteca são dados.)

Se você está usando um sistema operacional do tipo Unix, poderá visitar esses diretórios e examinar a multidão de arquivos localizados lá. Em um sistema Windows, os arquivos são mantidos com o compilador; normalmente, nas pastas `include` e `lib` relativas à localização do compilador

Parte II
Introdução à Programação C

Tabela 6-1	Tipos Básicos de Variáveis de Linguagem C
Tipo	*Descrição*
char	Variável de caractere único; armazena um caractere de informação.
int	Variável inteira; armazena valores inteiros.
float	Variável com ponto flutuante; armazena números reais.
double	Variável com ponto flutuante; armazena números reais muito grandes ou muito pequenos.

Nesta parte...

- Entenda como corrigir erros de compilação e vinculação
- Trabalhe com valores em código-fonte de programa
- Explore o conceito de variáveis e armazenamento
- Descubra como trabalhar com entradas e criar saídas
- Controle o fluxo do seu programa com decisões
- Repita pedaços de código com declarações de loop
- Monte suas próprias funções

Capítulo 4
Testes e Erros

Neste Capítulo
- Publicando texto na tela
- Desabilitando declarações através do uso de comentários
- Corrigindo erros de compilação
- Utilizando a função `printf()`
- Aproveitando sequências de escape
- Corrigindo erros de vinculação

Uma das melhores coisas sobre programação de computadores é que o feedback é imediato. Você é informado na hora quando algo dá errado, pelo compilador, pelo vinculador ou pelo programa, quando este não roda do jeito que você pretendia. Acredite ou não, é assim que todo mundo programa! Erros acontecem e até os programadores mais experientes os esperam.

Exiba Algo na Tela

A melhor maneira de começar a programar é criando pequenos exemplos de códigos que simplesmente jogam um pouco de texto na tela. É rápido e você aprende alguma coisa enquanto faz isso.

Exibindo uma mensagem cômica

Um computador é conhecido como um dispositivo sério. Então, por que não adicionar um pouco de leveza?

Exercício 4-1: Comece um novo projeto, ex0401. Copie o código-fonte exibido na Listagem 4-1 para o editor, digitando cuidadosamente tudo como mostrado na listagem. Monte, compile e execute.

Listagem 4-1: Outro Exemplo Cômico

```
#include <stdio.h>

int main()
{
    puts("Don't bother me now. I'm busy.");
    return(0);
}
```

Se você encontrar algum erro, corrija-o. Eles podem ser erros de digitação ou itens que faltam. Tudo o que você vê na tela do seu computador precisa estar idêntico como no texto mostrado na Listagem 4-1.

Com sucesso, o programa roda. Sua saída parece com isso:

```
Don't bother me now. I'm busy.
```

Exercício 4-2: Modifique o código-fonte da Listagem 4-1 para que a mensagem diga "Eu amo exibir textos!" Salve como projeto ex0402.

Respostas para todos os exercícios podem ser encontradas na internet:

```
www.c-for-dummies.com/begc4d/exercises
```

Introduzindo a função puts ( )

A função puts() envia uma transmissão de texto para o dispositivo de saída padrão.

O que diabos isso significa?

Por enquanto, considere que a função puts() exibe texto na tela em uma linha. Aqui está o formato:

```
#include <stdio.h>

int puts(const char *s);
```

Como este formato oficial parece confuso, neste momento inicial do livro, ofereço este formato não-oficial:

```
puts("text");
```

A parte text é uma string de texto — basicamente, qualquer coisa colocada entre aspas. Ela também pode ser uma variável, um conceito com o qual você não precisará se preocupar até chegar ao Capítulo 7.

A função `puts()` necessita que o código-fonte inclua o arquivo cabeçalho `stdio.h`. Esse arquivo cabeçalho contém o protótipo da função. Arquivos cabeçalho são adicionados ao código-fonte pelo uso da diretiva `#include`, como mostrado agora e em vários outros exemplos ao decorrer deste capítulo.

- A linguagem C lida com texto em transmissões, o que provavelmente é diferente do jeito que você acha que os computadores lidam com texto. O Capítulo 13 discute esse conceito de comprimento.

- O dispositivo de saída padrão é normalmente uma tela de computador. A saída pode ser redirecionada de acordo com o sistema operacional; por exemplo, para um arquivo ou outro dispositivo, como uma impressora. É por isso que a definição técnica da função `puts()` remete à saída padrão e não à tela.

Adicionando mais texto

Caso precise exibir outra linha de texto, conjure outra função `puts( )` no seu código-fonte, como mostrado na Listagem 4-2.

Listagem 4-2: **Exibindo Duas Linhas de Texto**

```
#include <stdio.h>

int main()
{
    puts("Hickory, dickory, dock,");
    puts("The mouse ran up the clock.");
    return(0);
}
```

A segunda função `puts()` faz exatamente a mesma coisa que a primeira. Também não é necessário incluir novamente o arquivo cabeçalho `stdio.h`, já que a primeira função `puts()` precisa dele; uma menção é suficiente para qualquer função que necessite do arquivo cabeçalho.

Exercício 4-3: Crie o projeto ex0403 no Code::Blocks. Digite o código-fonte da Listagem 4-2 no editor. Salve o projeto, compile e execute.

A saída aparecerá em duas linhas:

```
Hickory, dickory, dock,
The mouse ran up the clock.
```

Se você utilizar a função `puts()` e colocar o texto entre aspas, o programa resultante soltará esse texto, exibindo-o na tela. Tudo bem, perfeccionistas: `puts()` enviará o texto para o dispositivo de saída padrão.

LEMBRE-SE

- Inclua um arquivo cabeçalho para ajudar os protótipos de funções. A função `puts()` requer o cabeçalho `stdio.h`.
- A diretiva do compilador `include` adiciona o arquivo cabeçalho no seu código-fonte. Ela é formatada assim:

  ```
  #include <file.h>
  ```

- Nesta linha, `file` representa o nome do arquivo cabeçalho. Todos os arquivos cabeçalho exibem a extensão `.h`, que deve ser especificada com o nome do arquivo cabeçalho entre colchetes.
- Não é necessário incluir o mesmo arquivo cabeçalho mais de uma vez em um código-fonte.

PAPO DE ESPECIALISTA

- Tecnicamente, você pode incluir o arquivo cabeçalho diversas vezes. O compilador não hesita com a duplicação. Ele apenas continua adicionando os arquivos cabeçalho durante a compilação. Isso pode adicionar um volume desnecessário ao tamanho do arquivo de código objeto.

Exercício 4-4: Modifique o projeto ex0403 para que uma cantiga de roda inteira seja exibida. Salve o novo projeto como ex0404. Aqui está o texto completo:

Hickory, dickory, dock,

The mouse ran up the clock.

The clock struck one,

The mouse ran down,

Hickory, dickory, dock.

Na verdade não rima; então, como um bônus, mude a quarta linha da saída para que ela rime!

Comentando uma declaração

Comentários são utilizados não apenas para adicionar informações, remarcações e descrições ao seu código-fonte, mas também para desabilitar declarações, como mostrado na Listagem 4-3.

Listagem 4-3: Desabilitando uma Declaração

```
#include <stdio.h>

int main()
{
    puts("The secret password is:");
/*  puts("Spatula."); */
    return(0);
}
```

Exercício 4-5: Crie um novo projeto, ex0405. Use o código-fonte mostrado na Listagem 4-3. Digite /* no início da Linha 6 e, então, pressione a tecla Tab para tabular a declaração para a mesma tabulação da linha anterior. Pressione Tab no final da Linha 6 antes de adicionar a marca final do comentário: */. Salve. Monte. Execute.

Apenas a primeira função `puts()` na Linha 5 é executada, exibindo o seguinte texto:

```
The secret password is:
```

A segunda função `puts()` na Linha 6 foi "removida pelo comentário" e, portanto, não compila.

Exercício 4-6: Retire o comentário da segunda declaração `puts()` da sua solução para o Exercício 4-5. Execute o projeto para ver os resultados.

Exercício 4-7: Remova por comentário a primeira função `puts()`, utilizando os caracteres de comentário //. Monte e execute novamente.

Errando de propósito

Se você não cometeu nenhum erro de digitação de código-fonte até agora, já é hora de fazê-lo.

Exercício 4-8: Crie um novo projeto, ex0408, e cuidadosamente, digite o código mostrado na Listagem 4-4. Se você prestou atenção, provavelmente viu erros. (**Dica:** Olhe na quinta linha.) Não os corrija — ainda não.

Listagem 4-4:   Este Programa Faz BOOM

```
#include <stdio.h>

int main()
{
    puts("This program goes BOOM!)
    return(0);
}
```

Admito que utilizar o editor do Code::Blocks dificulta a digitação das aspas que faltam, que você provavelmente terá que deletar para fazer seu código-fonte ficar igual ao da Listagem 4-4. Ainda assim, estou tentando lhe mostrar como os erros se parecem, para que você possa corrigi-los no futuro.

Monte o programa ou, pelo menos, tente. Você verá um grande número de mensagens de erro aparecer na aba Build Messages no fim da tela do IDE, mensagens parecidas com as mostradas na Figura 4-1.

Figura 4-1:
Erros feios de compilação!

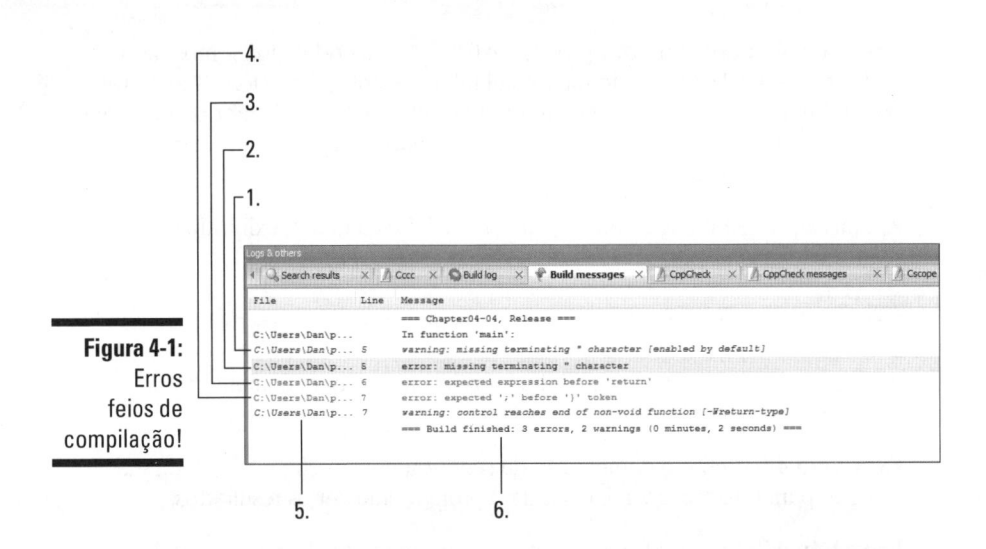

```
Logs & others
  Search results  × | Cccc  × | Build log  × | Build messages  × | CppCheck  × | CppCheck messages  × | Cscope
File                Line    Message
                            === Chapter04-04, Release ===
C:\Users\Dan\p...           In function 'main':
C:\Users\Dan\p...   5       warning: missing terminating " character [enabled by default]
C:\Users\Dan\p...   5       error: missing terminating " character
C:\Users\Dan\p...   6       error: expected expression before 'return'
C:\Users\Dan\p...   7       error: expected ';' before ')' token
C:\Users\Dan\p...   7       warning: control reaches end of non-void function [-Wreturn-type]
                            === Build finished: 3 errors, 2 warnings (0 minutes, 2 seconds) ===
```

Um erro é referenciado pelo número de sua linha no código-fonte; por isso, o editor do Code::Blocks mostra os números das linhas no lado esquerdo da janela. Erros também podem aparecer diversas vezes, dependendo da sua gravidade e do quanto o compilador se sente ofendido.

Os números dos parágrafos a seguir se referem às linhas na Figura 4-1:

1. O primeiro aviso é causado pela falta das aspas duplas. É um aviso porque o compilador poderia estar enganado.

2. Não, o compilador não está enganado: as aspas duplas *não estão* ali. Isso qualifica o erro como completo, o que é pior que um aviso.

3. Este erro ainda está relacionado à Linha 5, mas é pego pelo compilador na Linha 6. Novamente, é a falta das aspas duplas, que o compilador esperava antes da declaração `return`.

4. O erro final causado pela Linha 5 é a falta do ponto e vírgula, como está explicado na mensagem de erro. O compilador não percebe o erro até a Linha 7, que é a chave. Aparentemente, o compilador é esperto o bastante para contar declarações e achar a falta do ponto e vírgula. O número da linha é aproximado para esta mensagem de erro.

5. Eu honestamente não sei o que essa mensagem de erro específica significa, mas novamente está relacionada à falta do ponto e vírgula, que aparentemente deixou o compilador boquiaberto.

6. O sumário lista os erros e avisos. Dois itens faltando (as aspas duplas e um ponto e vírgula) causaram três erros e dois avisos.

De modo geral, um programa não compila quando possui um erro; você precisa corrigir o problema. Avisos podem acontecer, o código compilar e o programa pode até ser criado. Se o programa vai rodar adequadamente, aí é outra história.

- Compiladores detectam problemas em dois níveis: avisos e erros.
- Um *aviso* é algo suspeito detectado pelo compilador, mas também pode ser algo que funcione como se pretendia.
- Um *erro* é uma falha fatal no programa. Quando um erro ocorre, o compilador não cria um código objeto e é preciso corrigir o problema.
- O número da linha do erro é uma aproximação. Às vezes, o erro está na linha indicada, mas pode também estar um pouco antes no código.
- O vinculador também pode gerar mensagens de erro. Veja a seção posterior "Errando de propósito de "novo".
- É possível ajustar o quão sensível o compilador deve ser em relação a avisos. Na verdade, compiladores modernos têm dúzias de opções projetadas para ligar e desligar várias condições de compilação. Não recomendo mudar essas opções agora, mas você pode ajustar os avisos mais tarde para ajudá-lo a escrever códigos melhores. No Code::Blocks, selecione *Project* ➪ *Build Options* e utilize a tela *Compiler Settings/Compiler Flags* para configurar os avisos.

Exercício 4-9: Corrija o código do exercício 4-8, adicionando as aspas duplas que faltam. Compile para ver a diferença nas mensagens de erro.

Exercício 4-10: Corrija o código novamente, adicionando o ponto e vírgula que falta.

Exibindo Mais Algumas Coisas

A função `puts()` é apenas uma das muitas funções que enviam texto ao dispositivo de saída padrão. Uma segunda função, mais popular e versátil, é a `printf()`. Ela também exibe informação para o dispositivo de saída padrão, mas com características mais avançadas.

Exibindo texto com printf()

Observando superficialmente, a função `printf()` se parece e funciona como a `puts()`, exibindo texto na tela, mas a `printf()` é muito mais potente e capaz. Você provavelmente a utilizará como a principal função de saída de texto no seu código C, como mostrado na Listagem 4-5.

Listagem 4-5:   Utilizando printf para Exibir Texto

```
#include <stdio.h>

int main()
{
    printf("I have been a stranger in a strange land.");
    return(0);
}
```

Exercício 4-11: Crie rapidamente um novo projeto chamado ex0411 no Code::Blocks. Digite o código-fonte para main.c como mostrado na Listagem 4-5. Verifique sua digitação cuidadosamente porque você está utilizando uma nova função, `printf()`, para exibir texto. Salve. Monte. Execute.

A saída deve parecer familiar e esperada, apesar de ter uma pequena diferença. Se você conseguir vê-la, ganha um ponto bônus do *Para Leigos*. (Não se preocupe em corrigir o erro ainda.) Se você não conseguir, apenas continue com o Exercício 4-12.

Exercício 4-12: Crie um novo projeto, ex0412. Use a função `printf()` para criar a mesma saída encontrada no projeto ex0404. Use a versão final deste projeto, a que possui a cantiga de roda completa que você criou (ou deveria ter criado) para o Exercício 4-4. Não se preocupe se a saída não parecer correta; vou explicar como corrigi-la na seção "Empregando sequências de escape".

Introduzindo a função printf()

A função `printf()` envia uma transmissão de texto formatado para o dispositivo de saída padrão. O formato oficial é um pouco assustador:

```
#include <stdio.h>

int printf(const char *restrict format, ...);
```

Não deixe seus olhos saltarem da sua cabeça. Em vez disso, considere meu formato abreviado, que basicamente descreve como a `printf()` é usada neste capítulo:

```
printf("text");
```

Nesta definição, `text` é uma string de texto introduzido entre aspas.

A função `printf()` necessita do arquivo cabeçalho `stdio.h`.

O nome `printf()` significa *print* formatted e a função realmente mostra sua potência de exibição de saída formatada. Você poderá ver essa característica demonstrada no Capítulo 13. A parte *print* do nome vem do tempo em que programas em C enviavam suas saídas principalmente para impressoras (do inglês, "printer") e não para telas de vídeo.

Entendendo a quebra de linha

Diferente da função `puts()`, a função `printf()` não possui um caractere nova linha no final da saída. Um caractere *nova linha* é um caractere que finaliza uma linha de texto e direciona o terminal a exibir qualquer texto que siga na próxima linha.

A seguinte função `puts()` exibe o texto `Goodbye, cruel world` em uma linha sozinha:

```
puts("Goodbye, cruel world");
```

Qualquer texto exibido depois da declaração anterior aparecerá na linha seguinte a ela.

A seguinte função `printf()` exibe o texto `Goodbye, cruel world`:

```
printf("Goodbye, cruel world");
```

Depois de exibir o texto, o cursor vai esperar no espaço depois do `d` em `world`. Qualquer texto adicional a ser exibido aparecerá na mesma linha, que é o que você verá, se completar o Exercício 4-12:

```
Hickory, dickory, dock,The mouse ran up the clock.The
        clock struck one,The mouse ran down,Hickory,
        dickory, dock.
```

O programa executa e faz exatamente o que você o orientou a fazer, apesar de não saber como o `printf()` funciona com antecedência, mas os resultados não são exatamente os pretendidos.

Para fazer a função `printf()` exibir o texto em uma linha separada, insira o caractere nova linha no texto da string. Não se incomode em procurar por ele no teclado; não, não é a tecla Enter. Você pode digitar o caractere apenas utilizando a sequência de escape da linguagem C. Continue lendo na próxima seção.

Empregando sequências de escape

Para referenciar certos caracteres que você não pode digitar no seu código-fonte, a linguagem C utiliza algo chamado sequência de escape. A *sequência de escape* lhe permite orientar o compilador a suspender temporariamente a aceitação do que você está digitando e ler em caracteres especiais e códigos.

A sequência de escape padrão utiliza o caractere barra invertida, seguido por um segundo caractere ou símbolo; por exemplo:

```
\n
```

Essa é a sequência de escape para o caractere nova linha. O compilador lê ambos os símbolos, a barra invertida e o símbolo que a segue, como um único caractere, interpretando-o como um que você não consegue digitar no teclado, como a tecla Tab ou a tecla Enter ou caracteres que podem estragar o código-fonte, como aspas duplas.

A Tabela 4-1 lista as sequências de escape padrão de linguagem C.

Tabela 4-1   Sequências de Escape

Sequência de Escape	Caractere que Ela Produz
\a	Alarme ("beep!")
\b	Backspace, retrocesso
\f	Avanço de formulário ou limpa a tela
\n	Nova linha
\r	Retorno do carro
\t	Tab
\v	Tab vertical
\\	Caractere de barra invertida
\?	Ponto de interrogação
\'	Apóstrofo
\"	Aspas
\xnn	Código de caractere nn hexadecimal
\onn	Código de caractere nn octal
\nn	Código de caractere nn octal

Exercício 4-13: Reedite o código-fonte do Exercício 4-12, adicionando o caractere nova linha no final de cada string de texto printf().

Uma sequência de escape só é necessária, quando você precisa de um caractere em uma string de texto e não pode digitá-lo de outra maneira. Por exemplo, se você quiser usar a declaração

```
printf("What!");
```

você não precisa escapar o caractere do ponto de exclamação porque ele não prejudica o texto de outra forma. Entretanto, você teria que escapar uma nova linha, tab ou aspas.

Exercício 4-14: Crie um novo projeto que utilize a função `printf()` para exibir o seguinte texto:

```
"Hey," said the snail, "I said no salt!"
```

Exercício 4-15: modifique o código-fonte do Exercício 4-14 para que a função `puts()` seja usada no lugar de `printf()` para exibir o mesmo texto.

Errando de propósito de novo

A seção "Errando de propósito", que foi vista anteriormente neste capítulo, introduziu os erros de compilação. O compilador é apenas parte do processo de criação do programa. Outra parte principal é a vinculação e, sim, você descobrirá que o vinculador pode detectar erros também, como mostrado na Listagem 4-6.

Listagem 4-6:   Outro Erro Horrível

```
#include <stdio.h>

int main()
{
    writeln("Another horrible mistake.");
    return(0);
}
```

Exercício 4-16: Crie o projeto ex0416 de acordo com a Listagem 4-6. Salve. Monte. E...

Aqui estão os erros de vinculação que vejo na minha tela (mostrando apenas as partes relevantes do texto):

```
Warning: implicit declaration of function 'writeln'
Undefined reference to 'writeln'
=== Build finished: 1 errors, 1 warnings
```

O programa compila, mas gera um aviso para a Linha 5. É apenas um aviso porque a função `writeln()` não foi prototipada — isto é, não foi encontrada no arquivo cabeçalho `stdio.h`. O compilador ainda gera o código objeto e passa o código para o vinculador.

É trabalho do vinculador trazer a biblioteca de linguagem C e, especificamente, vincular o código para a função writeln(), mas não existe uma função writeln(), não na linguagem C. O programa, portanto, não é criado e uma referência indefinida de erro é reportada.

- Para corrigir o código, você pode mudar writeln() para puts().
- Esse tipo de erro ocorre mais frequentemente quando você define suas próprias funções. Esse tópico será tratado no Capítulo 10.

Capítulo 5

Valores e Constantes

Neste capítulo
- Trabalhando com valores
- Utilizando printf () para exibir valores
- Formatando uma saída de ponto flutuante
- Deixando o programa fazer as contas
- Criando constantes

Antigamente, a maioria das pessoas pensava em computadores, relacionando-os à matemática. Computadores calculavam trajetórias de foguetes, conduziam o censo e estragavam as contas telefônicas. Eles eram coisas tecnológicas assustadoras e as pessoas que os programavam eram gênios completos.

Rá! Enganamos todos.

Programadores somente escrevem a equação, colocam alguns números e, então, o computador faz as contas. Essa é a parte gênio. Colocar números errados é a parte não-gênio. Antes de chegar lá, você tem que entender um pouco sobre valores e variáveis, e como a programação em linguagem C lida com eles.

Um Local para Vários Valores

Computadores lidam com números e textos. Textos vêm em forma de caracteres individuais ou como um conjunto de caracteres, todos juntos em uma string. Números são basicamente números, até que você entre em valores grandes e frações. O computador entende tudo, desde que você informe adequadamente ao programa quais valores são o quê.

Entendendo valores

Você provavelmente deve ter lidado com números a sua vida inteira, ter sido virtualmente torturado por eles durante sua vida escolar. Deve lembrar de termos como *números inteiros, fração, números reais* e *números imaginários*. Ignore-os! Estes termos não significam nada em programação de computadores.

Em programação, você vai utilizar apenas dois tipos de números:

   ✔ Inteiro
   ✔ Float

Um *inteiro* é um número inteiro — sem parte fracionada. Ele pode ser positivo, negativo, ter apenas um dígito, ser zero ou ainda um valor imenso, como a quantidade de dinheiro que o governo dos Estados Unidos gasta em uma semana (sem os centavos). Todos esses números são *inteiros* na linguagem técnica da programação de computador.

Um *float* é um número que tem uma parte fracional — uma casa decimal. Ele pode ser um número muito, muito pequeno, como a largura de um próton ou muito, muito grande, como o tamanho do planeta Júpiter.

   ✔ Exemplos de inteiros: -13, 0, 4 e 234792. Em programação, não se digita vírgulas em valores altos.

   ✔ Exemplos de floats são 3.14, 0.1 e 6.023 e 23. Esse último número é escrito em notação científica, o que significa que é o valor 6.023 x 10^{23} — um número enorme. (É o *número de Avogadro*, que é outro termo que você provavelmente esqueceu da época da escola.)

   ✔ Inteiros e floats podem ser tanto positivos quanto negativos.

   ✔ Inteiros são julgados por seus tamanhos, assim como os floats. O tamanho entra na jogada, quando você cria espaços de armazenamento para números em seus programas. O Capítulo 6 tratará desses detalhes.

   ✔ O termo *float* é a abreviação para *floating point* (ponto flutuante). Refere-se ao método utilizado para armazenar números grandes e frações no sistema de contagem binária de eletrônicos modernos.

Exibindo valores com printf( )

A função `printf()`, introduzida no Capítulo 4, é ideal para exibir não apenas strings de texto, mas também valores. Para isso, utiliza-se a *conversion characters* (caracteres de conversão) na string de formatação da função. Em vez de se entediar com uma explicação, considere o Exercício 5-1.

Capítulo 5: Valores e Constantes

Flutuar ou não flutuar

Apesar de parecer lógico utilizar números com pontos flutuantes (*floats*) nos programas, há um problema: eles são imprecisos. Na verdade, valores de pontos flutuantes são definidos por sua *precisão*, ou a quantidade de dígitos que são realmente precisos em um número.

Por exemplo, um valor de ponto flutuante com precisão única pode exibir de seis a nove dígitos significantes no número. O resto dos dígitos não tem sentido. Isso parece bagunçado, mas, para números muito grandes ou muito pequenos, é o suficiente. Quando não é bom o suficiente, precisão dupla pode ser utilizada, ainda que esses cálculos necessitem de mais força de processamento.

Em outras palavras, o valor de π representado utilizando sete dígitos significantes, ou precisão única, seria preciso o suficiente para representar um círculo do tamanho da órbita de Saturno, ao milímetro.

Exercício 5-1: Comece um novo projeto, ex0501, utilizando o código-fonte ilustrado na Listagem 5-1. Salve o projeto. Monte-o. Execute-o.

Listagem 5-1:   Exibindo Vários Valores

```
#include <stdio.h>

int main()
{
    printf("The value %d is an integer.\n",986);
    printf("The value %f is a float.\n",98.6);
    return(0);
}
```

A saída do Exercício 5-1 se parece com isso:

```
The value 869 is an integer.
The value 98.600000 is a float.
```

Você provavelmente está surpreso pela saída não se parecer com isso:

```
The value %d is an integer.
The value %f is a float.
```

Não se parece, porque o texto incluído em uma função `printf()` não é somente texto — é uma string de formatação.

A string de formatação da função `printf()` pode conter texto simples, sequências de escape e caracteres de conversão, como o `%d` na Linha 5 e o `%f` na Linha 6. Essas conversões de caracteres agem como marcadores de posição para valores e variáveis que seguem a string de formatação.

Para o marcador de posição `%d`, o valor do inteiro que o substitui é `986`. O conversor de caractere `%d` apresenta valores de inteiro.

Para o marcador de posição `%f`, o valor do float que o substitui é `98.6`. O caractere de conversão `%f` representa valores de ponto flutuante. Claro que `98.6` não é exibido. Em vez disso, você vê `98.600000`. Esse assunto será tratado na próxima seção, "Preocupando-se com os zeros extras".

O `%d` e o `%f` são apenas dois dos muitos marcadores de posição para a string de formatação da função `printf()`. O restante será tratado no Capítulo 7.

Exercício 5-2: Crie um novo projeto que exiba os seguintes valores, utilizando a função `printf()` e os conversores de caracteres apropriados, tanto o `%d` quanto o `%f`:

127

3.1415926535

122013

0.00008

Não digite uma vírgula quando estiver especificando um valor no seu código-fonte de linguagem C.

No momento em que estiver digitando um valor ponto flutuante pequeno, lembre-se de prefixar o ponto decimal com um zero, como mostrado, com `0.00008`. Do mesmo modo quando estiver digitando um valor float sem uma parte decimal, digite o decimal e um zero de qualquer maneira:

1000000.0

Preocupando-se com os zeros extras

Quando você escreveu o código para o Exercício 5-1, provavelmente pensou que a saída do programa exibiria o valor `98.6`, como escrito. O problema é que você orientou a função `printf()` para fazer a saída desse número de uma maneira não formatada — por exemplo, `98.600000`. Na verdade, você pode ver mais ou menos zeros, dependendo do seu compilador.

O valor `98.600000` é um número com ponto flutuante e provavelmente representa a maneira que o valor é armazenado dentro do computador. Especificamente o valor é armazenado utilizando oito dígitos. O número é preciso, claro, mas seres humanos normalmente não escrevem zeros à direita depois de números. Computadores? Eles escrevem quantos zeros forem necessários para preencher os oito dígitos (sem contar o decimal).

Para corrigir a saída, oriente a função `printf()` a formatar o número com ponto flutuante. Isso vai requerer uma versão mais complexa do marcador de posição `%f`, algo que você conhecerá no Capítulo 7. Especificamente, mude o marcador de posição `%f` para ser lido `%2.1f`. Aqui está a nova Linha 6:

```
printf("The value %2.1f is an float.\n",98.6);
```

Colocando o `2.1` entre o `%` e o `f`, você orienta a `printf()` a formatar a saída com dois dígitos à esquerda do decimal e um à direita.

Exercício 5-3: Modifique o código-fonte do Exercício 5-2 para que o valor `3.1415926535` seja exibido utilizando o marcador de posição `%1.2f`, e o valor `0.00008` seja exibido utilizando o marcador de posição `%1.1f`.

O Computador Faz a Conta

Não deveria ser surpresa que computadores fazem contas. Na verdade, aposto que seu computador está, neste momento, mais ansioso em resolver problemas matemáticos do que visitar o Facebook. Alguns exemplos matemáticos mostrados anteriormente neste capítulo apenas entediaram o processador. Hora de colocá-lo pra trabalhar!

Fazendo aritmética simples

A matemática, em seu código-fonte C, é trazida até você pelos operadores +, -, * e /. Esses são os sinais básicos, com a exceção de * e /, principalmente, porque os caracteres x e ÷ não são encontrados em um teclado de computador típico. Para referência, a Tabela 5-1 lista os operadores básicos de matemática da linguagem C.

Tabela 5-1	Operadores Básicos de Matemática
Operador	*Função*
+	Adição
-	Subtração
*	Multiplicação
/	Divisão

Existem mais operadores matemáticos em C e também muitas funções matemáticas. O Capítulo 11 vai lhe ajudar a continuar a exploração do potencial matemático em programação. Por enquanto, o básico serve.

Cálculos em C são feitos colocando-se valores em qualquer lado de um operador matemático, assim como você fazia na escola, mas com o benefício do computador fazer os cálculos. A Listagem 5-2 lhe dá um exemplo.

Listagem 5-2:   O Computador Faz as Contas

```
#include <stdio.h>

int main()
{
    puts("Values 8 and 2:");
    printf("Addition is %d\n",8+2);
    printf("Subtraction is %d\n",8-2);
    printf("Multiplication is %d\n",8*2);
    printf("Division is %d\n",8/2);
    return(0);
}
```

Exercício 5-4: Crie um projeto chamado ex0504, utilizando o código-fonte mostrado na Listagem 5-2. Salve. Monte. Execute.

A saída se parecerá com isso:

```
Values 8 and 2:
Addition is 10
Subtraction is 6
Multiplication is 16
Division is 4
```

O que você vê neste código são cálculos imediatos. Isto é, o valor que é calculado, o *resultado*, não é armazenado. Em vez disso, o programa faz os cálculos e lida com o resultado, que é colocado em um caractere de conversão `%d` na formatação de texto da função `printf()`.

Exercício 5-5: Escreva um programa que exiba o resultado da adição entre 456.98 e 213.4.

Exercício 5-6: Escreva um programa que exiba o resultado da multiplicação dos valores 8, 14 e 25.

Exercício 5-7: Escreva um programa que resolva um desses enigmas ridículos do Facebook: Qual é o resultado de 0+50*1-60-60*0+10? Resolva a equação sozinho antes de executar o programa para ver o resultado do computador. Vá ao Capítulo 11 para ler por que os resultados podem ser diferentes.

Revendo a jogada do float-inteiro

A diferença entre um valor imediato ser um float ou um inteiro é como você especifica um programa. Considere a Listagem 5-3.

Listagem 5-3:   Outro Problema Matemático Imediato

```
#include <stdio.h>

int main()
{
    printf("The total is %d\n",16+17);
    return(0);
}
```

Os valores 16 e 17 são inteiros; eles não possuem parte decimal.

Exercício 5-8: Crie, monte e execute o projeto ex0508, utilizando o código-fonte da Listagem 5-3.

Montar o projeto produz a resposta, que é também um inteiro:

```
The total is 33
```

Exercício 5-9: Modifique o código-fonte para especificar um dos valores como um float. Por exemplo, mude a Linha 5 para que seja lida:

```
printf("The total is %d\n",16.0+17);
```

Adicionar esse ponto zero não muda o valor. Em vez disso, muda a maneira que o número é armazenado. Ele agora é um float.

Salve a mudança no seu código-fonte. Monte e execute.

Você poderá ver alguns avisos de erros exibidos, caso seu compilador esteja configurado para exibi-los. Um dos meus computadores mostra um aviso de erro no formato do `printf()`, explicando os tipos `int` e `double` misturados.

Aqui está o resultado que vejo:

```
The total is 0
```

Você poderá ver outro valor completamente aleatório. Independentemente, o resultado exibido estará incorreto. Isso porque o marcador de posição inteiro

%d foi usado quando o cálculo incluiu um float. Mude a Linha 5 novamente, especificando o marcador de posição %f desta maneira:

```
printf("The total is %f\n",16.0+17);
```

Monte e execute. O resultado agora se parecerá com isso:

```
The total is 33.000000
```

A resposta estará correta e é um `float`.

Exercício 5-10: Reescreva o código-fonte da Listagem 5-3 para que todos os valores imediatos sejam floats. Garanta que a função `printf()` as exiba dessa maneira.

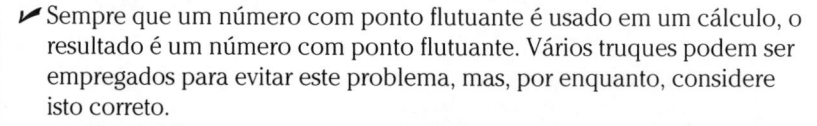

- Sempre que um número com ponto flutuante é usado em um cálculo, o resultado é um número com ponto flutuante. Vários truques podem ser empregados para evitar este problema, mas, por enquanto, considere isto correto.

- É possível que dois valores inteiros sejam usados e gerem um resultado como um `float`. Por exemplo, dividindo 2 por 5 — ambos os valores são inteiros — o resultado é 0.4, que é um valor com ponto flutuante. Especificar o marcador de posição %f, entretanto, fará com que o valor 0.4 não seja exibido porque o resultado calculado continuará sendo um inteiro. A solução é distribuir os papéis para este tipo de cálculo, um tópico a ser tratado no Capítulo 16.

Sempre o Mesmo

Computadores e seus camaradas eletrônicos gostam de fazer tarefas repetitivas. Na verdade, qualquer coisa que você faça em um computador, que requeira a execução de alguma coisa repetidas vezes, exige uma solução mais rápida e mais simples em mãos. Frequentemente, a sua missão é simplificar o encontro da ferramenta correta para realizar essa tarefa.

Utilizando o mesmo valor repetidas vezes

Pode ser muito cedo, na sua carreira de programação em C, para realmente considerar um programa repetitivo; o tópico do loop será tratado no Capítulo 9. No entanto, isso não significa que você não pode codificar programas que utilizam os mesmos valores repetidamente.

Exercício 5-11: Crie um novo projeto, ex0511, e digite o código-fonte, como mostrado na Listagem 5-4. Salve-o, monte-o e execute-o.

Capítulo 5: Valores e Constantes

Listagem 5-4:   É um Número Mágico

```
#include <stdio.h>

int main()
{
    printf("The value is %d\n",3);
    printf("And %d is the value\n",3);
    printf("It's not %d\n",3+1);
    printf("And it's not %d\n",3-1);
    printf("No, the value is %d\n",3);
    return(0);
}
```

O código utiliza o valor 3 em todas as linhas. Aqui está a saída:

```
The value is 3
And 3 is the value
It's not 4
And it's not 2
No, the value is 3
```

Exercício 5-12: Edite o código para substituir o valor 3 por 5. Compile e execute.

Você pode achar que o Exercício 5-12 é cruel e requer muito trabalho, mas essas coisas acontecem frequentemente na programação. Por exemplo: eu escrevi um programa que exibe os três itens mais recentemente adicionados a uma base de dados. Porém, depois quis mudar para que a lista mostrasse os cinco itens mais recentes. Como você teve que fazer no exercício 5-12, tive que, meticulosamente, procurar e substituir por todo o código-fonte, retirando cuidadosamente referências ao 3, substituindo por 5.

Tem que haver um jeito melhor.

Introduzindo constantes

Uma *constante* é um atalho — especificamente, algo usado no seu código para substituir outra coisa. Uma constante opera no nível do compilador. É criada utilizando a diretiva #define, neste formato:

```
#define SHORTCUT constant
```

SHORTCUT é uma palavra-chave, normalmente escrita em sua totalidade em letras maiúsculas. É criada pelo compilador para representar o texto especificado como *constant*. A linha não acaba com um ponto e vírgula porque é uma diretiva do compilador, não uma declaração de linguagem C, mas a constante que você criar poderá ser usada em qualquer lugar no código, especialmente nas declarações.

A linha a seguir cria a constante OCTO, igual ao valor 8:

```
#define OCTO 8
```

Depois de definir a constante, você pode utilizar o atalho OCTO em qualquer lugar no seu código que represente o valor 8 — o mesmo vale para alguma outra constante que você defina; por exemplo:

```
printf("Mr. Octopus has %d legs.",OCTO);
```

A declaração anterior exibe este texto:

```
Mr. Octopus has 8 legs.
```

O atalho OCTO é substituído pela constante 8, quando o código-fonte é compilado.

- A diretiva #define é tradicionalmente colocada no topo do código-fonte, logo depois de qualquer diretiva #include. Veja a próxima seção para um exemplo.
- Você pode definir tanto strings quanto valores:

  ```
  #define AUTHOR "Dan Gookin"
  ```

- A string definida inclui as aspas duplas.
- Você pode até definir cálculos matemáticos:

  ```
  #define CELLS 24*80
  ```

- As definições podem ser usadas em qualquer lugar no código-fonte.

Utilizando constantes

Sempre que seu código utilizar um valor repetidamente (algo significante, como um número de linhas em uma tabela ou o número máximo de itens que podem ser colocados em um carrinho de compras), defina o valor como uma constante. Use a diretiva #define, como descrito na seção anterior.

A Listagem 5-5 mostra uma atualização do código-fonte no Exercício 5-11. A constante VALUE é criada, definida como sendo igual a 3. Então, essa constante é utilizada no texto. A constante é tradicionalmente escrita toda em letras maiúsculas. Você poderá ver no código-fonte como isso facilita encontrar e identificar uma constante.

Listagem 5-5: Preparando para Atualizações de Constante

```c
#include <stdio.h>

#define VALUE 3

int main()
{
    printf("The value is %d\n",VALUE);
    printf("And %d is the value\n",VALUE);
    printf("It's not %d\n",VALUE+1);
    printf("And it's not %d\n",VALUE-1);
    printf("No, the value is %d\n",VALUE);
    return(0);
}
```

Exercício 5-13: Crie um novo projeto chamado ex0513, utilizando o código da Listagem 5-5. Se quiser, você pode utilizar o código-fonte do Exercício 5-11 para iniciar. Monte e execute.

A saída é a mesma para a primeira versão do código, porém, agora, sempre que um mandachuva quiser mudar o valor de 3 para 5, você precisará fazer apenas uma edição e não várias.

Exercício 5-14: Modifique o código-fonte do Exercício 5-4 para que os dois valores 8 e 2 sejam representados por constantes.

Capítulo 6

Um Lugar para Colocar Coisas

Neste Capítulo
- Entendendo variáveis
- Criando um tipo específico de variável
- Declarando variáveis no seu código
- Utilizando inteiros com ou sem sinal
- Manuseando múltiplas variáveis ao mesmo tempo
- Declarando e atribuindo ao mesmo tempo
- Colocando as variáveis para trabalhar

Seres humanos são obcecados por armazenar coisas desde o Jardim do Éden, quando Adão escondeu uma uva em seu umbigo, o que me lembra: por que raios Adão teria um umbigo, mas não vamos entrar nesse mérito. Meu ponto é que as pessoas gostam de guardar coisas e criar lugares — caixas, closets, garagens e bunkers subterrâneos — em que possam guardar essas coisas.

Seu programa em C também pode armazenar coisas, especificamente, vários tipos de informações. O armazenamento de computador é utilizado para manter esses itens, mas os contêineres em si são chamados *variáveis*, que são componentes básicos de toda a programação de computador.

Valores que Variam

Seu programa em C pode usar dois tipos de valores: imediato e variável. Um valor *imediato* é aquele que você especifica no código-fonte — um valor que você digita ou uma constante definida. *Variáveis* também são valores, mas o conteúdo delas pode mudar. É por isso que são chamadas variáveis e não imutáveis.

Configurando um exemplo rápido

Quem gosta de ler muito sobre alguma coisa antes de praticá-la? Eu não!

Exercício 6-1: Comece um novo projeto no Code::Blocks, nomeie como **ex0601** e digite o código-fonte como mostrado na Listagem 6-1. Este projeto usa uma única variável, x, que é um dos primeiros nomes de variável mencionados na Bíblia.

Listagem 6-1: Sua Primeira Variável

```
#include <stdio.h>

int main()
{
    int x;

    x = 5;
    printf("The value of variable x is %d.\n",x);
    return(0);
}
```

Aqui está uma breve descrição, utilizando os números de linhas atribuídos no editor do Code::Blocks na tela do computador:

A Linha 5 contém a declaração da variável. Toda variável utilizada em C deve ser declarada com um tipo específico de variável e ter um nome atribuído. A variável na Listagem 6-1 foi declarada como um inteiro (int) e recebeu o nome x.

A Linha 7 atribuiu o valor 5 à variável x. O valor vai do lado direito do sinal de igual. A variável vai do lado esquerdo.

A Linha 8 usou o valor da variável na declaração printf(). O caractere de conversão %d foi utilizado porque a variável contém um valor inteiro. O caractere de conversão deve combinar com a variável; na Linha 8, você pode ver um de cada.

Monte e execute o código. A saída se parece com isso:

```
The value of variable x is 5.
```

As próximas seções descreverão com mais detalhes a mecânica de criar e utilizar variáveis.

Introduzindo os tipos de variáveis

As variáveis de linguagem C são projetadas para armazenar tipos específicos de valores. Se C fosse uma linguagem de programação genética, gatos e cachorros iriam para o tipo de variável animal e árvores e samambaias para o tipo de variável `planta`. Variáveis de linguagem C trabalham desta maneira, com valores específicos designados para combinar tipos de variáveis.

Os quatro tipos básicos de variáveis utilizados em C são mostrados na Tabela 6-1:

Tabela 6-1	Tipos Básicos de Variáveis de Linguagem C
Tipo	Descrição
char	Variável de caractere único; armazena um caractere de informação.
int	Variável inteira; armazena valores inteiros.
float	Variável com ponto flutuante; armazena números reais.
double	Variável com ponto flutuante; armazena números reais muito grandes ou muito pequenos.

Quando você precisar armazenar um valor inteiro, deve usar a variável `int`. Da mesma maneira, se quiser armazenar uma letra do alfabeto, você deve usar a variável `char`. A informação que o programa necessita dita qual tipo de variável declarar.

- Os tipos de variável `char` e `int` são valores inteiros. A `char` tem um alcance menor. É utilizada principalmente para armazenar caracteres — letras do alfabeto, números e símbolos —, mas também pode ser utilizada para armazenar pequenos valores inteiros.

- Os tipos `float` e `double` são variáveis com ponto flutuante, que podem armazenar valores muito grandes ou muito pequenos.

- Um quinto tipo, `_Bool`, é utilizado para armazenar valores binários, 1 ou 0, frequentemente referidos como VERDADEIRO ou FALSO, respectivamente. `_Bool`, uma palavra emprestada do C++, deve ser escrita com o traço sublinhado e um B maiúsculo. Você não deve encontrar `_Bool` sendo utilizado em muitas listagens de código-fonte de programas em C — provavelmente, para manter o código compatível com compiladores mais antigos.

Utilizando variáveis

A maioria, se não todos, dos seus programas em linguagem C empregará variáveis. Anteriormente, neste capítulo, o Exercício 6-1 ilustrou os três passos básicos para utilizar variáveis na linguagem C:

1. **Declare a variável, dando-lhe um tipo e um nome.**

2. **Atribua um valor à variável.**

3. **Utilize a variável**

Todos os três passos são necessários para trabalhar com variáveis no seu código e devem ser completados nessa ordem.

Para declarar a variável, coloque a declaração perto do início de uma função, como a função `main()`, em qualquer programa em C. Coloque a declaração depois da chave inicial. (Veja Listagem 1-1.) A declaração fica em uma linha sozinha, terminando com um ponto e vírgula:

```
type name;
```

`type` é o tipo de variável: `char`, `int`, `float`, `double` e outros tipos específicos que serão introduzidos mais tarde neste capítulo.

No exemplo anterior, `name` é o nome da variável. O nome de uma variável não deve ser o mesmo de uma palavra-chave de linguagem C ou qualquer outro de variável que já tenha sido declarada. O nome é sensível ao tamanho, embora, tradicionalmente, nomes de variáveis em linguagem C sejam escritos em letra minúscula. Se você quiser ousar, pode adicionar números, hÍfens ou traços sublinhados ao nome da variável, mas sempre comece o nome com uma letra.

O sinal de igual é utilizado para atribuir um valor à variável. O formato é muito específico:

```
variable = value;
```

Leia esta construção como: "O valor de `variable` é igual a `value`".

Aqui, `variable` é o nome da variável. Ela deve ser declarada anteriormente no código-fonte. `value` pode ser um valor imediato, uma constante, uma equação, outra variável ou um valor retornado de uma função. Depois de executar a declaração, a `variable` mantém o `value` especificado.

Atribuir valor a uma variável satisfaz o segundo passo para se utilizar uma variável, mas é necessário fazer alguma coisa com a variável para torná-la útil. Variáveis podem ser utilizadas em qualquer lugar que um valor também possa ser atribuído diretamente no seu código-fonte.

Na Listagem 6-2, quatro tipos de variáveis são declarados, atribuídos valores e utilizados em declarações de `printf()`.

Listagem 6-2: Trabalhando com Variáveis

```
#include <stdio.h>

int main()
{
    char c;
    int i;
    float f;
```

Capítulo 6: Um Lugar para Colocar Coisas

```
        double d;

        c = 'a';
        i = 1;
        f = 19.0;
        d = 20000.009;

        printf("%c\n",c);
        printf("%d\n",i);
        printf("%f\n",f);
        printf("%f\n",d);
        return(0);
}
```

Exercício 6-2: Digite o código-fonte da Listagem 6-2 no editor. Monte e execute.

A saída se parece com isso:

```
a
1
19.000000
20000.009000
```

Na Linha 10, o valor de caractere único a é colocado dentro da variável char a. Caracteres únicos são expressos utilizando aspas únicas em C.

Na Linha 15, você vê o marcador de posição %c utilizado na declaração da printf(). Esse marcador de posição é feito para caracteres únicos.

Exercício 6-3: Substitua as Linhas 15 a 18 com uma declaração única de printf():

```
printf("%c\n%d\n%f\n%f\n",c,i,f,d);
```

Monte e execute o código.

A string de formatação printf() pode conter quantos conversores de caracteres forem necessários, mas apenas quando você especifica a quantidade e os tipos de variáveis que são adequados para esses marcadores de posição e na ordem adequada. As variáveis aparecem depois de uma string de formatação, cada uma separada por uma vírgula, como mostrado.

Exercício 6-4: Edite a Linha 12 para que o valor atribuído para a variável f seja 19.8 e não 19.0. Monte e execute o código.

Você viu o valor 19.799999 exibido para a variável f? Você diria que o valor é impreciso? *Exatamente!*

O tipo de variável `float` é *de precisão única*: o computador pode armazenar precisamente apenas oito dígitos do valor. A representação interna de `19.8` é realmente o valor `19.799999` porque o valor de precisão única (`float`) é preciso apenas a oito dígitos. Para propósitos matemáticos, `19.799999` é efetivamente `19.8`; você pode orientar o código a exibir esse valor, utilizando o marcador de posição `%.1f`.

Exercício 6-5: Crie um projeto chamado ex0605. No código-fonte, declare uma variável inteira `blorf` e atribua a ela o valor 22. Faça uma declaração `printf()` exibir o valor da variável. Faça uma segunda declaração `printf()` exibir esse valor mais 16. Então, faça uma terceira declaração `printf()` que exiba o valor de `blorf` multiplicado por si mesmo.

Aqui está a saída da solução do meu exemplo de programa para o Exercício 6-5:

```
The value of blorf is 22.
The value of blorf plus 16 is 38.
The value of blorf times itself is 484.
```

Exercício 6-6: Reescreva o código-fonte para o Exercício 6-5. Use o valor da constante `GLORKUS`, em vez da variável `blorf`, para representar o valor 16.

- Um nome de variável deve sempre começar com uma letra, mas você também pode começar o nome com um traço sublinhado, que o compilador acredita ser uma letra. De modo geral, nomes de variáveis que começam com traços sublinhados são utilizados internamente na linguagem C. Recomendo evitar esse tipo de convenção de nomeação por enquanto.

- Não é uma necessidade que todas as variáveis sejam declaradas no início de uma função. Alguns programadores declaram variáveis na linha anterior da qual as utilizaram pela primeira vez. Essa estratégia funciona, mas não é padrão. A maioria dos programadores espera encontrar todas as declarações de variáveis no início de uma função.

Variáveis Muito Loucas!

Espero que você esteja pegando o jeito das variáveis. Se não, por favor, revise a primeira parte deste capítulo. A variável é realmente o coração de qualquer linguagem de programação. Permite que você codifique flexibilidade nos seus programas e que ele realize coisas incríveis.

Utilizando tipos mais específicos de variáveis

Os tipos de variável da linguagem C são mais específicos do que o que é mostrado na Tabela 6-1. Dependendo da informação armazenada, você pode desejar usar uma declaração de variável mais detalhada. A Tabela 6-2 lista um bufê de tipos de variáveis de linguagem C e também a gama de valores que esses tipos podem armazenar.

Tabela 6-2	Mais Tipos de Variáveis de Linguagem C	
Tipo	*Gama de Valor*	*Conversor de Caractere printf()*
`_Bool`	0 a 1	%d
`char`	-128 a 127	%c
`unsigned char`	0 a 255	%u
`short int`	-32,768 a 32,767	%d
`unsigned short int`	0 a 65,535	%u
`int`	-2,147,483,648 a 2,147,483,647	%d
`unsigned int`	0 a 4,294,967,295	%u
`long int`	-2,147,483,648 a 2,147,483,647	%ld
`unsigned long int`	0 a 4,294,967,295	%lu
`float`	1.17×10^{-38} a 3.40×10^{38}	%f
`double`	2.22×10^{-308} a 1.79×10^{308}	%f

A *gama de valor* especifica o tamanho do número que você pode armazenar em uma variável e também se números negativos são permitidos. Nem sempre, o compilador sinaliza que você atribuiu um valor errado a um tipo de variável. Então, trate de acertar, quando declarar a variável!

Por exemplo, se você precisa armazenar o valor -10, deve usar uma variável `short int`, `int`, ou `long int`. Você não pode utilizar uma `unsigned int`, como o código-fonte na Listagem 6-3 demonstra.

Listagem 6-3: Ah, Não — um Unsigned int!

```
#include <stdio.h>

int main()
{
    unsigned int ono;

    ono = -10;
    printf("The value of ono is %u.\n",ono);
    return(0);
}
```

Exercício 6-7: Crie um projeto chamado ex0607 e digite o código-fonte mostrado na Listagem 6-3. Note que o conversor de caractere %u é utilizado para valores inteiros sem sinal. Monte e execute.

Aqui está a saída:

```
The value of ono is 4294967286.
```

Moral da história: se sua variável inteira armazena números negativos, você não pode utilizar um tipo de variável unsigned.

A gama de int pode ser a mesma de short int em alguns compiladores. Quando estiver em dúvida, utilize um long int.

- Você pode especificar long, em vez de long int.
- Você pode especificar short, em vez de short int.
- A palavra-chave signed pode ser utilizada antes de qualquer tipo de variável int, como em signed short int para uma short int, embora não seja necessário.
- O tipo de variável void também existe, mas é utilizada para declarar funções que não retornam valores. É um tipo válido, porém você provavelmente nunca a utilizará para declarar uma variável. Veja o Capítulo 10 para informações sobre funções void.

Criando múltiplas variáveis

Não consigo encontrar nada nas regras que me proíba de começar uma seção com um exercício. Então, aqui está.

Exercício 6-8: Crie um programa que utilize três variáveis inteiras *shadrach*, *meshach* e *abednego*. Atribua valores inteiros a cada uma e exiba o resultado.

Capítulo 6: Um Lugar para Colocar Coisas

Aqui está uma cópia da saída do programa gerado pelo Exercício 6-8. É a minha versão do projeto:

```
Shadrach is 701
Meshach is 709
Abednego is 719
```

Seu código pode gerar um texto diferente, mas o projeto básico deve funcionar. Pegue seu bônus, se sua resposta for igual à minha, que está na Listagem 6-4.

Listagem 6-4: A resposta para o Exercício 6-8

```
#include <stdio.h>

int main()
{
    int shadrach, meshach, abednego;

    shadrach = 701;
    meshach = 709;
    abednego = 719;
    printf("Shadrach is %d\nMeshach is %d\nAbednego is
            %d\n",shadrach,meshach,abednego);
    return(0);
}
```

Ao declarar múltiplas variáveis ao mesmo tempo, você pode especificá-las todas na mesma linha, como mostrado na Listagem 6-4 (na Linha 5). Não é preciso nem colocar espaços depois de cada nome; a linha pode facilmente ser escrita.

```
int shadrach,meshach,abednego;
```

O compilador C não liga para espaços — especificamente espaços em branco — fora de algo que esteja entre aspas duplas.

Eu também empilhei os resultados em uma única e longa declaração `printf()`. A linha quebra na Listagem 6-4 por causa da largura da página do livro e pode quebrar na tela do seu computador também. Se você, no entanto, digitar código que quebra, não pressione a tecla Enter para começar uma nova linha.

Você pode dividir uma declaração longa em C simplesmente escapando da tecla Enter no final da linha. *Escapando,* nesse contexto, não quer dizer que você está fugindo do perigo (além de ofendendo o compilador); você utiliza a barra invertida (o caractere de escape) para digitar a tecla Enter sem estragar o seu código.
A saber:

```
printf("Shad is %d\nMesh is %d\nAbed is d\n",\
   shadrach,meshach,abednego);
```

Encolhi os nomes neste exemplo para que o texto coubesse em uma linha nessa página. Entre a string de formatação da `printf()` e a lista de variáveis, logo após a primeira vírgula, digitei a barra invertida e, então, pressionei a tecla Enter. O efeito é que a linha está quebrada visualmente, mas o compilador ainda a vê como uma única declaração. Visualmente, ela parece melhor.

Agregando valor à criação

Programadores de C adoram sobrecarregar código. Frequentemente, colocam muita coisa em uma só declaração. Isso pode ser feito em C, mas costuma ofuscar o código, deixando-o mais difícil de ler. Ainda assim, você pode fazer o código de maneiras que simplesmente economizam tempo.

Na Listagem 6-5, a variável inteira `start` é criada e atribuída o valor 0 na criação. Essa combinação economiza a digitação de outra linha de código, que atribuiria 0 para a variável `start`.

Listagem 6-5: Declarando uma Variável e Atribuindo um Valor

```
#include <stdio.h>

int main()
{
    int start = 0;

    printf("The starting value is %d.\n",start);
    return(0);
}
```

Exercício 6-9: Crie um projeto chamado ex0609, utilizando o código-fonte mostrado na Listagem 6-5.

Exercício 6-10: Modifique o código-fonte do Exercício 6-8 para que as três variáveis sejam criadas e que os valores atribuídos estejam em três linhas de código.

Reutilizando variáveis

Variáveis variam; então, seus conteúdos podem mudar a qualquer momento no programa. Os exemplos mostrados em outra parte desse capítulo usam uma variável apenas uma vez e não alteram seu valor. Isso é praticamente o mesmo que uma constante, o que faz deles bons exemplos para aprender, mas exemplos ruins para a realidade.

Na sua jornada de programação, variáveis serão declaradas e seus valores talvez sejam, bem, qualquer coisa. Não apenas isso; é possível reutilizar variáveis repetidas vezes — sem nenhum dano. Esse é um exemplo fácil de mostrar, como ilustrado na Listagem 6-6.

Listagem 6-6: Variáveis Recicladas

```
#include <stdio.h>

int main()
{
    int prime;

    prime = 701;
    printf("Shadrach is %d\n",prime);
    prime = 709;
    printf("Meshach is %d\n",prime);
    prime = 719;
    printf("Abednego is %d\n",prime);
    return(0);
}
```

Exercício 6-11: Crie um novo projeto, nomeie de **ex0611** e digite o código-fonte da Listagem 6-6. Como você pode ver, a variável `prime` é utilizada repetidas vezes, cada vez mudando seu valor. O novo valor que é atribuído substitui qualquer valor existente. Monte e execute o projeto.

A saída do Exercício 6-11 é a mesma do Exercício 6-10.

A Listagem 6-7 ilustra como as variáveis podem interagir uma com a outra.

Listagem 6-7: Mistura de Variáveis

```
#include <stdio.h>

int main()
{
    int a,b,c;

    a = 5;
    b = 7;
    c = a + b;
    printf("Variable c=%d\n",c);
    return(0);
}
```

Note a Linha 9: o valor da variável c é atribuído com a soma das variáveis a e b. Esse cálculo é feito quando o programa executa e, depois, o resultado — qualquer valor estranho que seja — é exibido.

Exercício 6-12: Crie um projeto chamado ex0612, utilizando o código-fonte na Listagem 6-7. Você consegue adivinhar qual será a saída?

Exercício 6-13: Crie um novo projeto, utilizando o código-fonte da Listagem 6-7 como ponto de partida. Declare três variáveis float e atribua valores para duas delas. Atribua um valor à terceira variável, dividindo a primeira variável pela segunda variável. Exiba o resultado.

Capítulo 7
Entrada e Saída

Neste Capítulo
- Utilizando entrada e saída padrão
- Lendo e escrevendo caracteres
- Entendendo getchar() e putchar()
- Explorando o tipo de variável char
- Lendo entrada com scanf()
- Pegando strings com fgets()

Uma das funções básicas, se não *a* função básica, de qualquer dispositivo de computação é entrada e saída (*input* e *output*). A velha I/O (pronuncia-se "ai ou") é também o objetivo de praticamente qualquer programa. A entrada é recebida e processada e, então, a saída é gerada. O processamento é que faz o programa ser útil. Caso contrário, você teria apenas entrada e saída, o que seria essencialmente a mesma coisa que um encanamento.

Caractere I/O

O tipo mais simples de entrada e saída acontece no nível do caractere: um caractere entra; um caractere sai. Claro que chegar a esse ponto envolve um pouquinho de programação.

Entendendo os dispositivos de entrada e saída

A linguagem C nasceu do sistema operacional Unix. Assim, ela segue muitas regras para esse sistema operacional, no que diz respeito à entrada e saída. Essas regras são bem sólidas:

- A entrada vem do dispositivo de entrada padrão, stdin.
- A saída é gerada pelo dispositivo de saída padrão, stdout.

Parte II: Introdução à Programação C

Em um computador, o dispositivo padrão de entrada, stdin, é o teclado. A entrada também pode ser redirecionada pelo sistema operacional, o que significa que ela pode vir de outro dispositivo, como um modem ou um arquivo.

O dispositivo de saída padrão, stdout, é a tela. A saída pode ser redirecionada para que vá para outro dispositivo, como uma impressora ou para um arquivo.

LEMBRE-SE

As funções de linguagem C que lidam com entrada e saída acessam os dispositivos stdin e stdout. Eles não leem diretamente do teclado ou saem diretamente na tela. Bem, a não ser que você codifique o programa para fazer isso. (Esse tipo de codificação não é tratado neste livro.)

Ponto de partida: embora seus programas possam pegar a entrada do teclado e enviar a saída para a tela, você precisa pensar sobre I/O em linguagem C nos termos de dispositivos stdin e stdout.

Lendo caracteres com getchar()

Está na hora do seu código se tornar mais interativo. Considere o código-fonte da Listagem 7-1, que utiliza a função getchar(). Essa função pega (lê) um caractere de uma entrada padrão.

Listagem 7-1:   Come Caracteres

```
#include <stdio.h>

int main()
{
    int c;

    printf("I'm waiting for a character: ");
    c = getchar();
    printf("I waited for the '%c' character.\n",c);
    return(0);
}
```

O código na Listagem 7-1 lê um caractere de uma entrada padrão, utilizando a função getchar() na Linha 8. O caractere é retornado do getchar() e armazenado na variável inteira c.

A Linha 9 exibe o caractere armazenado em c. A função printf() utiliza o marcador de posição %c para exibir caracteres únicos.

Exercício 7-1: Digite o código-fonte para o projeto ex0701, como mostrado na Listagem 7-1. Monte e execute.

Capítulo 7: Entrada e Saída

A função `getchar()` é definida dessa maneira:

```
#include <stdio.h>

int getchar(void);
```

A função não possui argumentos; então, os parênteses estão sempre vazios; a palavra `void` neste exemplo basicamente diz isso. A função `getchar()` necessita que o arquivo cabeçalho `stdio.h` seja incluído no seu código-fonte.

O `getchar()` retorna um valor inteiro, não uma variável `char`. O computador avisa quando você esquece. Não se preocupe: A `int` contém um valor de caractere, que é como isso funciona.

Exercício 7-2: Edite a Linha 9 no código da Listagem 7-1 para que o marcador de posição `%d` seja usado, em vez de `%c`. Monte e execute.

O valor exibido quando você executa a solução do Exercício 7-1 é o de código ASCII do caractere. O `%d` exibe esse valor em vez de um valor de caractere porque internamente o computador trata todas as informações como valores. Apenas quando a informação é exibida como um caractere é que ela parece com o texto.

O Apêndice A lista os valores de código ASCII.

Tecnicamente, `getchar()` não é uma função. É um *macro* – um atalho baseado em outra função, como definido no arquivo cabeçalho `stdio.h`. A função real para pegar caracteres de uma entrada padrão é `getc()`; especificamente quando utilizada assim:

```
c = getc(stdin);
```

Neste exemplo, `getc()` lê do dispositivo de entrada padrão, `stdin`, que está definido no arquivo cabeçalho `stdio.h`. A função retorna um valor inteiro, que é armazenado na variável `c`.

Exercício 7-3: Reescreva o código-fonte para a Listagem 7-1, substituindo a declaração `getchar()` pelo exemplo `getc()` mostrado.

Exercício 7-4: Escreva um programa que solicitará três caracteres; por exemplo:

```
I'm waiting for three characters:
```

Codifique três funções `getchar()` consecutivas para ler os caracteres. Formate o resultado assim:

```
The three characters are 'a', 'b', and 'c'
```

onde esses caracteres – a, b e c – seriam substituídos pela entrada do programa.

DICA

O programa que você cria no Exercício 7-4 espera por esses três caracteres. A tecla Enter é um caractere; então, se você digitar **A**, **Enter**, **B**, **Enter**, os três caracteres serão A, o caractere da tecla Enter e B. Isso é uma entrada válida, mas você deve preferir digitar algo como **ABC** ou **HUE** ou **LOL** e então pressionar a tecla Enter.

LEMBRE-SE

A entrada padrão é de fluxo orientado. Como mencionado anteriormente neste capítulo, não espere que seus programas C sejam interativos. O Exercício 7-4 é um exemplo de como a entrada de fluxo funciona; a tecla Enter não finaliza uma entrada de fluxo; ela apenas passeia ao longo do fluxo, como qualquer outro caractere.

Utilizando a função putchar ( )

O gêmeo malvado da função `getchar()` é a função `putchar()`. Ela serve para colocar um único caractere na saída padrão. Aqui está o formato:

```
#include <stdio.h>

int putchar(int c);
```

Para fazer `putchar()` funcionar, você deve enviar a ela um caractere, colocando um caractere literal em parênteses, como em:

```
putchar('v');
```

Ou você pode colocar o valor de código ASCII (um inteiro) para o caractere entre parênteses. A função vai retornar o valor do caractere que está escrito. (Veja Listagem 7-2.)

Listagem 7-2:   Colocando a putchar() para Trabalhar

```
#include <stdio.h>

int main()
{
    int ch;

    printf("Press Enter: ");
    getchar();
    ch = 'H';
    putchar(ch);
    ch = 'i';
    putchar(ch);
    putchar('!');
    return(0);
}
```

Esse trecho de código usa a função `getchar()` para pausar o programa. A declaração na Linha 8 espera pela entrada. A entrada que é recebida não é armazenada; não precisa ser. O compilador não vai reclamar se você não mantiver o valor retornado da função `getchar()` (ou de qualquer outra função).

Nas Linhas 9 a 12, a função `putchar()` exibe o valor da variável `ch` um caractere de cada vez.

Valores de caracteres únicos são atribuídos à variável `ch` nas Linhas 9 e 11. A atribuição funciona do mesmo jeito que a atribuição de valores, embora caracteres únicos sejam especificados, fechados entre apóstrofos. Esse processo ainda funciona, mesmo que `ch` não seja um tipo de variável `char`.

Na Linha 13, `putchar()` exibe um valor constante diretamente. Novamente, o caractere deve ser fechado entre apóstrofos.

Exercício 7-5: Crie um novo projeto, ex0705, utilizando o código-fonte mostrado na Listagem 7-2. Monte e execute o programa.

Uma coisa estranha sobre a saída é que o caractere final não é seguido por uma nova linha. Essa saída pode parecer esquisita em uma exibição de texto; então:

Exercício 7-6: Modifique o código-fonte do Exercício 7-5 para que um caractere adicional faça parte da saída depois do caractere! (o caractere de nova linha).

Trabalhando com variáveis do tipo caractere

As funções `getchar()` e `putchar()` trabalham com inteiros, mas isso não significa que você precise evitar variável do tipo caractere. O `char` ainda é um tipo de variável em C. Ao trabalhar com caracteres, você deve usar o tipo de variável `char` para armazená-los, como mostrado na Listagem 7-3.

Listagem 7-3: Loucura de Caractere Variável

```
#include <stdio.h>

int main()
{
    char a,b,c,d;

    a = 'W';
    b = a + 24;
    c = b + 8;
    d = '\n';
    printf("%c%c%c%c",a,b,c,d);
    return(0);
}
```

Exercício 7-7: Crie um novo projeto, ex0707, utilizando o código-fonte da Listagem 7-3. Monte e execute o programa.

O código declara quatro variáveis `char` na Linha 5. Essas variáveis têm valores atribuídos nas Linhas 7 a 10. A Linha 7 é bem direta. A Linha 8 usa matemática para definir o valor da variável b como um caractere específico, do mesmo jeito que a Linha 9 para a variável c. (Utilize o Apêndice A para procurar o valor de código ASCII de um caractere.) A Linha 10 utiliza uma sequência de escape para definir o valor de um caractere, algo que você não pode digitar no teclado.

Todos esses marcadores de posição `%c` estão enchendo a declaração `printf()`, mas a saída é, bem, surpreendente.

Exercício 7-8: Modifique o código para a Listagem 7-3, para que as variáveis b e c tenham seus valores de caracteres atribuídos diretamente utilizando constantes de caracteres mantidas entre apóstrofos.

Exercício 7-9: Modifique o código-fonte novamente para que `putchar()`, não `printf()`, seja utilizado para gerar a saída.

Texto I/O, mas principalmente I

Quando um caractere I/O tem seu patamar elevado, ele se transforma em texto I/O. As principais funções de saída de texto são `puts()` e `printf()`. Existem outros jeitos de descarregar texto em C, mas essas duas funções são as maiores. No lado I de I/O estão as funções de entrada de texto. As maiores aí são `scanf()` e `fgets()`.

Armazenando strings

Quando um programa precisa da entrada de texto, é necessário criar um lugar para armazenar esse texto. Imediatamente, você deve pensar: "Caramba! Isso seria uma variável de string". Se você refletiu dessa maneira, admiro seu pensamento. Você acredita que *texto* em programação C é referido como uma string. Sinto muito, mas você está errado.

C não tem um tipo de variável string, mas tem variáveis de caracteres. Faça uma fila com um número suficiente delas e você terá uma string. Colocando em dialeto de programação, você terá um *array* de variáveis de caractere.

O array é um tópico longo, que será tratado no Capítulo 12. Por enquanto, seja cabeça aberta sobre arrays e strings e mergulhe nas maravilhas da Listagem 7-4.

Listagem 7-4: Colocando uma String em um Array char

```
#include <stdio.h>

int main()
{
    char prompt[] = "Press Enter to explode:";

    printf("%s",prompt);
    getchar();
    return(0);
}
```

A Linha 5 cria um array de variáveis `char`. O *array* é um dispositivo que lista um monte de variáveis, todas em uma fila. A variável array `char` é nomeada *prompt*, que é imediatamente seguida por um quadrado vazio de colchetes. É a Grande Pista que a variável é um array. O array é atribuído, através do sinal de igual, o texto fechado entre aspas duplas.

A declaração `printf()`, na Linha 7, exibe a string armazenada no array `prompt`. O caractere de conversão `%s` representa a string.

Na Linha 8, `getchar()` pausa o programa, antecipando o aperto da tecla Enter. O programa não segue e nada explode. Essa é uma tarefa que deixo para você codificar em uma outra data.

Exercício 7-10: Crie um novo projeto, ex0710, e digite o código-fonte da Listagem 7-4. Monte e execute o código.

Exercício 7-11: Modifique o código-fonte da Listagem 7-4 para que uma única variável string mantenha duas linhas de texto; siga o exemplo:

```
Program to Destroy the World
Press Enter to explode:
```

Dica: Veja a Tabela 4-1, no Capítulo 4.

- Uma variável string em C é, na verdade, um array de caracteres.
- Você pode atribuir um valor para um array `char` quando ele é criado, de maneira similar ao jeito que você inicializa qualquer variável quando é criada. O formato se parece com esse:

    ```
    char string[] = "text";
    ```

    Na linha anterior, `string` é o nome do array `char` e `text` é a string atribuída a esse array.

- Você só pode atribuir um valor a uma string ou a um array `char`, quando estão declarados no código. Você não pode reatribuir ou mudar esse valor mais tarde utilizando uma declaração direta como:

  ```
  prompt = "This is just wrong.";
  ```

- É possível mudar uma string em C, mas você precisa saber mais sobre arrays, funções string e, especialmente, ponteiros antes de tentar. Capítulos posteriores deste livro tratarão desses tópicos.

- Veja o Capítulo 6 para uma introdução aos tipos básicos de variáveis em linguagem C. A lista completa de variáveis em linguagem C pode ser encontrada no Apêndice D.

Introduzindo a função scanf( )

Para a entrada de tipos específicos de variáveis, você descobrirá que a função `scanf()` será muito útil. Não é uma função de entrada de uso geral e tem algumas limitações, mas é ótima para testar código e pegar valores.

De certa maneira, você poderia dizer que a `scanf()` é a versão de entrada da função `printf()`. Por exemplo, ela utiliza o mesmo conversor de caracteres (aqueles marcadores de posição `%`). Por causa disso, `scanf()` é muito particular, no que diz respeito a como é feita a entrada de texto. Aqui está o formato:

```
#include <stdio.h>

int scanf(const char *restrict format,...);
```

Assustador, né? Apenas ignore por enquanto. Aqui está uma versão menos assustadora do formato:

```
scanf("placeholder",variable);
```

Nesta versão, `placeholder` é um conversor de caractere e `variable` é um tipo de variável que combina com o conversor de caracteres. A não ser que seja uma string (array `char`), a variável é prefixada pelo operador `&`.

A função `scanf()` é prototipada no arquivo cabeçalho `stdio.h`. Sendo assim, você precisa incluir esse arquivo quando utilizar a função.

Aqui estão alguns exemplos de `scanf()`:

```
scanf("%d",&highscore);
```

A declaração anterior lê um valor inteiro em uma variável `highscore`. Estou presumindo que `highscore` é uma variável `int`.

```
scanf("%f",&temperature);
```

A declaração anterior `scanf()` espera por uma entrada de um valor com ponto flutuante, que então é armazenado na variável `temperature`.

```
scanf("%c",&key);
```

Na linha anterior, `scanf()` aceita a entrada do primeiro caractere e o armazena na variável `key`.

```
scanf("%s",firstname);
```

LEMBRE-SE O marcador de posição `%s` é utilizado para ler em texto, mas apenas até que o primeiro caractere de espaço em branco seja encontrado. Então, um espaço ou um tab ou a tecla Enter finalizam a string. (Isso é uma droga.) Também, `firstname` é um array `char`; então, não precisa do operador `&` na função `scanf()`.

Lendo uma string com scanf( )

Uma das maneiras mais comuns de se utilizar a função `scanf()` é ler um pedaço de texto de uma entrada padrão. Para atender a esse fim, o caractere de conversão `%s` é utilizado — assim como no `printf()`, mas com a entrada em vez da saída. (Veja Listagem 7-5.)

Listagem 7-5:   scanf() Engole uma String

```c
#include <stdio.h>

int main()
{
    char firstname[15];

    printf("Type your first name: ");
    scanf("%s",firstname);
    printf("Pleased to meet you, %s.\n",firstname);
    return(0);
}
```

Exercício 7-12: Digite o código-fonte da Listagem 7-5 em um novo projeto, ex0712, no Code::Blocks. Monte e execute.

A Linha 5 declara um array `char` — uma variável string — chamada `firstname`. O número entre colchetes indica o tamanho do array ou o número total de caracteres que pode ser armazenado lá. O array não tem um valor atribuído; então, é criada vazia. Basicamente, a declaração na Linha 5 reserva armazenamento para até 15 caracteres.

A função `scanf()`, na Linha 8, lê uma string de uma entrada padrão e armazena no array `firstname`. O conversor de caractere `%s` orienta o `scanf()` a procurar por uma string como entrada, assim como `%s` é um marcador de posição para strings na saída do `printf()`.

Exercício 7-13: Modifique o código-fonte da Listagem 7-5 para que a segunda string seja declarada para o sobrenome da pessoa. Peça ao usuário que inclua o sobrenome dele também e, então, exiba ambos os nomes, utilizando uma única função `printf()`.

✔ O número entre colchetes (veja a Linha 5 na Listagem 7-5) dá o tamanho do array `char` ou o comprimento da string, mais *um*.

✔ Quando você criar um array `char` ou variável string, certifique-se de criá-la de um tamanho grande o suficiente para caber o texto. Esse tamanho deve ser o número máximo de caracteres mais *um*.

✔ A razão para aumentar o tamanho de um array `char` em um é que todas as strings em C terminam com um caractere específico de término. É o caractere NULL, que é escrito como \0. O compilador adiciona automaticamente o \0 ao final de valores de strings criadas no código-fonte, assim como textos lidos de várias funções de entrada de texto. Você deve lembrar de adicionar espaço para esse caractere, quando reservar armazenamento para entrada de string.

Lendo valores com scanf( )

A função `scanf()` pode fazer mais do que ler strings. Ela pode ler qualquer valor especificado por um conversor de caractere, como demonstrado na Listagem 7-6.

Listagem 7-6: scanf( ) Come um Inteiro

```
#include <stdio.h>

int main()
{
    int fav;

    printf("What is your favorite number: ");
    scanf("%d",&fav);
    printf("%d is my favorite number, too!\n",fav);
    return(0);
}
```

Na Listagem 7-6, a função `scanf()` lê um valor inteiro. O conversor de caractere `%d` é utilizado, assim como `printf()` — na verdade, é utilizado na Linha 9. Esse caractere orienta o `scanf()` para procurar por um valor `int` para a variável `fav`.

Exercício 7-14: Crie um projeto, ex0714, utilizando o código-fonte mostrado na listagem 7-6. Monte e execute. Teste o programa digitando vários valores inteiros, positivos e negativos.

Talvez você esteja pensando sobre o "e comercial" (`&`) na função `scanf()`. O caractere é um operador C — especificamente, o operador de *endereço de memória*. É uma das características avançadas em C que é relacionada a ponteiros. Evitarei o tópico de ponteiros até o Capítulo 18, por enquanto, saiba que um "e comercial" deve prefixar qualquer variável especificada na função `scanf()`. A exceção é um array, como a `firstname char` na Listagem 7-5.

Tente executar o programa novamente, mas especifique um valor decimal, como 41.9, ou digite um texto em vez de um número.

A razão de você ver uma saída incorreta é que a `scanf()` é *muito* específica. Ela busca somente o tipo de variável especificado pelo conversor de caractere. Então, se você quer um valor com ponto flutuante, deve especificar uma variável `float` e utilizar o conversor de caractere apropriado, `%f`, nesse caso.

Exercício 7-15: Modifique o código-fonte da Listagem 7-6 para que um número com ponto flutuante seja requisitado, faça a entrada e exibido.

> ✔ Você não precisa prefixar um array variável `char` com um e comercial na função `scanf()`; quando utilizar `scanf()` para ler uma string, só especifique o nome da string variável.
>
> ✔ A função `scanf()` para de ler a entrada de texto no primeiro caractere de espaço em branco, espaço, tab ou tecla Enter.

Utilizando fgets() para entrada de texto

Para uma função de entrada de texto para uso geral, uma que leia além do primeiro caractere de espaço em branco, recomendo a função `fgets()`. Aqui está o formato:

```
#include <stdio.h>

char * fgets(char *restrict s, int n, FILE *restrict
             stream);
```

Assustador, não? Isso é porque a `fgets()` é uma função de arquivo, que lê texto de um arquivo, como em uma "file get string". É assim que os programadores falam depois de uma noitada.

Funções de arquivo serão tratadas no Capítulo 22, mas como o sistema operacional considera uma entrada padrão um arquivo, você pode utilizar a fgets() para ler texto do teclado.

Aqui está uma versão simplificada da função fgets() quando aplicada para ler uma entrada de texto:

```
fgets(string,size,stdin);
```

Neste exemplo, string é o nome do array char, uma string variável; size é a quantidade da entrada de texto mais *um*, que deve ser do mesmo tamanho do array char; e stdin é o nome do dispositivo padrão de entrada, como definido no arquivo cabeçalho stdio.h. (Veja Listagem 7-7.)

Listagem 7-7:   A Função fgets( ) Lê uma String

```
#include <stdio.h>

int main()
{
    char name[10];

    printf("Who are you? ");
    fgets(name,10,stdin);
    printf("Glad to meet you, %s.\n",name);
    return(0);
}
```

Exercício 7-16: Digite o código-fonte da Listagem 7-7 em um novo projeto, ex0716. Compile e execute.

A função fgets(), na Linha 8, lê texto. O texto vai para o array name, que está configurada para o máximo de dez caracteres na Linha 5. O número 10 especifica que fgets() lê apenas nove caracteres, um a menos que o número especificado. Finalmente, stdin é especificado como o "arquivo" do qual a entrada está sendo lida. stdin é a entrada padrão.

O array char deve ter um caractere extra reservado para o \0 no final da string. Seu tamanho deve ser igual ao tamanho da entrada que você precisa — mais um.

Aqui está como o programa roda na tela:

```
Who are you? Danny Gookin
Glad to meet you, Danny Goo.
```

Apenas os primeiros nove caracteres do texto que digitei na primeira linha são exibidos. Por que apenas nove? Por causa do caractere de terminação da string — o NULL ou \0. O espaço para este caractere é definido quando o array name é criada na Linha 5. Se fgets() tivesse que ler dez caracteres em vez de nove, ocorreria o estouro do array e o programa poderia apresentar uma falha na execução.

Evite a gêmea má de fgets( ), gets( )

Pode ser bizarro utilizar `fgets()`, uma função de arquivo, para ler texto, mas é perfeitamente legítimo. Na verdade, a função de entrada de texto original de linguagem C não deveria ser usada de jeito nenhum. Essa função é a função `gets()`, que ainda é uma função válida em C, mas uma das que você deveria evitar.

Diferente de `fgets()`, a função `gets()` lê uma quantidade infinita de texto de uma entrada padrão. Não é limitada a um certo número de caracteres, como `fgets()`.

Um usuário poderia fazer entrada de quanto texto fosse possível e o programa continuaria a armazenar o texto, eventualmente sobrescrevendo alguma outra coisa na memória. Essa fraqueza tem sido explorada historicamente por vários tipos de malware.

Basicamente: não use `gets()` — em vez disso, use `fgets()`. Quando você usa `gets()`, um aviso informa quando compila o código. O programa que você criar também poderá exibir um aviso.

Exercício 7-17: Mude o tamanho do array no código-fonte da Listagem 7-7 para um valor constante. Configure a constante para permitir uma entrada de apenas três caracteres.

Exercício 7-18: refaça sua solução para o exercício 7-13 para que `fgets()`, em vez de `scanf()`, seja utilizada para ler as duas strings.

Você poderá ler mais sobre a razão da entrada ser limitada por `fgets()` no quadro anterior entitulado, "A gêmea má de `fgets()`, `gets()`".

- A função `fgets()` lê texto de uma entrada padrão, não diretamente do teclado.
- O valor retornado por `fgets()` é a string que foi colocada na entrada. No exemplo de código deste livro, esse valor de retorno não é utilizado, apesar de ser idêntico à informação armazenada no primeiro argumento da função `fgets()`, o array `char` variável.
- O Capítulo 13 oferecerá mais informações sobre strings em C.

Capítulo 8
Tomando Decisões

Neste Capítulo
- Comparando condições com `if`
- Utilizando operadores de condição
- Adicionando `else` às decisões
- Criando uma estrutura `if-else-if-else`
- Tomando decisões lógicas
- Trabalhando com uma estrutura `switch-case`
- Apreciando o operador ternário

Tomada de decisões é a parte da programação que leva a se pensar que um computador é inteligente. Não é, claro, mas você pode enganar qualquer um fazendo seu código carregar orientações baseadas em certas condições ou comparações. O processo é realmente simples de entender, mas extrair esse entendimento do jeito esquisito que ele se parece em um programa em C é a razão desse capítulo ser necessário.

Se o Quê?

Todo drama humano é baseado na desobediência. Não importa quais sejam as regras, não importa o quanto são rígidas as diretrizes, algum piadista se liberta e o resto é uma história interessante. A aventura começa com um conceito humano simples: "e se". É o mesmo conceito utilizado para tomada de decisão em seus programas, embora nesse caso apenas a palavra *if* (se) seja necessária.

Fazendo uma comparação simples

Você faz comparações o tempo todo. O que vestirá pela manhã? Deveria evitar o escritório do Bill porque a recepcionista disse que ele está "irritável" hoje? Por quanto tempo mais, você adiará a ida ao dentista? O computador não é diferente, embora as comparações que ele faça utilizem valores, não abstratos. (Veja Listagem 8-1.)

Listagem 8-1: Uma Comparação Simples

```
#include <stdio.h>

int main()
{
    int a,b;

    a = 6;
    b = a - 2;

    if( a > b)
    {
        printf("%d is greater than %d\n",a,b);
    }
    return(0);
}
```

Exercício 8-1: Crie um novo projeto, utilizando o código-fonte mostrado na Listagem 8-1. Monte e execute. Aqui está a saída que você deve ver:

```
6 is greater than 4
```

Rápido e inteligente. É isso que um computador é. Aqui está como o código funciona:

A Linha 5 declara duas variáveis inteiras: a e b. Valores são atribuídos às variáveis nas Linhas 7 e 8, com o valor da variável b sendo calculado para ser 2 a menos que a variável a.

A Linha 10 faz a comparação:

```
if( a > b)
```

Programadores leem esta linha como: "se *a* é maior que *b*". Quando estão ensinando linguagem C, eles dizem: "se a variável a é maior que a variável b". Não, eles não leem os parênteses.

As Linhas 11 a 13 pertencem à declaração if. A carne do sanduíche é a Linha 12; as chaves não fazem o papel de tomar decisões, além de abraçar a declaração na Linha 12. Se a comparação na Linha 10 é verdadeira, a declaração na Linha 12 é executada. Caso contrário, todas as declarações entre as chaves são puladas.

Exercício 8-2: Edite o código-fonte da Listagem 8-1 para que, em vez de subtração, uma adição seja feita na Linha 8. Você pode explicar a saída do programa?

Introduzindo a palavra-chave if

A palavra-chave `if` é utilizada para tomar decisões no seu código, baseadas em comparações simples. Aqui está o formato básico:

```
if(evaluation)
{
    statement;
}
```

A `evaluation` é a comparação, uma operação matemática, o resultado de uma função ou outra condição. Se a condição for verdadeira, as `statements` (ou `statement`) entre chaves são executadas; caso contrário, são puladas.

- A avaliação da declaração `if` não precisa ser matemática. Pode ser uma função simples que retorne um valor verdadeiro ou falso; por exemplo:

  ```
  if(ready())
  ```

- Essa declaração avalia o retorno da função `ready()`. Se a função retornar um valor verdadeiro, as declarações pertencentes ao `if` são executadas.

- Qualquer valor diferente de zero é considerado verdadeiro em C. Zero é considerado falso. Então, essa declaração é sempre verdadeira:

  ```
  if(1)
  ```

- Já essa declaração é sempre falsa:

  ```
  if(0)
  ```

- Você sabe se uma função retornará um valor verdadeiro ou falso, lendo a documentação da função ou poderá configurar um valor de retorno verdadeiro ou falso quando estiver escrevendo suas próprias funções.

- Você não pode comparar strings utilizando uma comparação `if`. Em vez disso, você deve utilizar funções específicas de comparação de string, que serão tratadas no Capítulo 13.

- Quando apenas uma declaração pertence à comparação `if`, as chaves são opcionais.

Exercício 8-3: Reescreva o código da Listagem 8-1, removendo as chaves antes e depois da Linha 12. Monte e execute para garantir que ainda funciona.

Comparando valores de várias maneiras

A linguagem C utiliza um pequeno pelotão de operadores de comparação matemática. Juntei alguns na Tabela 8-1 para que você leia cuidadosamente.

Tabela 8-1	Operadores de Comparação de Linguagem C	
Operador	*Exemplo*	*Verdadeiro Quando*
!=	a != b	a não é igual a b
<	a < b	a é menor que b
<=	a <= b	a é menor ou igual a b
==	a == b	a é igual a b
>	a > b	a é maior que b
>=	a >= b	a é maior ou igual a b

Comparações em C funcionam da esquerda para a direita; então, você lê a >= b como "a é maior ou igual a b". A ordem também é importante: ambos, >= e <=, devem ser escritos nessa ordem, como deve ser o operador != (diferente). O operador == pode ser escrito em qualquer ordem. (Veja Listagem 8-2.)

Listagem 8-2: Valores São Comparados

```
#include <stdio.h>

int main()
{
    int first,second;

    printf("Input the first value: ");
    scanf("%d",&first);
    printf("Input the second value: ");
    scanf("%d",&second);

    puts("Evaluating...");
    if(first<second)
    {
        printf("%d is less than %d\n",first,second);
    }
    if(first>second)
    {
        printf("%d is greater than %d\n",first,second);
    }
    return(0);
}
```

Exercício 8-4: Crie um novo projeto, utilizando o código-fonte mostrado na Listagem 8-2. Monte e execute.

Capítulo 8: Tomando Decisões

A comparação mais comum é provavelmente o sinal de igual duplo. Pode parecer estranho para você. O operador == não é o mesmo que o operador =. O operador = é um *operador de atribuição*, que define valores. O operador == é um *operador de comparação*, que verifica se os dois valores são iguais ou não. (Veja Listagem 8-3.)

Eu pronuncio == como "é igual a".

Exercício 8-5: Adicione uma nova seção ao código-fonte da Listagem 8-2, que faça a avaliação final, verificando se as variáveis são iguais umas às outras.

Listagem 8-3: Coloque "É Igual A" na Sua Cabeça

```c
#include <stdio.h>

#define SECRET 17

int main()
{
    int guess;

    printf("Can you guess the secret number: ");
    scanf("%d",&guess);
    if(guess==SECRET)
    {
        puts("You guessed it!");
        return(0);
    }
    if(guess!=SECRET)
    {
        puts("Wrong!");
        return(1);
    }
}
```

Exercício 8-6: Digite o código-fonte da Listagem 8-3 em um novo projeto do Code::Blocks. Monte e execute.

Anote o valor retornado pelo programa — tanto 0 para uma resposta correta ou 1 para uma resposta incorreta. Você pode ver esse retorno de valor na janela de saída do Code::Blocks.

Percebendo a diferença entre = e ==

Um dos erros mais comuns feito por todos os programadores de linguagem C — iniciantes e profissionais — é utilizar um único sinal de igual, em vez de um duplo, em uma comparação `if`. A saber, ofereço a Listagem 8-4.

Listagem 8-4: Sempre Verdade

```c
#include <stdio.h>

int main()
{
    int a;

    a = 5;

    if(a=-3)
    {
        printf("%d equals %d\n",a,-3);
    }
    return(0);
}
```

Exercício 8-7: Digite o código-fonte mostrado na Listagem 8-4 em um novo projeto. Execute o programa.

A saída pode confundir você. O que vejo é isso:

```
-3 equals -3
```

Isso é verdade, não é? O que aconteceu?

Simples: na Linha 9, é atribuído o valor -3 à variável a. Por essa declaração estar entre parênteses, ela é avaliada primeiro. O resultado de uma atribuição de variável em C é sempre verdade para qualquer valor diferente de zero.

Exercício 8-8: Edite o código-fonte da Listagem 8-4 para que o sinal de igual duplo, ou "é igual a", seja usado no lugar do sinal de igual único na comparação if.

Esquecendo onde colocar o ponto e vírgula

A Listagem 8-5 é baseada na Listagem 8-4, aproveitando o fato de que C não necessita de uma única declaração pertencendo a uma comparação if para ser apresentada entre chaves.

Listagem 8-5: Errinho de Ponto e Vírgula

```c
#include <stdio.h>

int main()
{
    int a,b;

    a = 5;
    b = -3;
```

```
    if(a==b);
        printf("%d equals %d\n",a,b);
    return(0);
}
```

Exercício 8-9: Digite cuidadosamente o código-fonte da Listagem 8-5. Preste atenção especial à Linha 10. Certifique-se que você a digitou corretamente, com o ponto e vírgula no final da linha. Monte e execute o projeto.

Aqui está a saída que vejo:

```
5 equals -3
```

O problema aqui é comum. É um erro cometido por praticamente todos os programadores C de tempos em tempos: o ponto e vírgula perdido na Listagem 8-5 (Linha 10) diz ao programa que a declaração if não tem nada a ver com quando a condição for verdadeira. Isso porque um único ponto e vírgula é uma declaração completa em C, embora seja uma declaração nula. A saber:

```
if(condition)
    ;
```

Essa construção é basicamente a mesma da Linha 10 na Listagem 8-5. Tome cuidado para não cometer o mesmo erro — especialmente se você digita muito código e está acostumado a terminar uma linha com um ponto e vírgula.

Decisões Múltiplas

Nem todas as decisões são simples perguntas de sim ou não. Exceções acontecem o tempo todo. C fornece algumas maneiras para lidar com essas exceções, permitindo-lhe criar códigos que executem, baseados em possibilidades múltiplas.

Tomando decisões mais complexas

Para tipos de comparação ou-ou, a palavra-chave if tem uma companheira — else. Juntas, elas funcionam assim:

```
if(condition)
{
    statement(s);
}
else
{
    statement(s);
}
```

Quando a condition é verdadeira em uma estrutura if-else, as declarações pertencentes ao if são executadas; caso contrário, as declarações pertencentes ao else são executadas. É um tipo de decisão ou-ou.

A Listagem 8-6 é uma atualização das classificações para o código mostrado na Listagem 8-1. A única estrutura if foi substituída por if-else. Quando a comparação if é falsa, a declaração pertencente a else é executada.

Listagem 8-6: Uma Comparação if-else

```
#include <stdio.h>

int main()
{
    int a,b;

    a = 6;
    b = a - 2;

    if( a > b )
    {
        printf("%d is greater than %d\n",a,b);
    }
    else
    {
        printf("%d is not greater than %d\n",a,b);
    }
    return(0);
}
```

Exercício 8-10: Digite o código-fonte da Listagem 8-6 em um novo projeto. Compile e execute.

Exercício 8-11: Modifique o código-fonte para que o usuário possa fazer a entrada do valor da variável b.

Exercício 8-12 Modifique o código-fonte da Listagem 8-3 para que uma estrutura if-else substitua aquela coisa feia if-if. (***Dica:*** A melhor solução muda apenas uma linha de código.)

Adicionando uma terceira opção

Nem toda decisão feita em um programa é ou-ou. Às vezes, você se vê precisando de uma coisa tipo ou-ou-ou. Na verdade, não existe palavra em inglês ou português que descreva esse tipo de estrutura, mas ela existe em C e se parece com isso:

```
if(condition)
{
    statement(s);
}
else if(condition)
{
    statement(s);
}
else
{
    statement(s);
}
```

Quando a primeira condition se prova falsa, a declaração else if faz outro teste. Se essa condition se prova verdadeira, as declarações dela são executadas. Quando nenhuma das duas condições é verdadeira, as declarações pertencentes ao else final são executadas.

Exercício 8-13: Utilizando o código-fonte da Listagem 8-2 como base, crie uma estrutura if-if else-else que lide com três condições. As duas primeiras condições estão especificadas na Listagem 8-2 e você precisará adicionar a possibilidade final utilizando uma estrutura similar à mostrada nesta seção.

C não tem limites no que diz respeito a quantas declarações else if podem ser adicionadas para um processo de decisão if. Seu código poderia mostrar um if seguido por três condições else-if e um else final. Esse processo funciona, mas não é a melhor abordagem. Veja a seção "Fazendo uma seleção de múltipla escolha", mais adiante, para conhecer uma maneira melhor.

Comparações Múltiplas com Lógica

Algumas comparações são mais complexas que aquelas apresentadas pelos operadores simples, ilustrados anteriormente na tabela 8-1. Por exemplo, considere a seguinte construção matemática:

```
-5 <= x <= 5
```

Em português, essa declaração significa que x representa um valor entre -5 e 5, inclusive. Essa não é uma comparação if em linguagem C, mas pode ser se você empregar os operadores lógicos.

Construindo uma comparação lógica

É possível carregar duas ou mais comparações em uma única declaração if. Os resultados das comparações são então comparados, utilizando o operador lógico. Quando o resultado final é verdadeiro, a condição if é considerada verdadeira. (Veja Listagem 8-7.)

Listagem 8-7: Lógica é um Pássaro Cantando

```
#include <stdio.h>

int main()
{
    int coordinate;

    printf("Input target coordinate: ");
    scanf("%d",&coordinate);
    if( coordinate >= -5 && coordinate <= 5 )
    {
        puts("Close enough!");
    }
    else
    {
        puts("Target is out of range!");
    }
    return(0);
}
```

Duas comparações são feitas pela condição da declaração if na Linha 9. Essa declaração é lida assim: "se o valor da variável *coordinate* é maior ou igual a -5 e menor ou igual a 5".

Exercício 8-14: Crie um novo projeto, utilizando o código-fonte da Listagem 8-7. Monte o programa. Execute o código algumas vezes para testar o quão bem ele funciona.

Adicionando operadores de lógica

Os operadores de comparação lógica de linguagem C são mostrados na Tabela 8-2. Esses operadores podem ser usados em uma comparação if, quando duas ou mais condições devem ser atendidas.

Tabela 8-2	Operadores de Comparação Lógica	
Operador	*Nome*	*Verdade Quando*
&&	and	Ambas as comparações são verdadeiras
||	or	Nenhuma das comparações é verdadeira
!	not	O item é falso

A Listagem 8-7 utiliza o operador `&&` como uma comparação lógica AND. Ambas as condições especificadas devem ser verdadeiras para que a declaração `if` considere tudo entre parênteses como verdadeiro.

Exercício 8-15: Modifique o código-fonte da Listagem 8-7 para que a operação lógica OR seja usada para tornar a condição verdadeira quando o valor da variável `coordinate` for menor que -5 ou maior que 5.

Exercício 8-16: Crie um novo projeto que peça por uma resposta para uma pergunta sim ou não, pressionando as teclas Y ou N, tanto maiúsculas quanto minúsculas. Garanta que o programa responda adequadamente, quando nem um Y nem um N é pressionado.

- Operações lógicas são frequentemente referidas utilizando-se tudo em maiúsculo: AND, OR. Isso as separa das palavras normais *and* e *or*.

- O lógico AND é representado por dois e comerciais: `&&`. Diga "e".

- O lógico OR é representado por dois caracteres de barras verticais: `||`. Diga "ou".

- O lógico NOT é representado por um único ponto de exclamação: `!`. Diga "not!"

- O lógico NOT não é usado como o AND ou o OR. Ele simplesmente prefixa um valor para reverter os resultados, transformando Falso em Verdadeiro e Verdadeiro em Falso.

O Velho Truque do Switch Case

Empilhar uma torre de declarações `if` e `if-else` pode ser efetivo, mas não é o melhor jeito de percorrer uma decisão de múltipla escolha. A solução oferecida na linguagem C é conhecida como a estrutura switch-case.

Fazendo uma seleção de múltipla escolha

A *estrutura switch-case* lhe permite codificar decisões em um programa C baseada em um único valor. É a declaração da seleção de múltipla escolha, como mostrado na Listagem 8-8.

Listagem 8-8: Múltipla Escolha

```c
#include <stdio.h>

int main()
{
    int code;

    printf("Enter the error code (1-3): ");
    scanf("%d",&code);

    switch(code)
    {
        case 1:
            puts("Drive Fault, not your fault.");
            break;
        case 2:
            puts("Illegal format, call a lawyer.");
            break;
        case 3:
            puts("Bad filename, spank it.");
            break;
        default:
            puts("That's not 1, 2, or 3");
    }
    return(0);
}
```

Exercício 8-17: Crie um novo projeto, utilizando o código da Listagem 8-8. Apenas digite; eu a descreverei mais tarde. Monte-o. Execute-o algumas vezes, tentando vários valores para ver como responde.

Examine o código-fonte no seu editor, onde você pode referenciar os números das linhas, mencionados nos próximos parágrafos.

A estrutura `switch-case` começa na Linha 10 com a declaração `switch`. O item que ela avalia está entre parênteses. Diferente de uma declaração `if`, a `switch` come somente um único valor. Na Linha 10, é um inteiro que o usuário digita (leia na Linha 8).

A parte `case` da estrutura está entre chaves, entre as Linhas 11 e 23. Uma declaração `case` mostra um único valor, como 1 na Linha 12. O valor é seguido por dois pontos.

Os valores especificados por cada declaração `case` são comparados com o item especificado na declaração `switch`. Se os valores são iguais, as declarações pertencentes à `case` são executadas. Se não, elas são ignoradas e o próximo valor `case` é comparado.

A palavra-chave `break` para o fluxo do programa através da estrutura `switch-case`. O fluxo do programa prossegue depois da chave final da estrutura `switch-case`, que é a Linha 24 na Listagem 8-8.

Depois da comparação final, a estrutura `switch-case` utiliza um item `default`, mostrado na Linha 21. As declarações desse item são executadas quando nenhuma das comparações `case` correspondem. O item `default` é necessário na estrutura switch-case.

Exercício 8-18: Construa um programa, utilizando código-fonte similar ao da Listagem 8-8, mas faça da entrada as letras A, B e C. Talvez seja interessante você revisar o Capítulo 7, para ver como caracteres únicos são especificados em linguagem C.

- A comparação feita em uma estrutura `switch-case` é entre o item especificado nos parênteses da `switch` e o item que segue cada palavra-chave `case`. Quando a comparação é verdadeira, o que significa que ambos os itens são iguais, as declarações pertencentes à `case` são executadas.

- A palavra-chave `break` é utilizada para quebrar o fluxo do programa. Ela também pode ser utilizada em uma estrutura `if`, porém, na maioria das vezes, é encontrada em estruturas de loop. Veja Capítulo 9.

- Especifique um `break` depois de declarações de comparação `case` para que o restante da estrutura não seja executado. Veja a seção, mais adiante, "Sem fazer pausas".

Entendendo a estrutura do switch-case

Agora, apresentaremos a coisa mais complexa em C. Sério, você achará mais regras e estruturas com `switch-case` do que com qualquer outra estrutura em C. Aqui está o esqueleto:

```
switch(expression)
{
    case value1:
        statement(s);
        break;
    case value2:
        statement(s);
        break;
    case value3:
        statement(s);
        break;
    default:
        statement(s);
}
```

O item `switch` introduz a estrutura, que é fechada por um par de chaves. A estrutura deve conter pelo menos uma declaração `case` e uma declaração `default`.

A declaração `switch` contém uma `expression` entre parênteses. Essa expressão deve avaliar um único valor. Pode ser uma variável, um valor retornado de uma função ou uma operação matemática.

A declaração `case` é seguida por um valor imediato e depois dois pontos. Depois dos dois pontos, estão uma ou mais declarações. Essas declarações são executadas quando o valor imediato que segue `case` corresponde à expressão da declaração `switch`. Caso contrário, as declarações são ignoradas e a próxima declaração `case` é avaliada.

A palavra-chave `break` é utilizada para sair da estrutura `switch-case`. Caso contrário, a execução do programa passa por toda estrutura.

O item `default` termina a estrutura `switch-case`. Ele contém declarações que são executadas quando nenhuma das declarações `case` corresponde. Quando não existe mais nada a fazer, o item `default` não necessita de nenhuma declaração — mas precisa ser especificado.

LEMBRE-SE

A parte `case` de uma estrutura `switch-case` não faz uma avaliação. Se você precisa de comparações múltiplas, utilize uma estrutura do tipo `if-else` múltipla.

Sem fazer pausas

É possível construir uma estrutura `switch-case` sem declarações `break`, o que pode até ser útil sob circunstâncias especiais, como mostrado na Listagem 8-9.

Listagem 8-9: Decisões de Planos de Refeição

```
#include <stdio.h>

int main()
{
    char choice;

    puts("Meal Plans:");
    puts("A - Breakfast, Lunch, and Dinner");
    puts("B - Lunch and Dinner only");
    puts("C - Dinner only");
    printf("Your choice: ");
    scanf("%c",&choice);
```

```
        printf("You've opted for ");
        switch(choice)
        {
            case 'A':
                printf("Breakfast, ");
            case 'B':
                printf("Lunch and ");
            case 'C':
                printf("Dinner ");
            default:
                printf("as your meal plan.\n");
        }
        return(0);
    }
```

Exercício 8-19: Crie um novo projeto, utilizando o código-fonte da Listagem 8-9. Monte e execute.

Exercício 8-20: Se você entendeu como as declarações case podem funcionar na linguagem anterior, modifique o exercício 8-18 para que tanto letras maiúsculas quanto minúsculas sejam avaliadas na estrutura switch-case.

A Estranha Estrutura de Decisão ?

Tenho uma última ferramenta de tomada de decisão excêntrica para jogar pra você neste capítulo longo e decisivo. É provavelmente a ferramenta de tomada de decisão mais crítica em C, a favorita dos programadores que gostam de ofuscar seus códigos. Testemunhe a Listagem 8-10.

Listagem 8-10: E Então Fica Estranho

```
#include <stdio.h>

int main()
{
    int a,b,larger;

    printf("Enter value A: ");
    scanf("%d",&a);
    printf("Enter different value B: ");
    scanf("%d",&b);

    larger = (a > b) ? a : b;
    printf("Value %d is larger.\n",larger);
    return(0);
}
```

Especificamente, você quer olhar a Linha 12, que estou mostrando aqui, embora esta não seja feia o suficiente quando vista dentro da Listagem 8-10:

```
larger = (a > b) ? a : b;
```

Exercício 8-21: Crie um projeto, utilizando o código-fonte da Listagem 8-10. Monte e execute apenas para provar que a coisa esquisita ?: funciona.

Oficialmente, ?: é conhecido como um operador *ternário*: É composto de três partes. É uma comparação e, então, apresenta duas partes: valor se verdadeiro e valor se falso. Escrito em inglês hacker e simples, a declaração se parece com isso:

```
result = comparison ? if_true : if_false;
```

A declaração começa com uma comparação. Qualquer comparação de uma declaração if funciona, como todos os operadores, matemáticos e lógicos. Normalmente, coloco a comparação entre parênteses, embora não seja necessário.

Quando comparison é verdadeiro, a parte if_true da declaração é avaliada e esse valor é armazenado na variável result. Caso contrário, a solução if-false é armazenada.

Exercício 8-22: Reescreva o código-fonte da Listagem 8-10, utilizando uma estrutura if-else para carregar a decisão e resultado do operador ternário ?: na Linha 12.

Capítulo 9
Loops, Loops, Loops

Neste Capítulo

- Entendendo Loops
- Explorando o loop `for`
- Criando loops `for` aninhados
- Trabalhando com o loop `while`
- Utilizando um loop `do-while`
- Evitando um loop infinito

Programas adoram fazer coisas repetidas vezes, alegremente. Eles nunca reclamam, nunca se cansam. Na verdade, eles repetirão coisas para sempre, a não ser que você codifique adequadamente instruções para quando parar. De fato, o loop é um conceito de programação básico. Faça-o direito. Faça-o direito. Faça-o direito.

Um Pequeno Déjà Vu

Um *loop* é uma seção de código que se repete. Com que frequência? Isso depende de como você escreve o loop. Basicamente, um loop envolve três coisas:

- Inicialização
- Uma ou mais declarações que se repetem
- Uma saída

A *inicialização* configura o loop, normalmente especificando uma condição na qual o loop começa ou é ativado. Por exemplo: "Comece a contagem em 1".

As declarações que se repetem são contidas em chaves. Elas continuam a ser executadas, uma após a outra, até que a condição de saída seja alcançada.

A *condição de saída* determina quando o loop para. Pode ser uma condição que é alcançada, como "Pare quando o contador for igual a 10", ou quando uma declaração `break` é encontrada. A execução do programa continua com a próxima declaração, depois da chave final do loop.

Ter uma condição de saída talvez seja a parte mais importante de um loop. Sem ela, o loop se repete para sempre em uma condição chamada *loop infinito*. Veja a seção posterior "Fazendo loops eternamente".

A linguagem C apresenta duas palavras-chave para fazer loops: `for` e `while`. Auxiliando a palavra-chave `while`, está a palavra-chave `do`. A palavra-chave `goto` também pode ser usada para fazer loops, mas deve ser evitada.

A emoção dos Loops for

Um *loop* é simplesmente um grupo de declarações que se repetem. Você pode configurar um número de repetições ou o número de repetições pode ser baseado em um valor. De qualquer maneira, a palavra-chave `for` configura esse tipo básico de loop.

Fazendo alguma coisa x número de vezes

É completamente possível, e até uma solução válida, escrever um código-fonte que exiba a mesma linha de texto dez vezes. Você poderia copiar e colar uma declaração `printf()` várias vezes para fazer o trabalho. Simples, mas não seria um loop. (Veja a Listagem 9-1.)

Listagem 9-1:   Escreva Isso Dez Vezes!

```
#include <stdio.h>

int main()
{
    int x;

    for(x=0; x<10; x=x+1)
    {
        puts("Sore shoulder surgery");
    }
    return(0);
}
```

Exercício 9-1: Crie um novo projeto, utilizando o código-fonte da Listagem 9-1. Digite tudo cuidadosamente, em especial a Linha 7. Monte e execute.

Como saída, o programa expele a frase *Sore shoulder surgery* dez vezes, em dez linhas de texto. A chave, claro, está na Linha 7, a declaração `for`. Essa declaração orienta o programa a repetir a(s) declaração(ões) entre chaves um total de dez vezes.

Exercício 9-2: Utilizando o código-fonte da Listagem 9-1 novamente, substitua o valor 10 na Linha 7 pelo valor 20. Monte e execute.

Introduzindo o loop for

O loop `for` é normalmente o primeiro tipo de loop que você encontra quando aprende a programar. Parece complexo, mas é porque está fazendo tudo o que é pedido de um loop — em uma única declaração:

```
for(initialization; exit_condition; repeat_each)
```

Ele funciona assim:

`initialization` é a declaração de linguagem C que é avaliada no início do loop. Frequentemente, é onde a variável utilizada para contar as repetições do loop tem o seu início.

`exit_condition` é o teste, no qual o loop para. Em um loop `for`, as declarações continuam a se repetir enquanto a condição de saída for verdadeira. A expressão usada para a *exit_condition* é mais frequentemente uma comparação, parecida com algo que você encontraria em uma declaração `if`.

`repeat_each` é a declaração que é executada uma vez a cada repetição. É normalmente uma operação que afeta a variável que é inicializada na primeira parte da declaração `for`.

A declaração `for` é seguida por um grupo de declarações mantidas em chaves:

```
for(x=0; x<10; x=x+1)
{
    puts("Sore shoulder surgery");
}
```

Você pode omitir as chaves, quando apenas uma declaração é especificada:

```
for(x=0; x<10; x=x+1)
    puts("Sore shoulder surgery");
```

Nesta declaração `for`, e da Listagem 9-1, a primeira expressão é a inicialização:

```
x=0
```

O valor da variável `int x` é configurado como 0. Em programação C, você começa a contar com 0, não com 1. As vantagens disso você verá no decorrer do seu trabalho com este livro.

A segunda expressão configura a condição de saída do loop:

```
x<10
```

Enquanto o valor da variável x for menor que 10, o loop se repete. Uma vez que essa condição for falsa, o loop para. O efeito final é que o loop se repete dez vezes. Isso porque x começa em 0, não em 1.

Finalmente, aqui está a terceira expressão:

```
x=x+1
```

Toda vez que o loop gira, o valor da variável x é aumentado em 1. A declaração anterior é lida "Variável x é igual ao valor da variável x, mais 1". Como C avalia o lado direito da equação primeiro, não erra nada. Então, se o valor de x for 5, o código é avaliado como:

```
x=5+1
```

O novo valor de x seria 6.

Tudo dito, leio a expressão desta maneira:

```
for(x=0; x<10; x=x+1)
```

"Para x começar em 0, enquanto x for menor que 10, incrementar x."

A Listagem 9-2 mostra outro exemplo de um loop `for` simples. Exibe valores de -5 até 5.

Listagem 9-2: Contando com um Loop

```c
#include <stdio.h>

int main()
{
    int count;

    for(count=-5; count<6; count=count+1)
    {
        printf("%d\n",count);
    }
    return(0);
}
```

Exercício 9-3: Digite o código-fonte da Listagem 9-2 em um novo projeto. Monte e execute.

Exercício 9-4: Crie um novo projeto, utilizando o código-fonte da Listagem 9-2 como ponto de partida. Exiba os valores de 11 até 19. Separe cada valor por um caractere tab, \t. Utilize o sinal <= para a comparação que termina o loop. Limpe a exibição, adicionando um caractere final de nova linha quando o loop terminar.

> ✔ A declaração for utiliza dois sinais de ponto e vírgula para separar cada item, e não vírgulas. Mesmo assim:
>
> ✔ É possível especificar duas condições em uma declaração for utilizando vírgulas. Essa configuração é muito rara; então, não a deixe lhe enganar. Veja a seção posterior "Estragando um loop" para um exemplo.

Contando com a declaração for

Você usará a declaração for muito frequentemente em suas viagens de codificação. A Listagem 9-3 mostra outra variação de contagem.

Listagem 9-3:   Contando por Dois

```
#include <stdio.h>

int main()
{
    int duo;

    for(duo=2;duo<=100;duo=duo+2)
    {
        printf("%d\t",duo);
    }
    putchar('\n');
    return(0);
}
```

Exercício 9-5: Crie um novo projeto, utilizando a Listagem 9-3 como seu código-fonte. Compile e execute.

A saída do programa exibe valores pares de 2 até 100. O valor 100 é exibido porque a condição "while true" na declaração for utiliza <= (menor ou igual a). A variável duo conta de dois em dois por causa desta expressão:

```
duo=duo+2
```

Na Linha 9, a função `printf()` utiliza `\t` para exibir tabs (embora os números possam não se alinhar perfeitamente em uma exibição de 80 colunas). Também, a função `putchar()` inclui um caractere de nova linha na Linha 11.

Exercício 9-6: Modifique o código-fonte da Listagem 9-3 para que a saída comece com o número 3 e exiba múltiplos de 3 até 100.

Exercício 9-7: Crie um programa que conte de trás para frente, de 25 até 0.

Letras em looping

A Listagem 9-4 mostra outra maneira de "contar" utilizando um loop `for`.

Listagem 9-4: Contando por Letra

```
#include <stdio.h>

int main()
{
    char alphabet;

    for(alphabet='A';alphabet<='Z';alphabet=alphabet+1)
    {
        printf("%c",alphabet);
    }
    putchar('\n');
    return(0);
}
```

Antes de digitar o código-fonte da Listagem 9-4, consegue adivinhar qual pode ser a saída? Faz sentido pra você?

Exercício 9-8: Utilize o código-fonte da Listagem 9-4 para criar um projeto. Monte e execute.

Exercício 9-9: Modifique a função `printf()` na Linha 9 para que o marcador de posição `%d` seja utilizado em vez de `%c`.

> **LEMBRE-SE**
> Computadores veem caracteres como números. Apenas quando números são exibidos e caem na gama de código ASCII para caracteres é que os caracteres aparecem. (Veja o Apêndice A para a lista de código ASCII de caracteres.)

Exercício 9-10: Utilizando a Listagem 9-4 como inspiração, escreva um loop `for` que "conte" de trás para frente de z (minúsculo) até a (minúsculo).

Aninhando loops for

Algo que você pode colocar dentro de um loop for é outro loop for. Pode parecer maluquice fazer um loop dentro de um loop, mas é uma prática comum. O jargão oficial é *loop aninhado*. A Listagem 9-5 mostra um exemplo.

Listagem 9-5:   Um Loop Aninhado

```
#include <stdio.h>

int main()
{
    int alpha,code;

    for(alpha='A';alpha<='G';alpha=alpha+1)
    {
        for(code=1;code<=7;code=code+1)
        {
            printf("%c%d\t",alpha,code);
        }
        putchar(,\n');       /* end a line of text */
    }
    return(0);
}
```

Não deixe todos esses parágrafos te intimidarem; eles servem para deixar o código mais legível. Parágrafos também ajudam a mostrar qual declaração pertence a qual loop for porque todos eles se alinham na mesma tabulação.

A Linha 7 na Listagem 9-5 começa com o primeiro, o loop for externo. Ele conta das letras A a G. Também contém o segundo, o loop for interno, e uma função putchar() na Linha 13. Essa função ajuda a organizar a saída em linhas, incluindo uma nova linha depois de cada linha exibida.

A função printf() na Linha 11 exibe a saída do programa, especificando o valor do loop externo, alpha, e o valor do loop interno, code. A sequência de escape \t separa a saída.

Exercício 9-11: Digite o código-fonte da Listagem 9-5 no seu editor. Monte e execute.

Aqui está a saída que vejo no meu computador:

```
A1   A2   A3   A4   A5   A6   A7
B1   B2   B3   B4   B5   B6   B7
C1   C2   C3   C4   C5   C6   C7
D1   D2   D3   D4   D5   D6   D7
E1   E2   E3   E4   E5   E6   E7
F1   F2   F3   F4   F5   F6   F7
G1   G2   G3   G4   G5   G6   G7
```

Um loop aninhado triplo contém três declarações for, que continuam a cascata mostrada na Listagem 9-5. Enquanto você conseguir combinar as chaves com cada declaração for (e isso é fácil, graças aos editores modernos), conseguirá realizar isso muito facilmente.

Exercício 9-12: Escreva um programa gerador de acrônimo de três letras. A saída do programa lista todas as combinações de três letras de AAA até ZZZ, cada uma escrita em uma linha diferente.

Escrevi um programa parecido com a solução do Exercício 9-12 como um dos meus primeiros projetos de programação. Os computadores, naquela época, eram tão lentos que a saída demorava por volta de dez segundos para executar. Nos computadores de hoje em dia, a saída é praticamente instantânea.

A Alegria do Loop while

Outra palavra-chave popular para fazer loop em C é while. Ela tem uma companheira, do. Por isso, programadores referem-se a este tipo de loop tanto como while quanto como do-while. A linguagem C não possui ainda um tipo de loop do-whacka-do, como na música de Roger Miller.

Estruturando um loop while

O loop while da linguagem C é muito mais fácil de observar do que um loop for, mas ele envolve configurações e preparações mais cuidadosas. Basicamente, ele funciona assim:

```
while(condition)
{
    statement(s);
}
```

Condition é uma comparação verdadeira/falsa, como as que você encontra em uma declaração if. A condition é verificada todas as vezes em que o loop se repete. Enquanto for verdadeira, o loop gira e a declaração (ou declarações) entre as chaves continuam a executar.

Como a avaliação (condição) acontece no início do loop, este deve ser inicializado antes da declaração while, como mostrado na Listagem 9-6.

Então, como o loop while finaliza? O fim acontece dentro das declarações do loop. Normalmente, uma das declarações afeta a avaliação, tornando-a falsa.

Depois que o loop while é finalizado, a execução do programa continua com a próxima declaração depois da chave final.

Um loop while também pode dispensar as chaves, quando possuir apenas uma declaração:

```
while(condition)
    statement;
```

Listagem 9-6:   **A Versão while da Listagem 9-1**

```c
#include <stdio.h>

int main()
{
    int x;

    x=0;
    while(x<10)
    {
        puts("Sore shoulder surgery");
        x=x+1;
    }
    return(0);
}
```

O loop while demonstrado na Listagem 9-6 tem três partes:

- A inicialização acontece na Linha 7, onde a variável x é configurada como igual a 0.
- A condição de saída do loop está contida dentro dos parênteses da declaração while, como mostrado na Linha 8.
- O item que repete o loop é encontrado na Linha 11, onde a variável x tem seu valor aumentado. Ou, como programadores diriam, "A variável x é *incrementada*".

Exercício 9-13: Crie um novo projeto, ex0913, utilizando o código-fonte da Listagem 9-6. Monte e execute.

Exercício 9-14: Mude a Linha 7 do código-fonte para que o valor 13 seja atribuído à variável x. Monte e execute. Você pode explicar a saída?

Exercício 9-15: Escreva um programa que utilize o loop while para exibir valores de -5 até 5, utilizando um aumento de 0.5.

Utilizando um loop do-while

O loop `do-while` pode ser descrito como um loop `while` de ponta-cabeça. Isso faz sentido, especialmente quando você olha para a estrutura da coisa:

```
do
{
    statement(s);
} while (condition);
```

Como com o loop `while`, a inicialização deve acontecer antes de entrar no loop e uma das declarações deve afetar a condição para que o loop saia. A declaração `while`, porém, aparece depois da última chave. A declaração `do` começa a estrutura.

Por causa da estrutura inversa, a principal diferença entre um loop `while` e um loop `do-while` é que o loop `do-while` é sempre executado pelo menos uma vez. Então, você poderá empregar melhor este tipo de loop quando precisar garantir que as declarações rodem uma vez. Da mesma maneira, evite `do-while` quando não quiser que as declarações se repitam, a não ser que a condição seja verdadeira. (Veja Listagem 9-7.)

Listagem 9-7:   A Sequência de Fibonacci

```c
#include <stdio.h>

int main()
{
    int fibo,nacci;

    fibo=0;
    nacci=1;

    do
    {
        printf("%d ",fibo);
        fibo=fibo+nacci;
        printf("%d ",nacci);
        nacci=nacci+fibo;
    } while( nacci < 300 );

    putchar('\n');
    return(0);
}
```

Exercício 9-16: Digite o código-fonte da Listagem 9-7 em um novo projeto, ex0916. Cuidado com sua digitação! A última declaração `while` (veja Linha 16) deve terminar com um ponto e vírgula. Caso contrário, o compilador ficará todo irritado com você.

Aqui está a saída.

```
0  1  1  2  3  5  8  13  21  34  55  89  144  233
```

O loop começa nas Linhas 7 e 8, onde as variáveis são inicializadas.

As Linhas 12 até 15 calculam os valores de Fibonacci. Duas funções `printf()` exibem os valores.

O loop termina na Linha 16, onde a declaração `while` faz sua avaliação. Enquanto a variável *nacci* for menor que `300`, o loop se repete. Você poderá ajustar para um valor maior, se desejar direcionar o programa a fazer a saída de mais números de Fibonacci.

Na Linha 18, a declaração `putchar()` limpa a saída, adicionando um caractere de nova linha.

Exercício 9-17: Repita o exercício 9-14 como um loop `do-while`.

Coisas de Loop

Eu poderia falar de loops o dia todo, me repetindo sem parar! Entretanto, antes de continuarmos, gostaria de passar algumas dicas e armadilhas sobre loops. São coisas que você deveria saber, antes de conseguir seu certificado como Programador de Looping *Para Leigos*.

Fazendo loops infinitos

Cuidado com loops infinitos!

Quando um programa entra em um loop infinito, ou ele não para de fazer saídas ou ele simplesmente não faz nada. Bem, ele estará fazendo o que você pediu que fizesse, que é sentar e girar para sempre. Às vezes, essa configuração é feita de propósito, mas, na maioria das vezes, acontece por erro do programador. Da maneira como os loops são configurados em C, é fácil fazer um loop *ad infinitum* sem querer.

A Listagem 9-8 ilustra um loop infinito comum, que é um erro de programação, não um erro de sintaxe.

Listagem 9-8: Um Jeito Comum de Fazer um Loop Infinito

```
#include <stdio.h>

int main()
{
    int x;

    for(x=0;x=10;x=x+1)
    {
        puts("What are you lookin' at?");
    }
    return(0);
}
```

O problema com o código na Listagem 9-8 é que a condição de saída da declaração `for` é sempre verdadeira: `x=10`. Leia novamente, se você não entendeu da primeira vez, ou apenas faça o exercício 9-18.

Exercício 9-18: Digite o código-fonte da Listagem 9-8. Salve, monte e execute.

O compilador pode lhe avisar sobre a condição constantemente VERDADEIRA na declaração `for`. O Code::Blocks deverá fazer isso, e qualquer outro compilador também, se você tiver ajustado as verificações de erro deles. Caso contrário, o programa compilará e executará — infinitamente.

✔ Para quebrar um loop infinito, pressione Ctrl+C no teclado. Esse truque funciona apenas para programas de console e pode não funcionar sempre. Se não funcionar, você precisará finalizar o processo em execução5968, que é algo que não tenho tempo de explicar neste livro.

✔ Loops infinitos também são chamados de *loops sem fim*.

Fazendo loops infinitos, mas de propósito

Ocasionalmente, o programa precisa de um loop infinito. Por exemplo, um microcontrolador pode carregar um programa que roda enquanto o dispositivo estiver ligado. Quando você configura este loop de propósito em C, uma das duas declarações é usada:

```
for(;;)
```

Eu leio esta declaração como "para sempre". Sem itens entre os parênteses, mas ainda com os dois pontos e vírgulas necessários, o loop `for` repete eternamente — até mesmo depois que as vacas tussam. Aqui está o loop `while` equivalente:

```
while(1)
```

O valor entre parênteses não precisa ser necessariamente 1; qualquer valor Verdadeiro ou diferente de zero funciona. Ocorre, porém, que, quando o loop é infinito de propósito, a maioria dos programadores costuma configurar o valor como 1 simplesmente para registrar que eles sabem o que está acontecendo.

Você poderá ver um exemplo de um loop infinito de propósito na próxima seção.

Saindo de um loop

Qualquer loop pode ser finalizado instantaneamente — incluindo loops infinitos — utilizando a declaração break dentro do grupo de repetição de declarações do loop. Quando break é encontrado, o loop para e a execução do programa continua com a próxima declaração depois da chave final do loop. A Listagem 9-9 demonstra o processo.

Listagem 9-9:   Me Tire Daqui!

```
#include <stdio.h>

int main()
{
    int count;

    count = 0;
    while(1)
    {
        printf("%d, ",count);
        count = count+1;
        if( count > 50 )
            break;
    }
    putchar('\n');
    return(0);
}
```

O loop while na Linha 8 é configurado para continuar para sempre, mas o teste if na Linha 12 pode pará-lo: quando o valor de count é maior que 50, a declaração break é executada (veja Linha 13) e o loop para.

Exercício 9-19: Monte e execute um novo projeto, utilizando o código-fonte da Listagem 9-9.

Exercício 9-20: Reescreva o código-fonte da Listagem 9-9 para que um loop for infinito seja usado em vez de um loop while infinito.

Você não precisa construir um loop infinito para usar a declaração `break`. Você pode sair de qualquer loop. Quando o faz, a execução prossegue a partir da primeira declaração depois da chave final do loop.

Estragando um loop

Sei duas maneiras comuns de estragar um loop. Esses pontos críticos aparecem tanto para iniciantes quanto para profissionais. O único jeito de evitar esses pontos é manter um olhar afiado para poder detectá-los rapidamente.

O primeiro erro é especificar uma condição que nunca poderá ser atendida; por exemplo:

```
for(x=1;x==10;x=x+1)
```

Na linha anterior, a condição de saída é falsa antes do loop rodar uma vez; então, o loop nunca será executado. Este erro é quase tão traiçoeiro quanto utilizar um operador de atribuição (um único sinal de igual) em vez do operador "é igual a" (como já mostrado).

Outro erro comum é colocar o ponto e vírgula no lugar errado, como em:

```
for(x=1;x<14;x=x+1);
{
    puts("Sore shoulder surgery");
}
```

Como a primeira linha, a declaração `for`, termina em um ponto e vírgula, o compilador entende que a linha é o loop inteiro. O código vazio se repete 13 vezes, que é o que a declaração `for` orienta. A declaração `puts()` é então executada uma vez.

O problema é pior com loops `while` porque a estrutura `do-while` requer um ponto e vírgula depois da declaração final `while`. Na verdade, esquecer esse ponto e vírgula em particular é também fonte de problemas. Para um loop `while` tradicional, você não deve fazer isso:

```
while(x<14);
{
    puts("Sore shoulder surgery");
}
```

A coisa mais estúpida sobre esses erros de ponto e vírgula é que o compilador não os encontra. Ele acredita que sua intenção é ter um loop sem declarações. Isso é possível, como mostrado na Listagem 9-10.

Evite o goto do inferno

A declaração do terceiro loop é a mais desprezada e é a palavra-chave mais baixa de todas da linguagem C. É a goto, que é pronunciada "gou tchu" e não "gôto." Ela direciona a execução do programa para outra linha do código-fonte, uma linha marcada por uma etiqueta. Aqui está um exemplo:

```
here:
    puts("This is a type of
    loop");
goto here;
```

Enquanto este pedaço de código executa, a etiqueta here é ignorada. A função puts() vem a seguir, e, finalmente, goto redireciona o fluxo do programa de volta para a etiqueta here. Tudo se repete, tudo funciona, mas é muito feio.

Programadores mais espertos podem fazer seus códigos de maneira que não haja necessidade do goto. O resultado final será algo mais legível — e esta é a chave. Código que contém muitas declarações goto podem ser difíceis de seguir, levando programadores experientes a descrevê-los como *códigos espaguete*. A declaração goto encoraja hábitos desleixados.

O único momento em que o goto é realmente necessário é quando estamos saindo de um loop aninhado. Até nesta situação, um exemplo seria forçado. Então, podemos dizer que você fará carreira em programação e, com sorte, nunca terá que lidar com uma declaração goto em C.

Listagem 9-10: **Um Loop for Sem Corpo**

```
#include <stdio.h>

int main()
{
    int x;

    for(x=0;x<10;x=x+1,printf("%d\n",x))
        ;
    return(0);
}
```

No exemplo mostrado na Listagem 9-10, o ponto e vírgula é colocado na linha depois da declaração for (veja a Linha 8 na Listagem 9-10). Isso mostra a intenção deliberada.

Você pode ver que existem dois itens dentro dos parênteses da declaração for, ambos separados por uma vírgula. Isso é perfeitamente legal, e funciona, embora não seja muito legível.

Exercício 9-21: Digite o código-fonte da Listagem 9-10 no seu editor. Monte e execute.

Embora você possa carregar itens nos parênteses de uma declaração for, isso é raro e definitivamente não recomendado, pelo bem da legibilidade.

Capítulo 10
Diversão com Funções

Neste Capítulo
- Criando uma função
- Evitando o protótipo
- Trabalhando com variáveis em uma função
- Passando argumentos a uma função
- Retornando valores de uma função
- Utilizando `return` para sair de uma função

Quando se trata de cumprir a tarefa, são as funções de um programa que fazem o trabalho pesado. A linguagem C vem com bibliotecas cheias de funções, que ajudam a apoiar o básico da linguagem, as palavras-chave, os operadores e assim por diante. Quando essas funções da biblioteca ficam escassas, você precisa inventar suas próprias funções.

Anatomia de uma Função

As ferramentas necessárias para criar suas próprias funções são simples. Depois de decidir o propósito da função, você deve dar a ela um nome único, jogar alguns parênteses e chaves e praticamente estará pronto. Claro, a realidade é um pouco mais complicada, mas não é nada além do que tratei nas primeiras duas partes deste livro.

Construindo uma função

Todas as funções são apelidadas com um nome, que deve ser único; tanto duas funções quanto uma função não podem ter o mesmo nome de uma palavra-chave.

O nome é seguido por parênteses, que, por sua vez, são seguidos por um par de chaves. Então, em sua construção simples, uma função se parece com isso:

```
type function() { }
```

Na linha anterior, `type` define o valor retornado ou gerado por uma função. Opções para `type` incluem todos os tipos básicos de variáveis C — `char`, `int`, `float`, `double` — e também `void` para funções mesquinhas que não retornam nada.

`function` é o nome da função. É seguido por um par de parênteses, que podem, opcionalmente, conter valores passados para a função. Esses valores são chamados *argumentos*. Nem todas as funções apresentam argumentos. Então, vêm as chaves e qualquer declaração que ajude a função a fazer o que precisa.

Funções que retornam um valor devem utilizar a palavra-chave `return`. A declaração `return` pode tanto terminar a função diretamente ou retornar um valor para a declaração que chamou a função. Por exemplo:

```
return;
```

Esta declaração finaliza uma função e não passa um valor. Qualquer declaração na função depois de `return` é ignorada.

```
return(something);
```

Essa declaração retorna o valor da variável `something` para a declaração que chamou a função. A variável `something` deve ser do mesmo tipo da função, uma `int`, `float`, e assim por diante.

Funções que não retornam valores são declaradas como do tipo `void`. Essas funções terminam com a última declaração mantida entre chaves; uma declaração `return` não é necessária.

> **LEMBRE-SE**
>
> Mais uma coisa importante! Funções devem ser *prototipadas* no seu código. Isso para que o compilador entenda a função e cuide para que você a utilize da maneira adequada. O protótipo descreve o valor retornado e qualquer valor enviado para a função. O protótipo pode aparecer como uma declaração no topo do seu código-fonte. A Listagem 10-1 mostra um exemplo na Linha 3.

Listagem 10-1: Função Básica; Sem Return

```c
#include <stdio.h>

void prompt();          /* protótipo da função */

int main()
{
    int loop;
    char input[32];

    loop=0;
    while(loop<5)
    {
        prompt();
        fgets(input,31,stdin);
        loop=loop+1;
    }
    return(0);
}

/* Exibe um prompt */

void prompt()
{
    printf("C:\\DOS> ");
}
```

Exercício 10-1: Use o código-fonte da Listagem 10-1 para criar um projeto, ex1001. Monte e execute.

O programa exibe um prompt cinco vezes, permitindo a digitação de vários comandos. Claro que nada acontecerá quando digitar, mas você poderá programar essas ações mais tarde, se quiser. Aqui está como o programa trabalha em relação à criação de uma função.

A Linha 3 lista o protótipo da função. É essencialmente uma cópia da primeira linha da função (da Linha 22), só que termina em um ponto e vírgula. Também pode ser escrita assim:

```
void prompt(void);
```

Já que a função não necessita de nenhum argumento (os itens entre parênteses), você pode usar a palavra-chave `void` lá também.

A Linha 13 acessa a função. A função é chamada como sua própria declaração. Ela não necessita de nenhum argumento e nem retorna valor algum. Aparece em uma linha sozinha, como mostrado na listagem. Quando o programa encontra essa declaração, a execução do programa pula a função. As declarações da função são executadas e, então, o controle retorna para a próxima linha do código depois da função ter sido chamada.

As Linhas 22 a 25 definem a própria função. O tipo da função é especificado na Linha 22, seguido pelo nome da função e os parênteses. Assim como no protótipo, você poderá especificar `void` nos parênteses porque nenhum argumento está sendo passado para a função.

A única declaração da função é mantida entre chaves. A função `prompt()` faz apenas a saída de um prompt utilizando a função `printf()`, o que faz parecer que a função não é necessária, mas muitos exemplos de funções de uma linha são encontrados em diversos programas.

Exercício 10-2: Modifique o código-fonte da Listagem 10-1 para que um loop `while` apareça em sua própria função. (Copie as Linhas 7 a 16 em uma nova função.) Nomeie esta função como `busy()` e faça com que a função `main()` a chame.

- C não tem limites sobre o que se pode fazer em uma função. Qualquer declaração que possa ser incluída na função `main()` pode ir em qualquer função. De fato, `main()` é apenas outra função no seu programa, embora seja a função chefe deste.

- Quando declarar uma função do tipo `int` ou `char`, você também poderá especificar `signed`, `unsigned`, `long` e `short`, conforme apropriado.

- A função `main()` tem argumentos; então, não fique tentado a editar seus parênteses vazios e colocar a palavra `void` lá. Em outras palavras, esta construção está errada:

```
int main(void)
```

- A função `main()` em C tem dois argumentos. É possível evitar listá-los, quando você não for utilizá-los, mantendo os parênteses vazios. O Capítulo 15 discutirá a utilização de argumentos da função `main()`.

- Outras linguagens de programação podem se referir a uma função como *sub-rotina* ou *procedimento*.

Prototipar (ou não)

O que acontece quando você não faz o protótipo? Como tudo em programação, quando você erra, o compilador ou o vinculador lhe avisa com uma mensagem de erro — ou o programa apenas não executa adequadamente. Não é o fim do mundo — não como programar um robô militar ou desenvolver o código genético para uma nova espécie de planta carnívora.

Exercício 10-3: Modifique o código-fonte do Exercício 10-1. Remova, através de comentário, o protótipo da Linha 3. Monte e execute.

Os erros do compilador são coisas maravilhosas, deliciosamente precisas, mas ainda inteiramente críticas. Aqui está a mensagem de erro gerada pelo Code::Blocks (listei apenas as partes relevantes da mensagem):

```
13 Warning: implicit declaration of function 'prompt'
23 Warning: conflicting types for 'prompt'
13 Warning: previous implicit declaration of 'prompt' was
            here
```

O primeiro aviso ocorre na Linha 13 no meu arquivo de código-fonte, onde a função prompt() é utilizada dentro da função main(). O compilador está informando que você está usando uma função sem um protótipo. Como a mensagem de erro diz, você está declarando uma função implicitamente. Isso não é um erro aceitável, mas também não é um erro completo.

O segundo aviso ocorre quando existe uma função prompt() no programa. No meu código-fonte, ela está na Linha 23. O aviso diz que prompt() já estava declarada (na Linha 11) e que um segundo uso pode conflitar com o primeiro.

O último aviso é uma referência a onde a função foi chamada, novamente na Linha 13.

Colocando de forma sucinta: o compilador não tem ideia do que acontece com a função prompt(). Seu código compila, mas é um risco executá-lo.

Você pode chegar à conclusão que fazer um protótipo é uma necessidade absoluta em seu código C. Isso não é totalmente verdadeiro. Você pode evitar fazer protótipos, reordenando as funções no seu código-fonte. Enquanto uma função estiver listada antes de ser usada, você não precisará de um protótipo.

Exercício 10-4: Edite seu código-fonte do Exercício 10-3. Remova o protótipo da função que foi retirado por comentário na Linha 3. Corte e cole (mova) a função prompt() do final da listagem do código-fonte para o topo, acima da função main(). Salve, monte e execute.

A Listagem 10-2 mostra o que criei como solução para o Exercício 10-4.

Listagem 10-2: Evitando Protótipos de Função

```c
#include <stdio.h>

/* Exibe prompt */

void prompt(void)
{
    printf("C:\\DOS> ");
}

int main()
{
    int loop;
    char input[32];

    loop=0;
    while(loop<5)
    {
        prompt();
        fgets(input,31,stdin);
        loop=loop+1;
    }
    return(0);
}
```

Neste livro, assim como em meus próprios programas, escrevo a função `main()` primeiro, seguida por outras funções. Acho que esse método proporciona uma legibilidade melhor, mas você está livre para colocar suas próprias funções primeiro com o objetivo de evitar fazer protótipos. Se você optar por não fazer, lembre-se que outros programadores podem fazer dessa maneira. Sendo assim, não se surpreenda quando vir isso.

Mensagens de erros do compilador no Code::Blocks têm parênteses depois delas. Os comentários entre parênteses referem-se ao *switch*, ou opção de linha de comando tradicional, que permite a verificação de um aviso particular. Por exemplo, as mensagens de erro do Exercício 10-3 lidas na íntegra:

```
11 Warning: implicit declaration of function 'prompt'
       (-Wimplicit-function-declaration)
20 Warning: conflicting types for 'prompt' (enabled by
       default)
```

Eu não listo esses itens nesta seção porque eles entulham a maneira que o texto se apresenta, como você pode ver no exemplo anterior.

Funções e Variáveis

Adoro dizer que funções têm que funcionar. Isto é, elas precisam fazer alguma coisa, trabalhar como uma máquina que, de alguma maneira, manipula a entrada ou gera a saída. Para fazer isso acontecer, você precisa saber como empregar variáveis para/de/em uma função.

Utilizando variáveis em funções

Funções que utilizam variáveis devem declarar essas variáveis — assim como a função `main()` faz. Na verdade, é praticamente a mesma coisa. A maior diferença, que você precisa lembrar, é que variáveis declaradas e utilizadas em uma função são locais àquela função. Ou, para colocar em linguagem coloquial, o que acontece em uma função fica em uma função. Veja a Listagem 10-3.

Listagem 10-3:   Variáveis Locais em uma Função

```
#include <stdio.h>

void vegas(void);

int main()
{
    int a;

    a = 365;
    printf("In the main function, a=%d\n",a);
    vegas();
    printf("In the main function, a=%d\n",a);
    return(0);
}

void vegas(void)
{
    int a;

    a = -10;
    printf("In the vegas function, a=%d\n",a);
}
```

Ambas as funções `main()` e `vegas()` declaram uma variável `int a`. À variável é atribuído o valor `365` na Linha 9 da `main()`. Na função `vegas()`, é atribuído à variável a o valor -10 na Linha 20. Você pode prever a saída do programa para a função `printf()` na Linha 12?

Exercício 10-5: Crie um novo projeto, utilizando o código-fonte da Listagem 10-3. Monte e execute.

Aqui está a saída que vejo:

```
In the main function, a=365
In the vegas function, a=-10
In the main function, a=365
```

Embora o mesmo nome de variável seja utilizado em ambas as funções, elas possuem valores diferentes. Isso porque variáveis em C são locais às suas funções: uma função não pode mudar o valor de uma variável em outra função, mesmo que ambas as variáveis sejam do mesmo tipo e possuam o mesmo nome.

> ✔ Minha advertência feita anteriormente neste livro sobre não duplicar nomes de variáveis não se mantém para variáveis em outras funções. Você poderia ter 16 funções em seu código e cada função utilizar a variável `alpha`. Isso é perfeitamente aceitável. Mesmo assim:
>
> ✔ Você não tem que utilizar os mesmos nomes de variáveis em todas as funções. A função `vegas()` da Listagem 10-3 poderia ter declarado sua variável como `pip` ou `wambooli`.
>
> ✔ Para permitir que múltiplas funções compartilhem uma variável, você deve especificar uma variável global. Esse tópico será evitado até o Capítulo 16.

Enviando um valor a uma função

O caminho certo para fazer uma função funcionar é dar a ela algo para mastigar — um pouco de dados. O processo é conhecido como *passar um argumento a uma função*, onde o termo *argumento* é utilizado em programação C para se referir a uma opção ou a um valor. Vem do termo matemático para variáveis em uma função; então, não há porque ter confusão.

Argumentos são especificados entre os parênteses de uma função. Como exemplo, está a função `puts()`, que aceita texto como um argumento, como em:

```
puts("You probably shouldn't have chosen that option.");
```

A função `fgets()` engole três argumentos de uma só vez:

```
fgets(buffer,27,stdio);
```

Argumentos podem ser variáveis ou valores imediatos e argumentos múltiplos são separados por vírgulas. O número e o tipo dos valores que uma função necessita devem ser especificados quando a função é escrita, e para seu protótipo também. A Listagem 10-4 ilustra um exemplo.

Listagem 10-4:   Passando um Valor a uma Função

```
#include <stdio.h>

void graph(int count);

int main()
{
```

```
    int value;

    value = 2;

    while(value<=64)
    {
        graph(value);
        printf("Value is %d\n",value);
        value = value * 2;
    }
    return(0);
}

void graph(int count)
{
    int x;

    for(x=0;x<count;x=x+1)
        putchar('*');
    putchar('\n');
}
```

Quando uma função consome um argumento, você deve dizer ao computador claramente que tipo de argumento é necessário. Na Listagem 10-4, tanto o protótipo na Linha 3 quanto a definição da função graph() na Linha 20 declaram que o argumento deve ser um int. A variável count é utilizada como um argumento int, que serve como o nome da variável dentro da função.

A função graph() é chamada na Linha 13, no meio do loop while, utilizando-se a variável value. Tudo bem: a variável que você passa para a função não precisa combinar com o nome da variável utilizada na função. Apenas o tipo da variável deve combinar e ambas, count e value, são do tipo int.

A função graph(), da Linha 20 até a Linha 27, exibe uma linha de asteriscos. O comprimento da linha (em caracteres) é determinado pelo valor enviado à função.

Exercício 10-6: Comece um novo projeto, utilizando o código-fonte da Listagem 10-4. Salve o projeto como ex1006. Monte. Você consegue adivinhar como se parecerá a saída antes de executar o programa?

Uma função não precisa necessariamente consumir variáveis. A função graph() da Listagem 10-4 pode devorar qualquer variável int, incluindo um valor imediato ou uma constante.

Exercício 10-7: Edite o código-fonte do Exercício 10-6, mudando a Linha 13 para que à função graph() seja passado o valor constante 64. Monte e execute.

É possível passar uma string a uma função, mas não recomendo que você o faça até ter lido o Capítulo 12 sobre arrays e, especialmente, o Capítulo 18 sobre ponteiros. Na realidade, uma string é uma array, e também é necessária uma mágica especial de linguagem C para passar uma array para uma função.

Enviando múltiplos valores a uma função

C não oferece limites para quantos argumentos uma função pode lidar. Desde que declare apropriadamente os argumentos como tipos específicos e separe todos com vírgulas, você pode empilhá-los como trabalhadores em um trem de manhã, de um jeito parecido com este protótipo:

```
void railway(int engine, int boxcar, int caboose);
```

Na linha anterior, a função `railway()` é prototipada. Ela necessita de três argumentos `int`: `engine`, `boxcar` e `caboose`. Três argumentos devem passar na função, como mostrado no protótipo.

Exercício 10-8: Modifique o código-fonte da Listagem 10-4 para que a função `graph()` aceite dois argumentos; o segundo é o caractere a ser exibido.

Criando funções que retornam valores

A grande maioria das funções de linguagem C retorna um valor; isto é, gera alguma coisa. Seu código pode não utilizar os valores, mas eles são retornados mesmo assim. Por exemplo, `putchar()` e `printf()` retornam valores e nunca vi um único programa utilizar esses valores.

A Listagem 10-5 ilustra uma função, a qual é enviado um valor e, então, retorna outro valor. Esta é a maneira como a maioria das funções trabalha, embora algumas retornem valores sem necessariamente receber algum. Por exemplo, `getchar()` retorna a entrada, mas não necessita de nenhum argumento. Na Listagem 10-6, a função `convert()` aceita um valor em Fahrenheit e retorna seu equivalente em Celsius.

Listagem 10-5: Uma Função que Retorna um Valor

```
#include <stdio.h>

float convert(float f);

int main()
{
    float temp_f,temp_c;
```

```
        printf("Temperature in Fahrenheit: ");
        scanf("%f",&temp_f);
        temp_c = convert(temp_f);
        printf("%.1fF is %.1fC\n",temp_f,temp_c);
        return(0);
}

float convert(float f)
{
        float t;

        t = (f - 32) / 1.8;
        return(t);
}
```

A Linha 3 da Listagem 10-5 declara o protótipo da função convert(). A função necessita de um valor com ponto flutuante e retorna um valor com ponto flutuante.

A função convert() é chamada na Linha 11. Seu valor retornado é armazenado na variável temp_c nessa mesma linha. Na Linha 12, printf() exibe o valor original e a conversão. O marcador de posição .1f é utilizado. Ele limita a saída com ponto flutuante para todos os números à esquerda do decimal, mas apenas um número à direita. (Veja o Capítulo 13 para uma descrição completa dos marcadores de posição da função printf().)

A função convert() começa na Linha 16. Ela utiliza duas variáveis: f contém o valor passado à função, a temperatura em Fahrenheit; a variável local, t, é utilizada para calcular o valor da temperatura em Celsius, declarada na Linha 18 e com fórmula atribuída na Linha 20.

A Linha 20 converte o valor em Fahrenheit de f em um valor Celsius de t. Os parênteses que cercam f - 32 orientam o compilador a realizar essa parte do cálculo primeiro e, então, dividir o resultado por 1.8. Se você omitir os parênteses, 32 será dividido por 1.8 primeiro, o que direcionará a um resultado incorreto. Veja o Capítulo 11 para informações sobre a ordem de precedência, que descreve como C prefere fazer equações matemáticas longas.

O resultado da função é retornado na Linha 21, utilizando a palavra-chave return.

Exercício 10-9: Digite o código-fonte da Listagem 10-5 no seu editor. Monte e execute.

Funções que retornam valores podem ter esse valor armazenado em uma variável, como mostrado na Linha 11 da Listagem 10-5, ou podem também utilizar o valor imediatamente. Por exemplo:

```
printf("%.1fF is %.1fC\n",temp_f,convert(temp_f));
```

Exercício 10-10: Edite o código-fonte da Listagem 10-5 para que a função `convert()` seja utilizada imediatamente na função `printf()`. *Dica:* essa não é a única linha que você precisará arrumar para fazer a mudança completa.

Observe que a função `convert()` sozinha tem um item redundante. Você realmente precisa da variável t nessa função?

Exercício 10-11: Edite seu código-fonte do Exercício 10-10 novamente, desta vez retirando a variável t da função `convert()`.

Honestamente, você poderia simplesmente eliminar a função `convert()` completamente, já que é apenas uma linha. Ainda assim, o benefício de uma função como essa é que pode ser chamada de qualquer lugar no seu código. Então, em vez de repetir a mesma coisa, e ter que editar esse pedaço de texto repetidamente quando algo muda, você simplesmente pode criar uma função. Esse tipo de coisa é perfeitamente legítima e feita o tempo todo em C.

Não apenas porque sou um cara bonzinho, mas também porque já foi referido anteriormente neste capítulo, a Listagem 10-6 mostra o meu resultado final do Exercício 10-11.

Listagem 10-6: Uma Versão Mais Apertada da Listagem 10-5

```
#include <stdio.h>

float convert(float f);

int main()
{
    float temp_f;

    printf("Temperature in Fahrenheit: ");
    scanf("%f",&temp_f);
    printf("%.1fF is %.1fC\n",temp_f,convert(temp_f));
    return(0);
}

float convert(float f)
{
    return(f - 32) / 1.8;
}
```

A matemática da função `convert()` é comprimida a uma linha, para que uma variável temporária de armazenamento (t da Linha 18 na Listagem 10-5) não seja necessária.

Retornando antes

A palavra-chave return pode sair de uma função a qualquer momento, enviando a execução de volta à declaração que chamou a função. Ou, no caso da função main(), return sai do programa. Essa regra se mantém mesmo quando return não retorna um valor, o que será verdadeiro para qualquer função void que você criar. Considere a Listagem 10-7.

Listagem 10-7:   Saindo de uma Função com return

```
#include <stdio.h>

void limit(int stop);

int main()
{
    int s;

    printf("Enter a stopping value (0-100): ");
    scanf("%d",&s);
    limit(s);
    return(0);
}

void limit(int stop)
{
    int x;

    for(x=0;x<=100;x=x+1)
    {
        printf("%d ",x);
        if(x==stop)
        {
            puts("You won!");
            return;
        }
    }
    puts("I won!");
}
```

O código-fonte simples mostrado na Listagem 10-7 chama uma função, limit(), com um valor específico que é lido na Linha 10. Um loop nessa função exibe números. Se uma combinação for feita com o argumento da função, uma declaração return (veja Linha 25) sairá da função. Caso contrário, a execução prosseguirá e a função simplesmente finalizará. Nenhuma função return é necessária no final da função porque nenhum valor é retornado.

Exercício 10-12: Crie um novo projeto, utilizando o código-fonte mostrado na Listagem 10-7. Monte e execute.

Um problema com o código é que ele não realiza verificação para garantir que a entrada seja feita apenas de valores de 0 a 100.

Exercício 10-13: Modifique o código da Listagem 10-7 para que uma segunda função, `verify()`, verifique e confirme se o valor da entrada está entre 0 e 100. A função deve retornar a constante VERDADEIRO (definida como 1) se o valor estiver dentro do intervalo ou FALSO (definida como 0) se não. Quando um valor estiver fora do intervalo, o programa deverá exibir uma mensagem de erro.

Claro, você sempre ganha depois que restringiu a entrada do Exercício 10-13 para um determinado intervalo. Talvez você possa descobrir outra maneira de codificar a função `limit()` para que o computador tenha uma chance — mesmo se ele trapacear?

Parte III
Construa Sobre o que Você Sabe

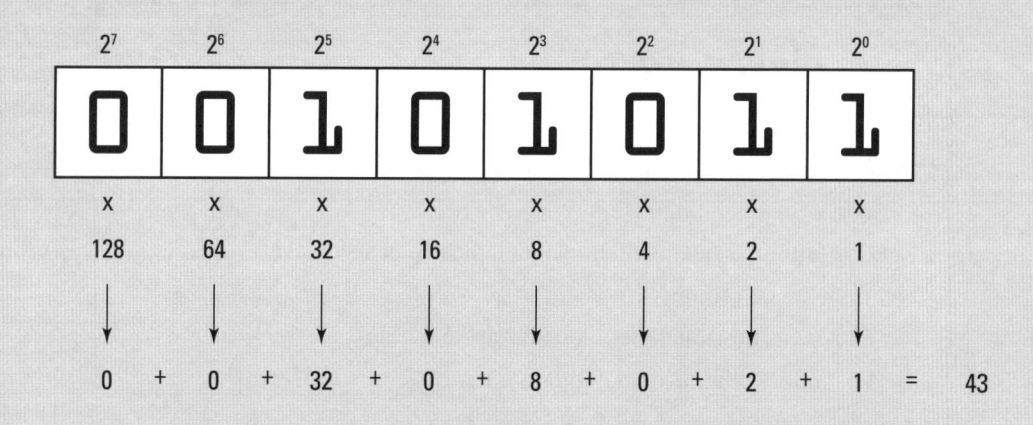

2^7	2^6	2^5	2^4	2^3	2^2	2^1	2^0
0	0	1	0	1	0	1	1
x	x	x	x	x	x	x	x
128	64	32	16	8	4	2	1
↓	↓	↓	↓	↓	↓	↓	↓
0 +	0 +	32 +	0 +	8 +	0 +	2 +	1 = 43

Nesta parte...

✔ Descubra como a matemática funciona na linguagem C
✔ Aumente o armazenamento da variável criando arrays
✔ Veja como manipular texto
✔ Crie estruturas que mantenham múltiplos tipos de variável
✔ Trabalhe no prompt de comando
✔ Explore as possibilidades para utilizar variáveis
✔ Vá fundo e brinque com números binários

Capítulo 11
O Capítulo Inevitável Sobre Matemática

Neste Capítulo

▶ Utilizando os operadores ++ e --
▶ Tornando o módulo útil
▶ Empregando vários atalhos de operadores
▶ Trabalhando com várias funções matemáticas
▶ Criando números aleatórios
▶ Entendendo a ordem de precedência

*U*ma das razões que me fez evitar computadores no início da vida é que eu tinha medo de matemática. Depois, aprendi que matemática não é tudo na área de programação. Por um lado, você precisa saber *um pouco* de matemática, especialmente quando um programa envolve cálculos complexos; por outro, é o computador que faz as contas — você só inclui a fórmula.

No universo da programação, a matemática é necessária, mas indolor. A maioria dos programas envolve algum tipo de matemática simples. Programação gráfica utiliza um monte de matemática. Jogos não seriam interessantes se não fossem por números aleatórios. Tudo isso é matemática. Acredito que, no final das contas, você vai perceber que ela é mais interessante do que medonha.

Operadores Matemáticos de Além do Infinito

Duas coisas fazem a matemática acontecer em programação C. A primeira são os operadores matemáticos, que lhe permitem construir equações matemáticas e fórmulas. Eles são mostrados na Tabela 11-1. A segunda são as funções matemáticas, que implementam cálculos complexos utilizando uma única palavra. Listar todas as funções em uma tabela ocuparia muito espaço.

Tabela 11-1	Operadores Matemáticos C	
Operador	*Função*	*Exemplo*
+	Adição	var=a+b
-	Substração	var=a-b
*	Multiplicação	var=a*b
/	Divisão	var=a/b
%	Módulo	var=a%b
++	Incrementar	var++
--	Decrementar	var--
+	Mais unário	+var
-	Menos unário	-var

- O Capítulo 5 introduziu os operadores matemáticos básicos: +, -, * e /. O resto não é tão difícil de entender — até mesmo o maligno módulo.
- Os operadores de comparação da linguagem C são utilizados para tomar decisões. Veja o Capítulo 8 para uma lista.
- Operadores lógicos também já foram tratados no Capítulo 8.
- O sinal de igual único, =, é um operador, embora não seja um operador matemático. É um operador de *atribuição*, utilizado para inserir um valor dentro de uma variável.
- Operadores *bitwise*, que manipulam partes individuais em um valor, serão tratados no Capítulo 17.
- O Apêndice C lista todos os operadores de linguagem C.

Incrementando e decrementando

Aqui vai um truque útil, especialmente para aqueles loops no seu código: os operadores de incrementar e decrementar. Eles são insanamente úteis.

Para adicionar um ao valor de uma variável, utilize ++, como em:

```
var++;
```

Depois que esta declaração é executada, o valor da variável var é aumentado (incrementado) em 1. É o mesmo ao escrever este código:

```
var=var+1;
```

Você verá ++ sendo utilizado por tudo, especialmente em loops for; por exemplo:

Capítulo 11: O Capítulo Inevitável Sobre Matemática

```
for(x=0;x<100;x++)
```

Esta declaração de looping se repete 100 vezes. É muito mais limpa do que escrever o alternativo:

```
for(x=0;x<100;x=x+1)
```

Exercício 11-1: Codifique um programa que exiba esta frase dez vezes: "Get off my lawn, you kids!" ("Saiam do meu gramado, seus pirralhos!") Use o operador de incrementar ++ na declaração de looping.

Exercício 11-2: Recodifique a resposta do Exercício 11-1, utilizando um loop while, se você utilizou um loop for, ou vice-versa.

O oposto do operador ++ é o operador de decrementação --, que são dois sinais de menos. Este operador diminui o valor da variável em 1; por exemplo:

```
var--;
```

A declaração anterior é o mesmo que

```
var=var-1;
```

Exercício 11-3: Escreva um programa que exiba valores de -5 até 5 e então volte até -5 com incrementos de 1. A saída deve se parecer com isso:

```
-5 -4 -3 -2 -1 0 1 2 3 4 5 4 3 2 1 0 -1 -2 -3 -4 -5
```

Este programa pode ser um pouco complicado. Por isso, em vez de deixar você procurar na internet, disponibilizo minha solução na Listagem 11-1. Por favor, não avance até ter tentado resolver o Exercício 11-3 sozinho.

Listagem 11-1: Contando para cima e para baixo

```
#include <stdio.h>

int main()
{
    int c;

    for(c=-5;c<5;c++)
        printf("%d ",c);
    for(;c>=-5;c--)
        printf("%d ",c);
    putchar('\n');
    return(0);
}
```

O ponto crucial do que quero que você veja acontece na Linha 9 da Listagem 11-1, mas também desempenha um papel forte na primeira declaração for na Linha 7. Você pode suspeitar que o loop contando de -5 a 5 deveria ter o valor 5 como condição para parar, como em:

```
for(c=-5;c<=5;c++)
```

O problema com esta construção é que o valor de c é incrementado para começar o fim do loop, o que significa que c será igual a 6 quando o loop finalizar. Se c continuar como menor que 5, como feito na Linha 7, então c será automaticamente configurado como 5 quando o segundo loop começar. Portanto, na Linha 9, nenhuma inicialização de variável na declaração for é necessária.

Exercício 11-4: Construa um programa que exiba valores de -10 a 10 e, então, de volta para -10. Dê passos em incrementos de 1, como feito na Listagem 11-1, mas utilize dois loops while para exibir os valores.

Pré-fixando os operadores ++ e --

O operador ++ sempre incrementa o valor de uma variável e o operador -- sempre decrementa. Sabendo disso, considere esta declaração:

```
a=b++;
```

Se o valor da variável b é 16, você sabe que seu valor será 17 depois da operação ++. Então, qual o valor da variável a – 16 ou 17?

De um modo geral, equações matemáticas em linguagem C são lidas da esquerda para a direita. (Veja a seção posterior "A Sagrada Ordem da Precedência" para especificações.) Baseado nesta regra, depois que a declaração anterior for executada, o valor da variável a será 16 e o valor da variável b será 17. Certo?

O código-fonte na Listagem 11-2 ajudará a responder à pergunta sobre o que acontece com a variável a quando você incrementa a variável b do lado direito do sinal de igual (o operador de atribuição).

Listagem 11-2:   O que Vem Primeiro – o = ou o ++?

```
#include <stdio.h>

int main()
{
    int a,b;

    b=16;
    printf("Before, a is unassigned and b=%d\n",b);
    a=b++;
    printf("After, a=%d and b=%d\n",a,b);
    return(0);
}
```

Exercício 11-5: Digite o código-fonte da Listagem 11-2 em um novo projeto. Monte e execute.

Quando você coloca o operador ++ ou -- depois de uma variável, é chamado de *pós-incremento* ou *pós-decremento*, respectivamente. Se você quer incrementar ou decrementar a variável antes de ser usada, você deve colocar ++ ou -- *antes* do nome da variável. Por exemplo:

```
a=++b;
```

Na linha anterior, o valor de b é incrementado e, então, é atribuído à variável a. O Exercício 11-6 demonstra isso.

Exercício 11-6: Reescreva o código-fonte da Listagem 11-2 para que a equação na Linha 9 incremente o valor da variável b antes de ser atribuído à variável a.

Fica este monstro:

```
a=++b++;
```

Deixe pra lá! A coisa ++var++ é um erro.

Descobrindo o resto (módulo)

De todos os símbolos básicos de operadores matemáticos, % é provavelmente o mais estranho. Não, não é o operador de porcentagem. É o operador *módulo*. Ele calcula o resto de um número dividido por outro, o que é algo mais fácil de mostrar do que discutir.

A Listagem 11-3 codifica um programa que lista os resultados do módulo 5 e um monte de outros valores, indo de 0 até 29. O valor 5 é uma constante, definida na Linha 3 do programa. Dessa maneira, você poderá mudar facilmente mais tarde.

Listagem 11-3:   Exibindo Valores do Módulo

```
#include <stdio.h>

#define VALUE 5

int main()
{
    int a;

    printf("Modulus %d:\n",VALUE);
    for(a=0;a<30;a++)
        printf("%d %% %d = %d\n",a,VALUE,a%VALUE);
    return(0);
}
```

A Linha 11 exibe os resultados do módulo. O marcador de posição %% simplesmente exibe o caractere %; então, não o deixe enganar.

Exercício 11-7: Digite o código-fonte da Listagem 11-3 em um novo projeto. Monte e execute.

Agora que você pode ver a saída, posso explicar melhor que uma operação de módulo exibe o resto do primeiro valor dividido pelo segundo. Então, 20 % 5 é 0, mas 21 % 5 é 1.

Exercício 11-8: Modifique a constante VALUE na Listagem 11-3 para 3. Monte e execute.

Ganhando tempo com operadores de atribuição

Se você não é um fã dos operadores ++ e -- (eu certamente sou), gostará dos operadores listados na tabela 11-2. Eles são os operadores matemáticos de atribuição e, como os operadores de incrementação e decrementação, não só fazem algo útil, mas também ficam muito legais e confusos em seu código.

Tabela 11-2	Operadores Matemáticos de Atribuição em C		
Operador	*Função*	*Atalho para*	*Exemplo*
+=	Adição	x=x+n	x+=n
-=	Subtração	x=x-n	x-=n
*=	Multiplicação	x=x*n	x*=n
/=	Divisão	x=x/n	x/=n
%=	Módulo	x=x%n	x%=n

Operadores de atribuição matemática não fazem nada de novo, mas funcionam de um jeito especial. Frequentemente em C, você precisa modificar o valor de uma variável. Por exemplo:

```
alpha=alpha+10;
```

Esta declaração aumenta o valor da variável alpha em 10. Em C, você pode escrever a mesma declaração utilizando um operador de atribuição, como segue:

```
alpha+=10;
```

Ambas as versões desta declaração realizam a mesma coisa, mas o segundo exemplo é mais conciso e crítico, o que parece deliciar a maioria dos programadores C. Veja a Listagem 11-4.

Listagem 11-4:   O Paraíso de Operadores de Atribuição

```
#include <stdio.h>

int main()
{
    float alpha;

    alpha=501;
    printf("alpha = %.1f\n",alpha);
    alpha=alpha+99;
    printf("alpha = %.1f\n",alpha);
    alpha=alpha-250;
    printf("alpha = %.1f\n",alpha);
    alpha=alpha/82;
    printf("alpha = %.1f\n",alpha);
    alpha=alpha*4.3;
    printf("alpha = %.1f\n",alpha);
    return(0);
}
```

Exercício 11-9: Digite o código-fonte da Listagem 11-4 no seu editor de texto. Mude as Linhas 9, 11, 13 e 15 para que os operadores de atribuição sejam utilizados. Monte e execute.

Ao utilizar o operador de atribuição, lembre-se que o caractere = vem por *último*. Você pode facilmente se lembrar dessa dica, trocando os operadores; por exemplo:

```
alpha=-10;
```

Esta declaração atribui o valor -10 à variável `alpha`, mas a declaração

```
alpha-=10;
```

diminui o valor de `alpha` em 10.

Exercício 11-10: Escreva um programa que faça a saída de números de 5 até 100 em incrementos de 5.

Mania de Funções Matemáticas

Além dos operadores, matemática em linguagem C é feita empregando-se várias funções matemáticas. Então, quando estiver desesperado para encontrar o arco tangente de um valor, você pode sacar a função `atan()` e, bem, é isso aí.

A maioria das funções matemáticas necessita da inclusão do arquivo cabeçalho math.h no código. Algumas funções podem também necessitar do arquivo cabeçalho stdlib.h, onde stdlib significa *st*andard *lib*rary (biblioteca padrão).

Explorando algumas funções matemáticas comuns

Nem todo mundo vai empregar seus conhecimentos de programação em linguagem C para ajudar a pilotar um foguete, de forma segura, através do espaço e em órbita ao redor de Titã. Não. É mais provável que você tente algo muito mais pé no chão. De qualquer maneira, o trabalho provavelmente será feito empregando funções matemáticas. Listei algumas comuns na Tabela 11-3.

Tabela 11-3		Funções Matemáticas Comuns e Sensatas
Função	*#include*	*O que Ela Faz*
sqrt()	math.h	Calcula a raiz quadrada de um valor com ponto flutuante
pow()	math.h	Retorna o resultado de um valor com ponto flutuante elevado a uma certa potência
abs()	stdlib.h	Retorna o valor absoluto (valor positivo) de um inteiro
floor()	math.h	Arredonda para cima o valor com ponto flutuante para o próximo valor de número inteiro (não fracionado)
ceil()	math.h	Arredonda para baixo o valor com ponto flutuante para o próximo número inteiro

Todas as funções listadas na Tabela 11-2, exceto a função abs(), lidam com valores com pontos flutuantes. A função abs() funciona apenas com inteiros.

Você pode procurar referências de funções nas páginas do manual, acessadas via Code::Blocks ou encontradas online ou no prompt de comando em uma janela de terminal Unix.

A Listagem 11-5 é repleta de conhecimentos limitados de funções matemáticas da Tabela 11-3. O compilador gostará de ver essas funções, desde que você se lembre de incluir o arquivo cabeçalho math.h na Linha 2.

Capítulo 11: O Capítulo Inevitável Sobre Matemática

Listagem 11-5: **Mania de Matemática Detalhada**

```c
#include <stdio.h>
#include <math.h>

int main()
{
    float result,value;

    printf("Input a float value: ");
    scanf("%f",&value);
    result = sqrt(value);
    printf("The square root of %.2f is %.2f\n",
        value,result);
    result = pow(value,3);
    printf("%.2f to the 3rd power is %.2f\n",
        value,result);
    result = floor(value);
    printf("The floor of %.2f is %.2f\n",
        value,result);
    result = ceil(value);
    printf("And the ceiling of %.2f is %.2f\n",
        value,result);
    return(0);
}
```

Exercício 11-11: Crie um novo projeto, utilizando o código-fonte da Listagem 11-5. Esteja ciente que inseri as funções `printf()` na listagem para que elas se separem em duas linhas; você não precisa inseri-las em seu código-fonte. Monte o projeto. Execute-o e tente vários valores como entrada para examinar os resultados.

Exercício 11-12: Escreva um programa que exiba as potências de 2, exibindo valores de 2^0 até 2^{10}. Esses são os Números Sagrados da Computação.

- As funções matemáticas listadas na Tabela 11-3 são apenas uma pequena amostra da variedade disponível.

- De modo geral, se seu código necessitar de algum tipo de operação matemática, verifique a documentação de biblioteca C, as páginas do manual, para ver se essa função específica existe ou não.

- Em um sistema Unix, digite **man 3 math** para ver uma lista das funções matemáticas da biblioteca C.

- A função `ceil()` é pronunciada "sial." É da palavra *ceiling* (teto), que é o oposto da função `floor()`.

Sofrendo com trigonometria

Não me incomodo em explicar trigonometria para você. Se seu código precisar de uma função trigonométrica, você saberá por quê. O que provavelmente ainda não sabe é que funções trigonométricas em C — e, na verdade, em todas as linguagens de programação — usam radianos, não graus.

O que é um radiano?

Ainda bem que você perguntou. Um *radiano* é uma medida de um círculo ou, especificamente, um arco. Ela utiliza o valor π (pi) em vez de graus, onde π é uma medida útil de círculos. Então, em substituição de um círculo ter 360 graus, ele tem 2 π radianos. Isso resulta em 6.2831 (que é 2 x 3.1415) radianos em um círculo. A Figura 11-1 ilustra esse conceito.

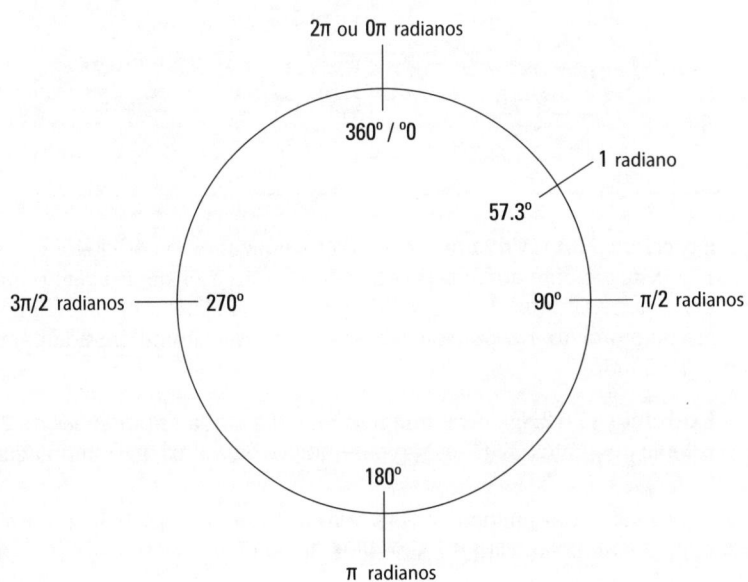

Figura 11-1: Graus e radianos

Para seus problemas trigonométricos, um radiano é igual a 57.2957795 graus e um grau é igual a 0.01745329 radianos. Então, quando fizer sua matemática trigonométrica, você precisará converter graus humanos em radianos de linguagem C. Considere a Listagem 11-6.

Capítulo 11: O Capítulo Inevitável Sobre Matemática

Listagem 11-6: Convertendo Graus para Radianos

```
#include <stdio.h>

int main()
{
    float degrees,radians;

    printf("Enter an angle in degrees: ");
    scanf("%f",&degrees);
    radians = 0.0174532925*degrees;
    printf("%.2f degrees is %.2f radians.\n",
            degrees,radians);
    return(0);
}
```

Exercício 11-13: Digite o código-fonte da Listagem 11-6 no seu editor. Dividia a Linha 10 para que fique mais legível nesta página. Você não precisa dividir essa linha quando digitá-la. Monte e execute. Teste com o valor `180`, que deve ser igual a π radianos (3.14).

Exercício 11-14: Escreva um programa que converta de radianos para graus.

Embora haja muitas funções trigonométricas, as três básicas são `sin()`, `cos()` e `tan()`, que calculam o seno, o cosseno e a tangente de um ângulo, respectivamente. Lembre-se que esses ângulos são medidos em radianos, não em graus.

Ah! Lembre-se também que você precisa do arquivo cabeçalho `math.h` para deixar o compilador feliz em usar funções trigonométricas.

Os melhores programas que demonstram funções trigonométricas são de natureza gráfica. Esse tipo de código precisaria de páginas para ser reproduzido neste livro e até assim eu teria que escolher uma plataforma (Windows, por exemplo), na qual o código executaria. Em vez de fazer isso, fiz a Listagem 11-7 para seu prazer gráfico trigonométrico.

Listagem 11-7: Divertindo-se com Trigonometria

```c
#include <stdio.h>
#include <math.h>

#define PI 3.14159
#define WAVELENGTH 70
#define PERIOD .1

int main()
{
    float graph,s,x;

    for(graph=0;graph<PI;graph+=PERIOD)
    {
        s = sin(graph);
        for(x=0;x<s*WAVELENGTH;x++)
            putchar('*');
        putchar('\n');
    }
    return(0);
}
```

Exercício 11-15: Digite o código-fonte da Listagem 11-7 no seu editor. Antes de montar e executar, tente adivinhar qual será a saída.

Exercício 11-16: Modifique o código da Listagem 11-7 para que uma onda cossenoidal seja exibida. Não me venha com preguiça! Uma onda cossenoidal fica melhor quando se faz o ciclo de 0 até 2π. Modifique seu código para conseguir uma boa representação da curva, mesmo que baseada em caracteres.

Não, o Exercício 11-16 não é fácil. Você precisará compensar os valores de cosseno negativo, quando estiver desenhando o gráfico.

- Um radiano é igual a 57.2957795 graus.
- Um grau é igual a 0.0174532925 radianos.

É Totalmente Aleatório

Uma função matemática relativamente fácil de compreender é a função `rand()`. Ela gera números aleatórios. Embora isso pareça simples, é a base para quase todo jogo de computador já inventado. Números aleatórios são algo importante em programação.

Capítulo 11: O Capítulo Inevitável Sobre Matemática

Um computador não pode gerar números verdadeiramente aleatórios. Ele produz o que chamamos de *números pseudo-aleatórios*. Isso porque as condições dentro do computador podem ser replicadas. Portanto, matemáticos sérios gabam-se, dizendo que qualquer valor que um computador chame de aleatório não é, na verdade, um número aleatório.

Descarregando números aleatórios

A função `rand()` é a mais simples de números aleatórios em C. Ela necessita do arquivo cabeçalho `stdlib.h`, e expele um valor `int` que é supostamente aleatório. A Listagem 11-8 traz uma amostra de código.

Listagem 11-8: Isso é ser Aleatório

```c
#include <stdio.h>
#include <stdlib.h>

int main()
{
int r,a,b;

    puts("100 Random Numbers");
    for(a=0;a<20;a++)
    {
        for(b=0;b<5;b++)
        {
            r=rand();
            printf("%d\t",r);
        }
        putchar('\n');
    }
    return(0);
}
```

A Listagem 11-8 utiliza um loop `for` aninhado para exibir 100 valores aleatórios. A função `rand()`, na Linha 13, gera os valores. A função `printf()`, na Linha 14, exibe os valores utilizando um conversor de caractere `%d`, que exibe valores `int`.

Exercício 11-17: Crie um novo projeto, utilizando o código-fonte mostrado na Listagem 11-8. Monte e execute para contemplar 100 valores aleatórios.

Exercício 11-18: Modifique o código para que todos os valores exibidos estejam entre 0 e 20.

Aqui está uma dica para o Exercício 11-18: Use o operador de atribuição módulo para limitar a gama de números aleatórios. É algo parecido com isso:

```
r%=n;
```

r é o número retornado da função `rand()`. `%=` é o operador de atribuição módulo. n é o limite da gama, mais 1. Depois da declaração anterior, os valores retornados estarão na extensão de 0 até n-1. Então, se você quiser gerar valores entre 1 e 100, você usará esta fórmula:

```
value = (r % 100) + 1;
```

Tornando os números mais aleatórios

Só para dar um pouco de crédito aos matemáticos esnobes que dizem que computadores geram números pseudoaleatórios, execute o programa que você gerou a partir do Exercício 11-18. Observe a saída. Execute o programa novamente. Vê algo familiar?

A função `rand()` é boa em gerar um grande número de valores aleatórios, mas eles são valores previsíveis. Para fazer a saída menos previsível, você precisará *alimentar* o gerador de números aleatórios. Isso é feito utilizando a função `srand()`.

Como a função `rand()`, a função `srand()` necessita do cabeçalho `stdlib.h`, mostrado na Linha 2 na Listagem 11-9. A função necessita de um valor `unsigned int`, seed, que é declarado na Linha 6. A função `scanf()`, na Linha 10, lê o valor sem sinal utilizando o marcador de posição `%u`. Então, a função `srand()` utiliza o valor seed na Linha 11.

Listagem 11-9: **Ainda Mais Aleatoriedade**

```
#include <stdio.h>
#include <stdlib.h>

int main()
{
    unsigned seed;
    int r,a,b;

    printf("Input a random number seed: ");
    scanf("%u",&seed);
    srand(seed);
    for(a=0;a<20;a++)
    {
```

```
            for(b=0;b<5;b++)
            {
                r=rand();
                printf("%d\t",r);
            }
            putchar('\n');
        }
        return(0);
    }
```

A função `rand()` é utilizada na Linha 16, embora os resultados estejam agora baseados no seed, que é configurado quando o programa executa.

Exercício 11-19: Crie um novo projeto, utilizando o código-fonte mostrado na Listagem 11-9. Monte-o. Execute o programa algumas vezes, tentando diferentes valores de seed. A saída é diferente a cada vez.

Ainda assim, os valores aleatórios gerados são previsíveis, quando você digita o mesmo número de seed. Na verdade, quando o valor 1 é utilizado como seed, você vê os mesmos valores "aleatórios" que viu no Exercício 11-17, quando nem tinha utilizado `srand()`!

Tem que haver um jeito melhor.

A melhor maneira de escrever um gerador de números aleatórios é não pedir ao usuário para digitar um seed, mas sim buscar um seed em outro lugar. Na Listagem 11-10, o valor seed é puxado do relógio do sistema, utilizando a função `time()`.

Listagem 11-10: Mais Aleatório do que Nunca

```
#include <stdio.h>
#include <stdlib.h>
#include <time.h>

int main()
{
    int r,a,b;

    srand((unsigned)time(NULL));
    for(a=0;a<20;a++)
    {
        for(b=0;b<5;b++)
        {
            r=rand();
            printf("%d\t",r);
        }
        putchar('\n');
    }
    return(0);
}
```

O Capítulo 21 tratará da programação de funções de tempo em C. Sem ir muito além, a função `time()` retorna informações sobre a hora do dia atual, um valor que está mudando constantemente. O argumento NULL ajuda a resolver alguns problemas sobre os quais não quero falar agora, mas basta dizer que `time()` retorna um valor que sempre muda.

A parte `(unsigned)` da declaração garante que o valor retornado pela função `time()` será um inteiro sem sinal. Essa é uma técnica conhecida como *typecasting*, que será tratada no Capítulo 16.

O principal é que um valor seed é passado à função `srand()`, cortesia da função `time()`, e o resultado é que a função `rand()` gera valores que são mais aleatórios do que você conseguiria de outra maneira.

Exercício 11-20: Digite o código-fonte da Listagem 11-10 e monte o projeto. Execute-o algumas vezes para garantir que os números são tão aleatórios quanto possível para o computador.

Exercício 11-21: Reescreva sua solução para o Exercício 8-6 (do Capítulo 8) para que um número aleatório seja gerado para tornar o jogo de adivinhações mais interessante, mas talvez não inteiramente justo. Exiba o número aleatório que ele não conseguir adivinhar.

A Sagrada Ordem da Precedência

Antes de fugir da tirania do Capítulo Inevitável Sobre Matemática, você precisará conhecer a ordem de precedência. Não é uma ordem religiosa e não tem nada a ver com adivinhar o futuro. Ela garante que as equações matemáticas que você codifica em C representem o que você pretende.

Recebendo a ordem correta

Considere o seguinte enigma. Você consegue adivinhar o valor da variável *answer*?

```
answer = 5 + 4 * 3;
```

Como humano, lendo um enigma da esquerda para a direita, você provavelmente responderia 27: 5+4 é 9, que vezes 3 é 27. Está certo. O computador, entretanto, responderia 17.

O computador não está errado – ele apenas considera que a multiplicação é mais importante que a adição e, por isso, a calcula primeiro. Para o computador, a ordem real dos valores e operadores é menos importante do que quais operadores são utilizados. Colocando em outras palavras, a multiplicação tem *precedência* sobre a adição.

Você pode lembrar da ordem básica de precedência para os operadores matemáticos básicos assim:

>Primeiro: Multiplicação, Divisão

>Segundo: Adição, Subtração

O mnemônico inteligente para a ordem básica de precedência é, "Maria Desvendou As Saídas." Para detalhes da ordem de precedência para todos os operadores de linguagem C, veja o Apêndice G.

Exercício 11-22: Escreva um programa que avalie a seguinte equação, exibindo o resultado:

```
20 - 5 * 2 + 42 / 6
```

Veja se você consegue adivinhar a saída antes de executar o programa.

Exercício 11-23: Modifique o código do Exercício 11-22 para que o programa avalie a equação.

```
12 / 3 / 2
```

Não, isso não é uma data. É 12 dividido por 3 dividido por 2.

Forçando ordem com parênteses

A ordem de precedência pode ser enganada pela utilização de parênteses. No que diz respeito à linguagem C, qualquer coisa que aconteça entre parênteses é avaliado primeiro em qualquer equação. Então, mesmo quando se esquece da ordem de precedência, você pode forçá-la, colocando partes da equação entre parênteses.

Matemática à frente!

Exercício 11-24: Codifique a seguinte equação para que o resultado seja igual a 14, não 2:

```
12 - 5 * 2
```

Exercício 11-25: Codifique a seguinte equação (do Exercício 11-22) para que a adição e a subtração aconteçam antes da multiplicação e da divisão. Se você fizer isso corretamente, o resultado será 110:

```
20 - 5 * 2 + 42 / 6
```

LEMBRE-SE

- No futuro, o código que você escrever poderá lidar mais com variáveis do que com valores imediatos; então, você deve entender a equação e o que está sendo avaliado. Por exemplo, se precisar adicionar o número de empregados em horário integral e de meio expediente antes de dividir pelo total da folha de pagamentos, coloque os dois primeiros valores entre parênteses.

- Além da ordem de precedência, os parênteses adicionam um nível de legibilidade ao código, especialmente em equações longas. Até quando os parênteses não são necessários, considere adicioná-los, se o resultado ficar mais legível no código.

Capítulo 12

Me dê Arrays

Neste Capítulo

▶ Armazenando múltiplas variáveis em um array
▶ Criando um array
▶ Entendendo arrays de caracteres
▶ Classificando valores em um array
▶ Trabalhando com arrays multidimensionais
▶ Enviando um array a uma função

Quando aprendi a programar, evitava o tópico arrays. Não fazia sentido para mim. Arrays apresentam seus próprios métodos e loucuras, o que é diferente de trabalhar com variáveis únicas em C. Em vez de evitar esse tópico e pular para o próximo capítulo (que não é nem um pouco mais fácil), tente abraçar o array como uma ferramenta amável, estranha e útil.

Contemple o Array

No mundo real, a informação vem individualmente ou em grupos. Você pode achar um centavo na rua e depois cinco centavos e até vinte e cinco centavos! Para lidar com tais sortes na linguagem C, você precisa de uma maneira para juntar variáveis de um tipo similar em grupos. Uma linha de variáveis seria bom, assim como uma fila. A palavra utilizada em c é *array*.

Evitando arrays

Em algum ponto da sua carreira de programação, um array vai se tornar inevitável. Como um exemplo, considere a Listagem 12-1. O código pede e exibe suas três melhores pontuações, presumivelmente de um jogo.

Listagem 12-1: Melhores Pontuações, a Versão Horrorosa

```c
#include <stdio.h>

int main()
{
    int highscore1,highscore2,highscore3;

    printf("Your highest score: ");
    scanf("%d",&highscore1);
    printf("Your second highest score: ");
    scanf("%d",&highscore2);
    printf("Your third highest score: ");
    scanf("%d",&highscore3);

    puts("Here are your high scores");
    printf("#1 %d\n",highscore1);
    printf("#2 %d\n",highscore2);
    printf("#3 %d\n",highscore3);

    return(0);
}
```

O código na Listagem 12-1 pede por três valores inteiros. A entrada é armazenada em três variáveis `int` declaradas na Linha 5. As Linhas 15 a 17 exibem os valores. Simples.

Exercício 12-1: Digite o código-fonte da Listagem 12-1 no editor. Monte e execute.

Digitar esse código pode ser bastante trabalhoso, certo? Você poderia apenas copiar e colar, o que tornaria isso mais fácil. Digitar o código, porém, não é o problema.

Exercício 12-2: Modifique o código-fonte da Listagem 12-1 para que a quarta maior pontuação seja adicionada. Monte e execute.

Agora, imagine a codificação que você teria que fazer se o usuário pedisse para ver a terceira maior pontuação dele. Sim, ficaria rapidamente bagunçado. As coisas funcionam melhor quando você utiliza arrays.

Entendendo arrays

Um *array* é uma série de variáveis do mesmo tipo: uma dúzia de variáveis `int`, duas ou três variáveis `double` ou uma string de variáveis `char`. Um array não contém todos os mesmos valores. Não, é mais como uma série de cubículos, nos quais você insere valores diferentes.

Um array é declarado como qualquer outra variável. É dado a ele um tipo e um nome e então também um par de colchetes. A declaração a seguir declara o array highscore:

```
int highscore[];
```

Esta declaração está incompleta; o compilador ainda não sabe quantos itens ou *elementos* estão no array. Então, se o array highscore tivesse que manter três elementos, seria declarado assim:

```
int highscore[3];
```

Este array contém três elementos, cada um deles possui seu próprio valor int. Os elementos são acessados assim:

```
highscore[0] = 750;
highscore[1] = 699;
highscore[2] = 675;
```

LEMBRE-SE

Um elemento de array é referenciado por seu número index, entre colchetes. O primeiro item é o index 0, que é algo que você deve lembrar. Em C, você começa a contar em 0, o que tem suas vantagens; então, não ache que é idiota.

No exemplo anterior, o primeiro elemento do array, highscore [0], tem atribuído o valor 750; o segundo elemento, 699; e o terceiro, 675.

Depois da inicialização, uma variável array é utilizada como qualquer outra variável em seu código:

```
var = highscore[0];
```

Esta declaração armazena o valor do elemento array highscore[0] à variável var. Se highscore[0] for igual a 750, var será igual a 750 depois que a declaração executar.

Exercício 12-3: Reescreva o código-fonte da sua solução para o Exercício 12-2, utilizando um array como descrito nesta seção — mas lembre-se que seu array mantém quatro valores, não três.

Existem muitas soluções para o Exercício 12-3. A solução força bruta é incluir cada variável array individualmente, linha depois de linha, parecido com o código-fonte da Listagem 12-1. Uma solução melhor e mais eficaz é oferecida na Listagem 12-2.

Listagem 12-2: Melhores Pontuações, uma Versão Melhor

```c
#include <stdio.h>

int main()
{
    int highscore[4];
    int x;

    for(x=0;x<4;x++)
    {
        printf("Your #%d score: ",x+1);
        scanf("%d",&highscore[x]);
    }

    puts("Here are your high scores");
    for(x=0;x<4;x++)
        printf("#%d %d\n",x+1,highscore[x]);

    return(0);
}
```

A maioria do código da Listagem 12-2 deve ser familiar a você, apesar da nova notação de array. Os argumentos x+1 nas declarações printf() (Linhas 10 e 16) lhe permitem usar a variável x no loop, mas exibem seus valores começando em 1 em vez de 0. Embora C goste de começar numerando em 0, humanos ainda preferem começar em 1.

Exercício 12-4: Digite o código-fonte da Listagem 12-2 em seu editor e monte um novo projeto. Execute-o.

Embora a saída do programa seja basicamente a mesma das saídas nos Exercícios 12-2 e 12-3, o método é muito mais eficiente, como provado pelo trabalho do Exercício 12-5:

Exercício 12-5: Modifique o código-fonte da Listagem 12-2 para que as dez melhores pontuações sejam inseridas e exibidas.

Imagine como você teria que codificar a resposta do Exercício 12-5 se tivesse escolhido não utilizar arrays!

- O primeiro elemento de um array é 0.
- Quando declarar um array, utilize o número total de elementos, como 10 para dez elementos. Embora os elementos sejam indexados de 0 a 9, você ainda precisa especificar 10 quando declarar o tamanho do array.

Inicializando um array

Da mesma forma que com qualquer variável em C, você pode inicializar um array quando ele é declarado. A inicialização necessita de um formato especial, parecido com esta declaração:

```
int highscore[] = { 750, 699, 675 };
```

O número entre colchetes não é necessário quando se inicializa um array, como mostrado no exemplo anterior. Isso porque o compilador é esperto o bastante para contar os elementos e configurar o array automaticamente.

Exercício 12-6: Escreva um programa que exiba os números de fechamento do mercado de ações dos últimos cinco dias. Utilize um array inicializado, `marketclose[]`, para manter os valores. A saída deve se parecer com isso:

```
Stock Market Close
Day 1: 14450.06
Day 2: 14458.62
Day 3: 14539.14
Day 4: 14514.11
Day 5: 14452.06
```

Exercício 12-7: Escreva um programa que utilize dois arrays. O primeiro array é inicializado aos valores 10, 12, 14, 15, 16, 18 e 20. O segundo array é do mesmo tamanho, mas não é inicializado. No código, preencha o segundo array com a raiz quadrada de cada um dos valores do primeiro array. Exiba os resultados.

Brincando com arrays de caracteres (strings)

Você pode criar um array utilizando qualquer tipo de variável padrão de linguagem C. Um array `char`, entretanto, é um pouco diferente: é uma string.

De maneira que com qualquer array, você pode declarar um array `char` inicializado ou não. O formato para um array `char` inicializado pode se parecer com isso:

```
char text[] = "A lovely array";
```

Como já mencionei em outro lugar, o tamanho do array é calculado pelo compilador; então, você não precisa definir um valor nos colchetes. Também — e mais importante — o compilador adiciona o caractere final na string, o caractere null: \0.

Você também pode declarar o array como faria para declarar um array de valores, embora seja um tipo de formato insano:

```
char text[] = { 'A', ' ', 'l', 'o', 'v', 'e', 'l', 'y',
                ' ', 'a', 'r', 'r', 'a', 'y', '\0' };
```

Cada elemento do array na linha anterior é definido como seu próprio valor char, incluindo o caractere \0 que finaliza a string. Não, acredito que você encontrará o método de aspas duplas muito mais efetivo para declarar strings.

O código na Listagem 12-3 manipula um array char, um caractere por vez. A variável index é utilizada como um índice. O loop while gira até que o caractere \0 no final da string seja encontrado. Uma função final putchar() (na Linha 14) inclui uma nova linha.

Listagem 12-3:   Exibindo um Array char

```
#include <stdio.h>

int main()
{
    char sentence[] = "Random text";
    int index;

    index = 0;
    while(sentence[index] != '\0')
    {
        putchar(sentence[index]);
        index++;
    }
    putchar('\n');
    return(0);
}
```

Exercício 12-8: Digite o código-fonte da Listagem 12-3 no seu editor. Monte e execute o programa.

O loop while na Listagem 12-3 é bem similar à maioria das rotinas de exibição de strings encontradas na biblioteca C. Essas funções provavelmente utilizam ponteiros em vez de arrays, que é um tópico a ser visto no Capítulo 18. Além disso, você pode substituir as Linhas 8 a 14 pela linha

```
puts(sentence);
```

ou até mesmo por esta:

```
printf("%s\n",sentence);
```

Quando um array char é utilizado em uma função, como mostrado na linha anterior, os colchetes não são necessários. Se você os incluir, o compilador pensará que você fez besteira.

Trabalhando com arrays char vazios

Assim como você pode declarar um array vazio, ou não inicializado, `float` ou `int`, pode criar um array `char` vazio. Entretanto, é necessário ter precisão: o tamanho do array deve ser 1 a mais que o comprimento máximo da string para contar aquele caractere NULL. Você também deve garantir que qualquer entrada que venha a preencher o array não excederá o tamanho do array.

Na Listagem 12-4, o array `char firstname` na Linha 5 pode manter 15 caracteres, mais 1 para o `\0` no final da string. Essa limitação de 15 caracteres é uma suposição feita pelo programador; a maioria dos primeiros nomes próprios tem menos de 15 caracteres de comprimento.

Listagem 12-4:   Preenchendo um Array char

```
#include <stdio.h>

int main()
{
    char firstname[16];

    printf("What is your name? ");
    fgets(firstname,16,stdin);
    printf("Pleased to meet you, %s\n",firstname);
    return(0);
}
```

Uma função `fgets()` na Linha 8 lê os dados para a string `firstname`. O tamanho máximo da entrada está configurado para 16 caracteres, que já conta o caractere null porque o `fgets()` é esperto. O texto é lido do `stdin` ou *standard input* (entrada padrão).

Exercício 12-9: Crie um novo projeto, utilizando o código-fonte da Listagem 12-4. Monte e execute, utilizando seu primeiro nome como entrada.

Tente executar o programa novamente, mas complete o buffer: digite mais de 15 caracteres. Você verá que apenas os primeiros 15 caracteres serão armazenados no array. Até o pressionar da tecla Enter não será armazenado, o que aconteceria caso a entrada fosse menor do que 15 caracteres.

Exercício 12-10: Modifique seu código-fonte do Exercício 12-9 para que o programa também peça pelo seu sobrenome, armazenando esses dados em outro array. O programa deve então cumprimentá-lo utilizando ambos, seu primeiro e último nomes.

Sim, o pressionar da tecla Enter é armazenado como parte do seu nome, que é como a entrada é lida pela função `fgets()`. Se seu primeiro nome é Dan, o array se parece com isso:

```
firstname[0] == 'D'
firstname[1] == 'a'
firstname[2] == 'n'
firstname[3] == '\n'
firstname[4] == '\0'
```

Isso porque a entrada em C é orientada por fluxo e o Enter faz parte do fluxo da entrada até onde a função `fgets()` sabe. Você pode consertar esse problema, obedecendo ao Exercício 12-11.

Exercício 12-11: Reescreva o código-fonte do Exercício 12-10 para que a função `scanf()` seja utilizada para ler as strings de primeiro e último nomes.

Claro, o problema com a função `scanf()` é que ela não garante que a entrada seja limitada a 15 caracteres — a não ser que você a direcione a fazer isso.

Exercício 12-12: Modifique as funções `scanf()` no seu código-fonte do Exercício 12-11 para que o conversor de caractere usado seja escrito como `%15s`. Monte e execute.

O conversor de caractere `%15s` diz à primeira função `scanf()` para ler apenas os 15 primeiros caracteres da entrada e colocá-los no array char (string). Qualquer texto extra é, então, lido pela segunda função `scanf()` e qualquer texto extra depois disso é descartado.

É muito importante que você entenda o fluxo da entrada, quando se trata de ler texto em C. O Capítulo 13 oferecerá informações adicionais desse importante tópico.

Ordenando arrays

Computadores são feitos para realizar tarefas chatas, como ordenar um array, de maneira alegre e rápida. Na verdade, eles gostam tanto de fazer isso que "a ordenação" é um conceito básico de informática, no qual muitas teorias e algoritmos têm sido escritos. É um tópico realmente entediante, se você não é um Mentat[1] ou um nativo do planeta Vulcan.

A ordenação mais simples é a *bubble sort*, que não somente é fácil de explicar e entender como também tem um nome divertido. Ela também mostra melhor a filosofia de ordenação básica de arrays, que é trocar valores entre dois elementos.

Suponha que você esteja ordenando um array para que os menores valores sejam listados primeiro. Se o `array[2]` contém o valor 20 e o `array[3]` contém o valor 5, esses dois elementos precisariam trocar valores. Para que isso aconteça, você deve utilizar uma variável temporária em uma série de declarações que se parecem com isso:

---

[1] N.E.: personagem fictício da série de livros Duna.

```
temp=array[2];          /* Salve 20 em temp */
array[2]=array[3];      /* Armazene 5 no array[2] */
array[3]=temp;          /* Coloque 20 no array[3] */
```

Em uma ordenação bubble, cada elemento do array é comparado com todos os outros elementos do array em uma sequência organizada. Quando um valor é maior (ou menor) que o outro, eles são trocados. Caso contrário, a comparação segue, arrastando-se por todas as permutações de comparações possíveis no array. A Listagem 12-5 demonstra.

Listagem 12-5:   Uma Classificação Bubble

```
#include <stdio.h>

#define SIZE 6

int main()
{
    int bubble[] = { 95, 60, 6, 87, 50, 24 };
    int inner,outer,temp,x;

/* Exibe array original */
    puts("Original Array:");
    for(x=0;x<SIZE;x++)
        printf("%d\t",bubble[x]);
    putchar('\n');

/* Classificação Bubble */
    for(outer=0;outer<SIZE-1;outer++)
    {
        for(inner=outer+1;inner<SIZE;inner++)
        {
            if(bubble[outer] > bubble[inner])
            {
                temp=bubble[outer];
                bubble[outer] = bubble[inner];
                bubble[inner] = temp;
            }
        }
    }

/* Exibe array original */
    puts("Sorted Array:");
    for(x=0;x<SIZE;x++)
        printf("%d\t",bubble[x]);
    putchar('\n');

    return(0);
}
```

A Listagem 12-5 é longa, mas facilmente dividida em três partes, cada uma iniciada por um comentário:

- Linhas 10 a 14 exibem o array original.
- Linhas 16 a 28 ordenam o array.
- Linhas 30 a 34 exibem o array ordenado (duplicando as Linhas 10 a 14).

A constante SIZE é definida na Linha 3. Essa diretiva lhe permite mudar facilmente o tamanho do array, caso você reutilize esse código novamente mais tarde (e você o fará).

A ordenação em si envolve loops for aninhados: um loop externo e um loop interno. O loop externo marcha por todo o array, um passo de cada vez. O loop interno toma posição em um elemento mais para cima no array e ataca cada valor individualmente.

Exercício 12-13: Copie o código-fonte da Listagem 12-5 no seu editor e crie um novo projeto, ex1213. Monte e execute.

Exercício 12-14: Utilizando o código-fonte da Listagem 12-5 como ponto de partida, crie um programa que gere 40 números aleatórios na gama de 1 a 100 e armazene esses valores em um array. Exiba esse array. Ordene esse array. Exiba os resultados.

Exercício 12-15: Modifique o código-fonte do Exercício 12-14 para que os números sejam ordenados em ordem reversa, do maior para o menor.

Exercício 12-16: Escreva um programa que ordene o texto na string de 21 caracteres "C Programming is fun!"

Você poderia mudar o tamanho de um array?

Quando um array é declarado em C, seu tamanho está configurado. Depois que o programa executa, você não pode adicionar nem remover elementos. Então, se você codifica um array com 10 elementos, como em

```
int topten[10];
```

você não pode adicionar um 11º elemento ao array. Fazer isso leva a todos os tipos de desgraças e miséria.

Para utilizar o dialeto nerd, um array em C não é *dinâmico*: ele não pode mudar de tamanho depois que o tamanho foi estabelecido. Outras linguagens de programação lhe permitem *fazer o redimensionamento de* arrays. C não permite.

Arrays Multidimensionais

Os arrays descritos na primeira parte desse capítulo são conhecidos como arrays *unidimensionais*: Eles são basicamente uma série de valores, um depois do outro. Isso é bom para descrever itens que marcham em fila única. Quando precisar descrever itens na segunda ou na terceira dimensão, você deverá invocar um tipo de array multidimensional.

Fazendo um array bidimensional

Ajuda pensar em um array bidimensional como uma grade de linhas e colunas. Um exemplo desse tipo de array é um tabuleiro de xadrez — uma grade de 8 linhas e 8 colunas. Embora você possa declarar um array único de 64 elementos para lidar com o trabalho de representar um tabuleiro de xadrez, um array bidimensional funciona melhor. Esse tipo de coisa seria declarada dessa maneira:

```
int chess[8][8];
```

Os dois pares de colchetes definem duas dimensões diferentes do array chess: 8 linhas e 8 colunas. O quadrado localizado na primeira linha e coluna seria referenciado como chess[0][0]. O último quadrado nessa linha seria o chess[0][7], e o último quadrado do tabuleiro seria chess[7][7].

Na Listagem 12-6, um tabuleiro simples de jogo da velha é criado, utilizando-se uma matriz bidimensional: 3 por 3. As Linhas 9 a 11 preenchem a matriz. A Linha 12 adiciona o caractere X no centro do quadrado.

Listagem 12-6:   Jogo da Velha

```
#include <stdio.h>

int main()
{
    char tictactoe[3][3];
    int x,y;

/* inicializa matriz */
    for(x=0;x<3;x++)
        for(y=0;y<3;y++)
            tictactoe[x][y]='.';
    tictactoe[1][1] = 'X';

/* exibe tabuleiro do jogo */
    puts("Ready to play Tic-Tac-Toe?");
```

(Continua)

Listagem 12-6: *(continuação)*

```
    for(x=0;x<3;x++)
    {
        for(y=0;y<3;y++)
            printf("%c\t",tictactoe[x][y]);
        putchar('\n');
    }
    return(0);
}
```

As Linhas 14 a 21 exibem a matriz. Com sua criação, a matriz é exibida utilizando um loop `for` aninhado.

Exercício 12-17: Crie um novo projeto, utilizando o código-fonte mostrado na Listagem 12-6. Monte e execute.

Um tipo de array bidimensional que é bem fácil de entender é um array de strings, como mostrado na Listagem 12-7.

Listagem 12-7: **Um Array de Strings**

```
#include <stdio.h>

#define SIZE 3

int main()
{
    char president[SIZE][8] = {
        "Clinton",
        "Bush",
        "Obama"
    };
    int x,index;

    for(x=0;x<SIZE;x++)
    {
        index = 0;
        while(president[x][index] != '\0')
        {
            putchar(president[x][index]);
            index++;
        }
        putchar('\n');
    }
    return(0);
}
```

A Linha 7 da Listagem 12-7 declara um array `char` bidimensional: `president`. O primeiro valor entre colchetes é o número de itens (strings) no array. O segundo valor entre colchetes é o tamanho máximo necessário para manter a maior string. A maior string é `Clinton` com sete letras; então, oito caracteres são necessários, o que inclui o caractere de finalização `\0` ou null.

Como todos os itens da segunda dimensão do array devem ter o mesmo número de elementos, todas as strings são armazenadas utilizando oito caracteres. Sim, é um desperdício, mas é o jeito que o sistema funciona. A Figura 12-1 ilustra este conceito.

Figura 12-1: Armazenando strings em um array bidimensional.

Exercício 12-18: Digite o código-fonte da Listagem 12-7 no seu editor; monte e execute o programa.

As Linhas 16 a 22 na Listagem 12-7 são inspiradas no Exercício 12-8, anteriormente visto neste capítulo. As declarações basicamente arrastam-se através da segunda dimensão do array `president`, lançando um caractere de cada vez.

Exercício 12-19: Substitua as Linhas 15 a 23 na Listagem 12-7 por uma única função `puts()` para exibir a string. A declaração se parece com isso:

```
puts(president[x]);
```

LEMBRE-SE

Quando estiver trabalhando com elementos de string em um array, a string será referenciada apenas pela primeira dimensão.

Exercício 12-20: Modifique seu código-fonte do exercício 12-19 para que mais três presidentes sejam adicionados ao array: Washington, Adams e Jefferson.

Enlouquecendo com arrays tridimensionais

Arrays bidimensionais são bem comuns na esfera da programação. Multidimensional é insano!

Bom, talvez não. Arrays com três ou quatro dimensões têm seu lugar. O problema é que o cérebro humano tem dificuldades em acompanhar as várias dimensões possíveis.

A Listagem 12-8 ilustra o código que trabalha com um array tridimensional. A declaração é encontrada na Linha 5. A terceira dimensão é simplesmente o terceiro par de colchetes, que efetivamente cria um tabuleiro de jogo da velha em 3D.

Listagem 12-8:   Tornando-se 3D

```
#include <stdio.h>

int main()
{
    char tictactoe[3][3][3];
    int x,y,z;

/* inicializa a matriz */
    for(x=0;x<3;x++)
        for(y=0;y<3;y++)
            for(z=0;z<3;z++)
                tictactoe[x][y][z]='.';
    tictactoe[1][1][1] = 'X';

/* exibe o tabuleiro do jogo */
    puts("Ready to play 3D Tic-Tac-Toe?");
    for(z=0;z<3;z++)
    {
        printf("Level %d\n",z+1);
        for(x=0;x<3;x++)
        {
            for(y=0;y<3;y++)
                printf("%c\t",tictactoe[x][y][z]);
            putchar('\n');
        }
    }
    return(0);
}
```

As Linhas 8 a 12 preenchem o array com dados, utilizando as variáveis x, y e z como as coordenadas tridimensionais. A Linha 13 inclui o caractere X no centro do cubo, o que lhe dá uma ideia de como elementos individuais são referenciados.

O resto do código das Linhas 15 a 26 exibe a matriz.

Exercício 12-21: Crie um programa de array tridimensional, utilizando o código-fonte da Listagem 12-8. Monte e execute.

Lamentavelmente, a saída é bidimensional. Se quiser codificar uma terceira dimensão, deixarei isso com você.

Declarando um array multidimensional inicializado

O segredo obscuro de arrays multidimensionais é que eles não existem realmente. Internamente, o compilador ainda vê as coisas em dimensões únicas — somente um array longo cheio de elementos. A notação dupla (ou tripla) de colchetes é utilizada para calcular o deslocamento adequado no array durante a compilação. Está tudo bem porque o compilador faz o trabalho.

Você pode ver como arrays multidimensionais se traduzem em arrays normais, velhos e tediosos quando os declara já inicializados, Por exemplo:

```
int grid[3][4] = {
    5, 4, 4, 5,
    4, 4, 5, 4,
    4, 5, 4, 5
    };
```

A grade do array consiste em três linhas de quatro itens cada. Como mostrado, é declarado como uma grade e se parece com uma grade. Esse tipo de declaração funciona, desde que o último elemento não possua uma vírgula depois. Na verdade, você pode escrever a coisa toda assim:

```
int grid[3][4] = { 5, 4, 4, 5, 4, 4, 5, 4, 4, 5, 4, 5 };
```

Essa declaração ainda define um array multidimensional, mas você pode ver como é apenas um array de uma única dimensão com índices duplos. Na verdade, o compilador é esperto o bastante para entender as dimensões, até quando você lhe dá apenas uma, como neste exemplo:

```
int grid[][4] = { 5, 4, 4, 5, 4, 4, 5, 4, 4, 5, 4, 5 };
```

Na linha anterior, o compilador vê os 12 elementos em uma grade array; então, ele sabe automaticamente que é uma matriz 3 por 4, baseada no 4 entre colchetes. Ou você pode fazer isso:

```
int grid[][6] = { 5, 4, 4, 5, 4, 4, 5, 4, 4, 5, 4, 5 };
```

Neste exemplo, o compilador entenderia que você tem duas filas de seis elementos. O próximo exemplo, no entanto, está errado:

```
int grid[][] = { 5, 4, 4, 5, 4, 4, 5, 4, 4, 5, 4, 5 };
```

O compilador não vai entender nada. Na linha anterior, ele vê um array de única dimensão declarado de maneira imprópria. O par de colchetes extra não é necessário.

Exercício 12-22: Reescreva o código do Exercício 12-17 para que o tabuleiro de jogo da velha seja inicializado quando o array for declarado — incluindo colocar o X no lugar certo.

Arrays e Funções

Criar um array para utilizar dentro de uma função funciona do mesmo jeito que criar um array para utilizar na função `main()`: o array é declarado, inicializado e seus elementos são utilizados. Você também pode passar arrays para e de funções, onde os elementos do array podem ser acessados ou manipulados.

Passando um array para uma função

Enviar um array a uma função é muito direto. A função deve ser prototipada com um array especificado como um dos argumentos. Parece com isso:

```
void whatever(int nums[]);
```

Essa declaração faz o protótipo da função `whatever()`, que aceita o array nums inteiros como seu argumento. Todo o array — cada um dos elementos — é passado à função, onde fica disponível para diversão e brincadeira.

Quando você chama uma função com um array como argumento, deve omitir os colchetes:

```
whatever(values);
```

Na linha anterior, a função `whatever()` é chamada utilizando o array values como um argumento. Se você mantiver os colchetes, o compilador presume que você só quis passar um elemento e que esqueceu de especificar qual deles. Então, isso é bom.

```
whatever(values[6]);
```

... mas isso não é bom:

```
whatever(values[]);
```

O código mostrado na Listagem 12-9 exibe a função `showarray()` que come um array como um argumento. É uma função `void`; então, não retorna nenhum valor, mas pode manipular o array.

Listagem 12-9:   **Sra. Função, Conheça o Sr. Array**

```
include <stdio.h>

#define SIZE 5

void showarray(int array[]);

int main()
{
    int n[] = { 1, 2, 3, 5, 7 };

    puts("Here's your array:");
    showarray(n);
    return(0);
}

void showarray(int array[])
{
    int x;

    for(x=0;x<SIZE;x++)
        printf("%d\t",array[x]);
    putchar('\n');
}
```

A função `showarray()` é chamada na Linha 12. Você percebe como o array n é passado sem os colchetes? Lembre-se desse formato!

Na Linha 16, a função `showarray()` é declarada com o array especificado utilizando colchetes, assim como o protótipo na Linha 5. Dentro da função, o array é acessado assim como seria na função `main()`, o que você pode ver na Linha 21.

Exercício 12-23: Digite o código-fonte da Listagem 12-9 no seu editor. Monte e execute o programa para garantir que ele funciona.

Exercício 12-24: Adicione uma segunda função, `arrayinc()`, ao seu código-fonte do Exercício 12-23. Torne-o uma função `void`. A função recebe um array como seu argumento. A função adiciona 1 a cada valor no array. Faça a função `main()` chamar `arrayinc()` com o array n como seu argumento. Então, chame a função `showarray()` uma segunda vez para exibir os valores modificados no array.

Retornando um array de uma função

Além de ter um array passado a ela, uma função em C pode retornar um array. O problema é que arrays só podem ser retornados como ponteiros. (Este tópico será tratado no Capítulo 19.) Essa, porém, não é a pior parte:

No Capítulo 19, você descobrirá a verdade chocante de que C não tem arrays — que eles são meramente ponteiros sabiamente disfarçados. (Desculpe por ter guardado essa revelação para o final deste capítulo.) Saber a notação de array é importante, mas a ação está nos ponteiros.

Capítulo 13
Diversão com Texto

Neste Capítulo
- Verificando certos caracteres
- Convertendo caracteres de texto
- Manipulando strings
- Trabalhando com caracteres de conversão
- Ajustando a saída de texto
- Entendendo o fluxo de entrada

Uma string é um pedaço de texto. Este é um conceito básico de programação e também uma parte básica de todas as comunicações humanas. O que uma string não é, entretanto, é um tipo de variável na linguagem C; não, a string é um array de variáveis `char`. Isso não a torna menos importante. Muito da programação envolve apresentar texto e manipular strings. Sendo assim, apesar de não ter sido convidada para o clube oficial de tipos de variáveis da linguagem C, as strings têm muita influência quando se trata de escrever programas.

Funções de Manipulação de Caracteres

No centro de qualquer string de texto, está a variável `char`. É um único cubículo, no qual você coloca um valor de 0 até 255. Esse valor é representado visualmente como um caractere — um símbolo, um caractere especial, qualquer que seja seu amado alfabeto, com o qual você tem familiaridade desde antes de aprender a ler.

Introduzindo os CTYPEs

A linguagem C apresenta um bando de funções projetadas para testar ou manipular caracteres individuais. As funções são todas definidas no arquivo cabeçalho ctype.h. Portanto, a maioria dos programadores refere-se a essas funções como *funções CTYPE*, onde CTYPE é pronunciado "sitaipe," e não "stoor-ye", como um russo leria.

Para utilizar as funções CTYPE, o arquivo cabeçalho ctype.h deve ser incluído no seu código-fonte:

```
#include <ctype.h>
```

Classifico as funções CTYPE em duas categorias: teste e manipulação. Algumas das minhas funções de teste favoritas estão na Tabela 13-1; as funções de manipulação, na Tabela 13-2.

Tabela 13-1	Funções de Teste CTYPE
Função	*Retorna VERDADEIRO, Quando ch é*
isalnum(ch)	Uma letra do alfabeto (em caixa alta ou baixa) ou um número
ialpha(ch)	Uma letra do alfabeto em caixa alta ou baixa
isascii(ch)	Um valor ASCII entre 0 a 127
isblack(ch)	Um tab ou espaço ou outro caractere em branco
iscntrl(ch)	Um caractere de código de controle, valores de 0 a 31 e 127
isdigit(ch)	Um caractere entre 0 e 9
isgraph(ch)	Qualquer caractere imprimível, exceto o espaço
ishexnumber(ch)	Qualquer dígito hexadecimal, de 0 a 9 ou A até F (em caixa alta ou baixa)
islower(ch)	Uma letra do alfabeto em caixa baixa, de a a z
isnumber(ch)	Veja isdigit()
isprint(ch)	Qualquer caractere que possa ser exibido, incluindo o espaço
ispunct(ch)	Um símbolo de pontuação
isspace(ch)	Um caractere de espaço em branco, espaço, tab, alimentação de formulário ou Enter, por exemplo
isupper(ch)	Uma letra do alfabeto em caixa alta, de A a Z
isxdigit(ch)	Veja ishexnumber()

Tabela 13-2	Funções de Conversão CTYPE
Função	*Retorna*
toascii(ch)	O valor de código ASCII de ch, na gama entre 0 até 127
tolower(ch)	A caixa baixa do caractere ch
toupper(ch)	A caixa alta do caractere ch

De modo geral, testar funções começa com *is* e conversão de funções começa com *to*.

Cada função CTYPE aceita um valor `int` como argumento, representado pela variável `ch` nas Tabelas 13-1 e 13-2. Essas não são funções `char`!

Cada função CTYPE retorna um valor `int`. As funções na Tabela 13-1 retornam os valores lógicos VERDADEIRO ou FALSO; FALSO é 0 e VERDADEIRO é um valor diferente de 0.

> **Papo de Especialista**
>
> Funções CTYPE não são funções verdadeiras — são macros definidos pelo arquivo cabeçalho `ctype.h`. De qualquer maneira, elas se parecem com funções e são utilizadas dessa maneira. (Escrevo esta nota para me prevenir contra veteranos de faculdade, que venham a me mandar e-mails com esse tipo de correção.)

Testando caracteres

As funções CTYPE são mais úteis quando testam a entrada, determinando se a informação adequada foi digitada ou pegando informações necessárias do lixo. O código na Listagem 13-1 ilustra como um programa pode examinar o texto, arrancar certos atributos e, então, exibir um índice dessas informações.

Listagem 13-1:   Estatísticas de Texto

```
#include <stdio.h>
#include <ctype.h>

int main()
{
    char phrase[] = "When in the Course of human events,
        it becomes necessary for one people to dissolve
        the political bands which have connected them
        with another, and to assume among the powers of
        the earth, the separate and equal station to
        which the Laws of Nature and of Nature's
```

(Continua)

Listagem 13-1: *(continuação)*

```
God entitle them, a decent respect to the opinions of
           mankind requires that they should declare the
           causes which impel them to the separation.";

    int index,alpha,blank,punct;

    alpha = blank = punct = 0;

/* reúne dados */
    index = 0;
    while(phrase[index])
    {
        if(isalpha(phrase[index]))
            alpha++;
        if(isblank(phrase[index]))
            blank++;
        if(ispunct(phrase[index]))
            punct++;
        index++;
    }

/* imprime resultados */
    printf("\"%s\"\n",phrase);
    puts("Statistics:");
    printf("%d alphabetic characters\n",alpha);
    printf("%d blanks\n",blank);
    printf("%d punctuation symbols\n",punct);

    return(0);
}
```

A Listagem 13-1 pode parecer longa, mas não é; a string `phrase[]` declarada na Linha 6 pode ser o que você quiser — qualquer texto, um poema ou uma piada suja. Deve ser longa o suficiente para ter um punhado de caracteres interessantes. Note que, apesar dos parágrafos e tabulações neste texto, você deve apenas digitar uma longa linha de texto no seu código.

Este código também faz algo que ainda não foi apresentado neste livro e que chamo de *gang initialization*:

alpha = blank = punct = 0;

Como todas essas variáveis devem ser configuradas como 0, você utiliza múltiplos operadores de atribuição na mesma linha e realiza a tarefa com um só ataque.

O recheio da operação do programa inicia com o comentário `reúne dados`. Um loop `while` passa por todos os caracteres da string.

A condição para o loop `while` é `phrase[index]`. Essa avaliação é verdadeira para cada caractere no array, exceto o último, o caractere nulo, que avalia como FALSO, e para o loop.

Funções CTYPE são utilizadas em declarações `if`, enquanto cada caractere é avaliado nas Linhas 17, 19 e 21. Não utilizo testes `if-else` porque cada caractere deve ser verificado. Quando uma combinação positiva ou VERDADEIRA é encontrada, uma variável de contagem é incrementada.

Exercício 13-1: Digite o código-fonte da Listagem 13-1 no seu editor. Monte e execute.

Exercício 13-2: Modifique o código-fonte da Listagem 13-1 para que os testes também sejam feitos para contar letras em caixa alta e baixa. Exiba esses resultados também.

Exercício 13-3: Adicione código à sua solução para o Exercício 13-2 para que um cálculo final de todos os caracteres no texto (comprimento do texto) seja exibido na estatística final.

Mudando caracteres

As funções CTYPE que começam com `to` são utilizadas para converter caracteres. As mais comuns entre essas funções são `toupper()` e `tolower()`, que são úteis para testar a entrada. Como exemplo, considere um simples problema yorn, ilustrado na Listagem 13-2.

Listagem 13-2:   Um Problema yorn

```c
#include <stdio.h>
#include <ctype.h>

int main()
{
    char answer;

    printf("Would you like to blow up the moon? ");
    scanf("%c",&answer);
    answer = toupper(answer);
    if(answer=='Y')
        puts("BOOM!");
    else
        puts("The moon is safe");
    return(0);
}
```

Yorn é um termo que os programadores usam para falar sobre uma situação sim-ou-não: é pedido para o usuário digitar Y para SIM ou N para Não. A pessoa precisa digitar Y ou y? Ou ela pode digitar N ou n, ou qualquer tecla que não seja Y seria considerado um Não?

Na Listagem 13-2, a Linha 10 utiliza `toupper()` para converter o caractere da entrada para caixa alta. Dessa maneira, apenas uma condição `if` é necessária para testar uma entrada Y ou y.

Exercício 13-4: Crie um novo projeto, utilizando o código-fonte mostrado na Listagem 13-2. Monte e execute.

Exercício 13-5: Modifique o código-fonte para que texto seja exibido quando o usuário digitar tanto Y quanto N.

Exercício 13-6: Escreva um programa que mude todas as letras em caixa alta de uma string de texto para caixa baixa e mude as letras em caixa baixa para caixa alta. Exiba os resultados.

Abundância de Funções String

Apesar da sua classificação de tipo invariável, a biblioteca C não restringe funções que manipulam strings. Praticamente, tudo o que você desejar fazer com uma string poderá ser feito, utilizando-se algumas das suas muitas funções. Quando essas funções não forem suficientes, você poderá escrever a sua própria.

Revisando funções string

A Tabela 13-3 lista algumas das funções da biblioteca de linguagem C que manipulam ou abusam de strings.

Tabela 13-3	Funções de String
Função	*O que Faz*
strcmp()	Compara duas strings de maneira sensível a maiúsculas e minúsculas. Se a string combinar, a função retorna 0.
strncmp()	Compara os n primeiros caracteres de duas strings, retornando 0 se o número de caracteres dado combinar.
strcasecmp()	Compara duas strings, ignorando as diferenças entre maiúsculas e minúsculas. Se as strings combinarem, a função retorna 0.

Função	O que Faz
strncasecmp()	Compara um número específico de caracteres entre duas strings, ignorando diferenças entre maiúsculas e minúsculas. Se o número de caracteres combinar, a função retorna 0.
strcat()	Anexa uma string na outra, criando uma única string de duas.
strchr()	Procura por um caractere dentro de uma string. A função retorna a posição daquele caractere do início da string como um ponteiro.
strrchr()	Procura por um caractere dentro de uma string, mas de trás para frente. A função retorna a posição do caractere do fim da string como um ponteiro.
strstr()	Procura por uma string dentro de outra string. A função retorna o ponteiro para a localização da string, se ela for encontrada.
strcpy()	Copia (duplica) uma string em outra.
strncpy()	Copia um número específico de caracteres de uma string para outra.
strlen()	Retorna o comprimento de uma string, sem contar o caractere NULL ou \0 no final da string.

Mais funções de string estão disponíveis do que as mostradas na Tabela 13-3. Muitas delas fazem coisas específicas, que necessitam de uma compreensão mais profunda de C. As mostradas na tabela são as mais comuns.

Todas as funções de string na Tabela 13-3 necessitam que o arquivo cabeçalho string.h seja incluído no seu código-fonte:

```
#include <string.h>
```

Em um sistema Unix, você pode rever todas as funções de string, digitando o comando **man string** em uma janela de terminal.

Comparando texto

Strings são comparadas, utilizando-se a função strcmp() e todas as suas primas: strncmp(), strcasecmp() e strncasecmp().

As funções de comparação de string retornam um valor `int` baseado no resultado da comparação: 0 para quando as strings são iguais ou um valor `int` maior ou menor, baseado em se o valor da primeira string é maior que (mais alto no alfabeto) ou menor que (mais baixo no alfabeto) a segunda string. Na maior parte do tempo, você apenas vai procurar por 0.

A Listagem 13-3 utiliza a função `strcmp()` na Linha 13 para comparar a string inicializada `password` com qualquer texto que é lido na Linha 11, que é armazenado no array `input`. O resultado dessa operação é armazenado na variável `match`, que é utilizada em uma árvore de decisão `if-else` na Linha 14 para exibir os resultados.

Listagem 13-3:   Deixe-me Entrar

```
#include <stdio.h>
#include <string.h>

int main()
{
    char password[]="taco";
    char input[15];
    int match;

    printf("Password: ");
    scanf("%s",input);

    match=strcmp(input,password);
    if(match==0)
        puts("Password accepted");
    else
        puts("Invalid password. Alert the authorities.");

    return(0);
}
```

Exercício 13-7: Digite o código-fonte da Listagem 13-3 no seu editor. Teste o programa algumas vezes para garantir que ele aceita apenas `taco` como o password correto.

Exercício 13-8: Elimine a variável *match* do seu código no Exercício 13-7 e utilize a função `strcmp()` diretamente na comparação `if`. Essa é a maneira que a maioria dos programadores faz.

Exercício 13-9: Diminua um pouco a segurança, substituindo a função `strcmp()` por `strcasecmp()`. Execute o programa para confirmar que ambas, **taco** e **TACO**, são aceitas como password.

Construindo strings

Aquela que une uma string no fim de outra é a função strcat( ). O termo *cat* é o diminutivo de *concatenar*, que significa anexar uma a outra. Aqui está como funciona:

```
strcat(first,second);
```

Depois que essa declaração executa, o texto da string second é anexado à string first. Você também pode utilizar valores imediatos:

```
strcat(gerund,"ing");
```

Esta declaração junta o texto ing no final do array de texto gerund.

O código na Listagem 13-4 declara dois arrays char para armazenar texto. O array first é duas vezes maior que o array last porque é onde o conteúdo da segunda string é copiado. A cópia acontece na Linha 13 com a função strcat().

Listagem 13-4:   Apresentações

```
#include <stdio.h>
#include <string.h>

int main()
{
    char first[40];
    char last[20];

    printf("What is your first name? ");
    scanf("%s",first);
    printf("What is your last name? ");
    scanf("%s",last);
    strcat(first,last);
    printf("Pleased to meet you, %s!\n",first);
    return(0);
}
```

Exercício 13-10: Crie um novo programa, utilizando o código-fonte da Listagem 13-4. Execute o programa. Digite seu primeiro e último nomes, e então faça o Exercício 13-11.

Exercício 13-11: Modifique seu código-fonte para que um único espaço faça-se concatenado à string first antes que a string last seja concatenada.

Diversão com Formatação printf()

A função de saída mais popular em C é a printf(). É a favorita de todos e uma das primeiras funções que você aprende em C. Como uma das mais complexas, é também uma das funções que ninguém entende completamente.

O poder do printf() está na sua string de formatação. Esse texto pode ser visto como texto simples, sequências de escape e conversores de caracteres, que são uma pequena porcentagem de conversores que inserem valores em uma saída de texto. São esses conversores de caracteres que dão à printf() seu verdadeiro poder e eles também são um dos aspectos menos entendidos da função.

A gama de conversores de caracteres está listada no Apêndice F.

Formatando ponto flutuante

Você pode utilizar mais do que o conversor de caractere básico %f para formatar valores com ponto flutuante. Na verdade, aqui está o formato que normalmente uso na formatação de texto das funções printf():

```
%w.pf
```

O w estabelece a largura máxima para o número todo, incluindo a casa decimal. O p estabelece a precisão. Por exemplo:

```
printf("%9.2f",12.45);
```

Esta declaração faz a saída de quatro espaços e então 12.45. Esses quatro espaços mais 12.45 (cinco caracteres no total) são iguais a 9 na largura. Apenas dois valores são mostrados à direita do decimal porque .2 é utilizado no conversor de caractere %f.

É possível especificar o valor de precisão sem estabelecer uma largura, mas ela deve ser prefixada pelo ponto decimal, como em %.2f (por cento ponto dois F). Veja a Listagem 13-5.

Listagem 13-5: A Gama de Formatação de Ponto Flutuante de printf()

```
#include <stdio.h>

int main()
{
    float sample1 = 34.5;
    float sample2 = 12.3456789;
```

```
        printf("%%9.1f = %9.1f\n",sample1);
        printf("%%8.1f = %8.1f\n",sample1);
        printf("%%7.1f = %7.1f\n",sample1);
        printf("%%6.1f = %6.1f\n",sample1);
        printf("%%5.1f = %5.1f\n",sample1);
        printf("%%4.1f = %4.1f\n",sample1);
        printf("%%3.1f = %3.1f\n",sample1);
        printf("%%2.1f = %2.1f\n",sample1);
        printf("%%1.1f = %1.1f\n",sample1);
        printf("%%9.1f = %9.1f\n",sample2);
        printf("%%9.2f = %9.2f\n",sample2);
        printf("%%9.3f = %9.3f\n",sample2);
        printf("%%9.4f = %9.4f\n",sample2);
        printf("%%9.5f = %9.5f\n",sample2);
        printf("%%9.6f = %9.6f\n",sample2);
        printf("%%9.7f = %9.7f\n",sample2);
        printf("%%9.6f = %9.6f\n",sample2);
        printf("%%9.7f = %9.7f\n",sample2);
        printf("%%9.8f = %9.8f\n",sample2);
        return(0);
}
```

Exercício 13-12: Digite o código-fonte da Listagem 13-5 no seu editor. Parece muito trabalho, mas você pode criar o código rapidamente, utilizando um monte de copiar e colar.

A saída do Exercício 13-12 ajuda a ilustrar a largura e a proporção de precisão da saída do conversor de caractere %f:

```
%9.1f =       34.5
%8.1f =      34.5
%7.1f =     34.5
%6.1f =    34.5
%5.1f =   34.5
%4.1f = 34.5
%3.1f = 34.5
%2.1f = 34.5
%1.1f = 34.5
%9.1f =      12.3
%9.2f =     12.35
%9.3f =    12.346
%9.4f =   12.3457
%9.5f =  12.34568
%9.6f = 12.345679
%9.7f = 12.3456793
%9.8f = 12.34567928
```

Dessa saída, você pode ver como o valor de largura "enche" os números à esquerda. Com a diminuição do valor, o enchimento também diminui.

Entretanto, quando a largura especificada é maior que o valor original, coisas sem nexo são exibidas, como mostrado nas duas últimas linhas da saída. Isso porque a largura é maior que o limite de uma única precisão.

Configurando a largura da saída

A opção w utilizada para a largura da saída está disponível para todos os conversores de caractere, não apenas para %f. A *largura* é a quantidade mínima de espaço fornecida para a saída. Quando a saída é menor que a largura, ela é justificada à direita. Quando a saída é maior que a largura, a largura é ignorada. Veja a Listagem 13-6.

Listagem 13-6:   Bagunçando com a Largura

```
#include <stdio.h>

int main()
{
    printf("%%15s = %15s\n","hello");
    printf("%%14s = %14s\n","hello");
    printf("%%13s = %13s\n","hello");
    printf("%%12s = %12s\n","hello");
    printf("%%11s = %11s\n","hello");
    printf("%%10s = %10s\n","hello");
    printf(" %%9s = %9s\n","hello");
    printf(" %%8s = %8s\n","hello");
    printf(" %%7s = %7s\n","hello");
    printf(" %%6s = %6s\n","hello");
    printf(" %%5s = %5s\n","hello");
    printf(" %%4s = %4s\n","hello");
    return(0);
}
```

Exercício 13-13: Digite o código-fonte da Listagem 13-6 em um novo projeto. Monte e execute para examinar a saída, que se parece com isso:

```
%15s =           hello
%14s =          hello
%13s =         hello
%12s =        hello
%11s =       hello
%10s =      hello
 %9s =     hello
 %8s =    hello
 %7s =   hello
 %6s =  hello
 %5s = hello
 %4s = hello
```

Da mesma forma que a opção de largura para números com ponto flutuante (veja o exercício anterior), o espaço é preenchido à esquerda quando a largura é maior que a string exibida. Quando, porém, a largura é menor que o comprimento da string, toda a string é exibida.

Quando o valor da largura é especificado para um inteiro, ele pode ser utilizado para alinhar a saída à direita. Por exemplo:

```
printf("%4d",value);
```

Esta declaração garante que a saída para `value` está justificada à direita e com, pelo menos, quatro caracteres de largura. Se o valor é menor que os quatro caracteres de largura, é preenchido de espaços à esquerda, a não ser que você coloque um 0 ali dentro:

```
printf("%04d",value);
```

Neste caso, a função `printf()` preenche a largura com zeros para manter tudo com quatro caracteres de largura.

Exercício 13-14: Modifique o Exercício 13-1 para que uma saída de valores inteiros sejam alinhados. Por exemplo, a parte do índice da saída deve se parecer com isso:

```
330 alphabetic characters
 70 blanks
  6 punctuation symbols
```

Alinhando a saída

O valor da largura no caractere de conversão ajusta a saída à direita, o que chamamos de *alinhamento à direita*. Nem tudo, porém, está certo. Às vezes, você quer alinhar à esquerda. Para forçar o preenchimento do lado direito da saída, insira um sinal de menos antes do valor da largura no conversor de caractere `%s`. Por exemplo:

```
printf("%-15s",string);
```

Esta declaração exibe o texto no array `string` justificado à esquerda. Se a string for menor que 15 caracteres, espaços serão adicionados à direita.

O código-fonte da Listagem 13-7 exibe duas strings. A primeira é justificada à esquerda dentro de uma gama de várias larguras. A largura vai ficando menor com cada declaração progressiva `printf()`.

Listagem 13-7:   Encontro no Meio

```
#include <stdio.h>

int main()
{
    printf("%-9s me\n","meet");
    printf("%-8s me\n","meet");
    printf("%-7s me\n","meet");
    printf("%-6s me\n","meet");
    printf("%-5s me\n","meet");
    printf("%-4s me\n","meet");
    return(0);
}
```

Exercício 13-15: Copie o formulário de código da Listagem 13-7 no seu editor. Crie o programa e execute-o para ver a demonstração de alinhamento de saída.

Exercício 13-16: Escreva um programa que exiba o primeiro e último nomes dos quatro primeiros presidentes dos Estados Unidos. Armazene os nomes em um array `char` multidimensional. Os nomes devem ser alinhados para que a saída se pareça com isso:

```
George  Washington
John    Adams
Thomas  Jefferson
James   Monroe
```

Descendo o Fluxo Tranquilamente

As funções básicas de entrada/saída em C não são interativas, o que quer dizer que elas não sentam e esperam que se digite texto no teclado. Essa é a maneira que você espera utilizar um programa de computador: digita-se a entrada e o programa reage diretamente. A entrada padrão em C, porém, não é baseada em caracteres. É baseada em fluxo.

Com uma entrada *baseada em fluxo*, o programa enxerga a entrada como se ela fosse derramada de um jarro. Todos os caracteres, incluindo o Enter, marcham um atrás do outro. Apenas após uma certa quantidade de texto ser recebida, ou de a entrada parar completamente, o fluxo acaba. Este conceito pode ser frustrante para qualquer programador iniciante em C.

Demonstrando o fluxo de entrada

Considere o código ilustrado na Listagem 13-8. Da listagem, parece que o código lê a entrada até o ponto final ser encontrado. Neste ponto, você deve supor que a entrada pararia, mas isso não é antecipar o fluxo de entrada.

Listagem 13-8:   Enganado pelo Fluxo de entrada

```
#include <stdio.h>

int main()
{
    char i;

    do
    {
        i = getchar();
        putchar(i);
    } while(i != '.');

    putchar('\n');
    return(0);
}
```

Exercício 13-17: Digite o código-fonte da Listagem 13-8 em um editor. Monte e execute para testar o programa. Digite um monte de texto e um ponto final para ver o que acontece.

Aqui está como ele rodou no meu computador, com a minha digitação mostrada em negrito:

```
This is a test. It's only a test.
This is a test.
```

De modo geral, o programa não para a entrada depois que você digita o ponto final. A primeira linha no exemplo anterior é o fluxo, como uma mangueira de incêndio jogando caracteres no programa. O programa se comporta adequadamente, processando o fluxo e parando de exibi-lo depois que o ponto final é encontrado. A tecla Enter serve como um freio no fluxo, que o programa utiliza para digerir a entrada até aquele ponto.

Lidando com o fluxo de entrada

Apesar da orientação de fluxo da linguagem C, existem maneiras para criar programas mais ou menos interativos. Você só precisa aceitar o fluxo de entrada e lidar com ele adequadamente.

O código-fonte da Listagem 13-9 deve ser bem direto para você. A função `getchar()` busca dois caracteres e, então, os caracteres são exibidos na Linha 11.

Listagem 13-9:   Buscando Caracteres no Fluxo

```
#include <stdio.h>

int main()
{
    char first,second;

    printf("Type your first initial: ");
    first = getchar();
    printf("Type your second initial: ");
    second = getchar();
    printf("Your initials are '%c' and '%c'\n",
        first,second);
    return(0);
}
```

Exercício 13-18: Digite o código-fonte da Listagem 13-9 no seu editor. A Linha 11 na listagem está dividida para não enrolar; você não precisa dividir a linha no seu editor. Monte e execute, utilizando suas iniciais como entrada.

Aqui está a saída que eu vi, com a minha digitação mostrada em negrito:

```
Type your first initial: D
Type your second initial: Your initials are 'D' and '
'
```

Como você, eu nunca tive a chance de digitar minha segunda inicial. O fluxo incluiu o pressionar da tecla Enter, que o programa aceitou como entrada para a segunda função `getchar()`. Esse caractere, \n, é exibido na saída entre os apóstrofos.

Como você executa o programa? Simples. Digite ambas as iniciais no primeiro prompt:

```
Type your first initial: DG
Type your second initial: Your initials are 'D' and 'G'
```

Claro, não é isso que o código pede. Então, como se conserta isso? Você pode pensar em uma solução utilizando sua bolsa de truques de programação atual?

Não desista!

A solução que eu utilizaria seria inventar uma função, que retornasse o primeiro caractere no fluxo e, então, engoliria o resto dos caracteres até que \n fosse encontrado. Essa função pareceria com a Listagem 13-10:

Listagem 13-10:   Uma Função de Entrada de Um Único Caractere, getch()

```
char getch(void)
{
    char ch;

    ch = getchar();
    while(getchar()!='\n')
        ;
    return(ch);
}
```

Para envolver seu cérebro em fluxo de entrada, considere que o loop `while` na Listagem 13-10 gira por todo o texto no fluxo até que uma nova linha seja encontrada. Então, o primeiro caractere do fluxo, pego na Linha 5, é retornado da função.

Exercício 13-19: Modifique o código-fonte do Exercício 13-18 para que a função `getch()` ilustrada na Listagem 13-10 seja utilizada para reunir entrada. Monte e execute para garantir que a saída é o que o usuário anteciparia.

Se você quer programas realmente interativos, deve utilizar a biblioteca de linguagem C, que oferece funções interativas. Recomendo a biblioteca Ncurses, que tem tanto funções de entrada quanto de saída, que lhe permitem criar programas de texto em tela cheia, que são imediatamente interativos.

Capítulo 14

Estruturas, as Multivariáveis

Neste Capítulo
- Criando estruturas
- Declarando variáveis de estrutura
- Atribuindo valores a variáveis de estrutura
- Montando arrays de estrutura
- Colocando uma estrutura dentro da outra

*V*ariáveis individuais são perfeitas para armazenar valores únicos. Quando você precisa de mais de um tipo de variável, declara um array. Para dados, isso consiste em diversos tipos diferentes de variáveis. Então, você deve moldar esses tipos de variáveis em algo chamado de estrutura. É o método da linguagem C de criar um bufê de variáveis.

Olá, Estrutura

Prefiro pensar na estrutura de linguagem C como uma *multivariável*, ou seja, muitas variáveis enroladas como uma. São usadas estruturas para armazenar ou acessar informações complexas. Dessa maneira, pode-se manter variáveis `int`, `char`, `float` e até mesmo arrays, todos em um pacote organizado.

Introduzindo a multivariável

Algumas coisas simplesmente foram feitas para estar com outras. Como seu nome e endereço ou o número da sua conta bancária e todo o dinheiro que supostamente está lá. Você pode criar tais relacionamentos em C, utilizando arrays paralelos ou variáveis nomeadas especificamente. Isso, no entanto, é esquisito. Uma solução melhor é empregar a estrutura, como demonstrado na Listagem 14-1.

Listagem 14-1: Uma Variável, Muitas Partes

```
#include <stdio.h>

int main()
{
    struct player
    {
        char name[32];
        int highscore;
    };
    struct player xbox;

    printf("Enter the player's name: ");
    scanf("%s",xbox.name);
    printf("Enter their high score: ");
    scanf("%d",&xbox.highscore);

    printf("Player %s has a high score of %d\n",
            xbox.name,xbox.highscore);
    return(0);
}
```

Exercício 14-1: Sem nem mesmo saber o que está acontecendo, digite a Listagem 14-1 no seu editor para criar um programa. Monte e execute.

O código da Listagem 14-1 funciona assim:

As Linhas 5 a 9 declaram a estrutura `player`. Essa estrutura tem dois membros — um array `char` (string) e `int` — e é declarada como qualquer outra variável, nas Linhas 7 e 8.

A Linha 10 declara uma nova variável para a estrutura `player`, `xbox`.

A Linha 13 utiliza `scanf()` para preencher o membro `name` para a variável da estrutura `xbox` com um valor string.

A Linha 15 utiliza `scanf()` para atribuir um valor ao membro `highscore` na estrutura `xbox`.

Os valores dos membros da estrutura são exibidos na Linha 17, utilizando uma função `printf()`. A função é dividida em duas linhas com uma barra invertida no final da Linha 17; as variáveis para `printf()` são estabelecidas na Linha 18.

Entendendo struct

Uma estrutura não é um tipo de variável. Pense nela como uma armação que sustenta diversos tipos de variáveis. De várias maneiras, uma estrutura é similar a um registro em uma base de dados. Por exemplo:

```
Name
Age
Gambling debt
```

Estes três itens podem ser campos de um registro de base de dados, mas eles também podem ser membros em uma estrutura: Name seria uma string; Age, um inteiro; e Gambling Debt, um valor não definido com ponto flutuante. Tal registro ficaria mais ou menos assim em uma estrutura em C:

```
struct record
{
    char name[32];
    int age;
    float debt;
};
```

struct é uma palavra-chave de linguagem C que introduz a estrutura. Você também pode interpretá-la como se ela definisse ou criasse uma nova estrutura.

record é o nome da nova estrutura sendo criada. Não é uma variável — é um tipo de estrutura.

Dentro das chaves, ficam os membros da estrutura, isto é, as variáveis contidas na estrutura nomeada. O tipo de estrutura record contém três membros variáveis: uma string name, um int chamado age e um valor float, debt.

Para utilizar a estrutura, você deve declarar a variável de estrutura do tipo de estrutura que criou. Por exemplo:

```
struct record human;
```

Esta linha declara uma nova variável para o tipo de estrutura record. A nova variável é chamada human.

Variáveis de estrutura também podem ser declaradas quando você define a estrutura em si. Por exemplo:

```
struct record
{
    char name[32];
    int age;
    float debt;
} human;
```

As declarações definem a estrutura `record` e declaram a variável da estrutura `record`, `human`. Múltiplas variáveis desse tipo de estrutura também podem ser criadas:

```
struct record
{
    char name[32];
    int age;
    float debt;
} bill, mary, dan, susie;
```

Quatro variáveis de estrutura `record` são criadas neste exemplo. Cada variável tem acesso a três membros definidos na estrutura.

Para acessar membros em uma variável de estrutura, você precisa utilizar um ponto final, que é o *operador de membro*. Ele conecta o nome da variável de estrutura com o nome de um membro. Por exemplo:

```
printf("Victim: %s\n",bill.name);
```

Esta declaração referencia o membro `name` na variável de estrutura `bill`. Um array `char` pode ser utilizado no seu código como qualquer outro array `char`. Outros membros na variável de estrutura podem ser utilizados como suas contrapartes individuais também:

```
dan.age = 32;
```

Neste exemplo, o membro `age`, na variável de estrutura `dan`, está configurado com o valor 32.

Exercício 14-2: Modifique o código-fonte da Listagem 14-1 para que outro membro seja adicionado à estrutura `player`, um valor `float` indicando as `hours` (horas) jogadas. Conserte o resto do código para que seja feita a entrada do novo valor e para que depois ele seja exibido.

Preenchendo uma estrutura

Da mesma forma como com outras variáveis, você pode atribuir valores a uma variável de estrutura quando ela é criada. Você deve primeiro definir o tipo de estrutura e, então, declarar uma variável de estrutura com seus valores de membro predefinidos. Garanta que os valores predefinidos combinem com a ordem e tipo de membros definidos na estrutura, como mostrado na Listagem 14-2.

Listagem 14-2:   Declarando uma Estrutura Inicializada

```
#include <stdio.h>

int main()
{
    struct president
    {
        char name[40];
        int year;
    };
    struct president first = {
        "George Washington",
        1789
    };

    printf("The first president was %s\n",first.name);
    printf("He was inaugurated in %d\n",first.year);

    return(0);
}
```

Exercício 14-3: Crie um novo programa, digitando o código-fonte da Listagem 14-2 no editor. Monte e execute.

Você também pode declarar uma estrutura e inicializá-la em uma declaração:

```
struct president
{
    char name[40];
    int year;
} first = {
    "George Washington",
    1789
};
```

Exercício 14-4: Modifique seu código-fonte do Exercício 14-3 para que a estrutura e a variável sejam declaradas e inicializadas como uma declaração.

Embora você possa declarar uma estrutura e inicializar uma variável de estrutura como mostrado, esse truque só poderá ser usado uma vez. Você não poderá usar a técnica para declarar uma segunda variável de estrutura, o que deve ser feito do jeito tradicional, como mostrado na Listagem 14-2.

Exercício 14-5: Adicione outra variável de estrutura `president`, `second`, ao seu código, inicializando essa estrutura com informações sobre o segundo presidente, John Adams, que assumiu o cargo em 1797. Exiba o conteúdo de ambas as estruturas.

Fazendo um array de estruturas

Criar variáveis de estruturas individuais, uma depois da outra, é tão tedioso e ineficaz quanto criar uma série de qualquer tipo de variáveis individuais. A solução para estruturas múltiplas é a mesma de variáveis individuais múltiplas: um array.

Um array de estrutura é declarado assim:

```
struct scores player[4];
```

Esta declaração serve para um array de estruturas `scores`. O array é nomeado `player` e contém quatro variáveis de estruturas como seus elementos.

As estruturas no array são acessadas, utilizando-se uma combinação de notação de array e estrutura. Por exemplo:

```
player[2].name
```

A variável na linha anterior acessa o membro `name` no terceiro elemento do array de estrutura `player`. Sim, é o terceiro elemento porque o primeiro elemento seria referenciado assim:

```
player[0].name
```

Arrays começam sua numeração com o elemento 0, não com o elemento 1.

A Linha 10 na Listagem 14-3 declara um array de quatro estruturas `scores`. O array é nomeado `player`. As Linhas 13 a 19 preenchem cada estrutura do array. As Linhas 21 a 27 exibem cada valor de membro da estrutura.

Listagem 14-3:   Arrays de Estruturas

```c
#include <stdio.h>

int main()
{
    struct scores
    {
        char name[32];
        int score;
    };
    struct scores player[4];
    int x;

    for(x=0;x<4;x++)
    {
        printf("Enter player %d: ",x+1);
        scanf("%s",player[x].name);
        printf("Enter their score: ");
        scanf("%d",&player[x].score);
    }

    puts("Player Info");
    printf("#\tName\tScore\n");
    for(x=0;x<4;x++)
    {
        printf("%d\t%s\t%5d\n",
            x+1,player[x].name,player[x].score);
    }
    return(0);
}
```

Exercício 14-6: Digite o código-fonte da Listagem 14-3 no seu editor. Monte e execute o programa. Tente manter os scores menores que cinco dígitos para que eles se alinhem adequadamente.

Exercício 14-7: Adicione código à Listagem 14-3 para que a exibição de estruturas seja ordenada, listando primeiro os maiores scores. Sim, você pode fazer isso. Classificar um array de estruturas funciona exatamente como classificar qualquer outro array. Reveja o Capítulo 12, caso tenha perdido o controle.

Aqui vai uma dica, só porque sou um cara bonzinho. A Linha 27 da minha solução se parece com isso:

```
player[a]=player[b];
```

Você pode mudar elementos de um array de estrutura assim como pode mudar qualquer elemento de um array. Não é preciso mudar todos os membros de variáveis de estrutura.

Conceitos estranhos sobre estruturas

Admito que estruturas, talvez, sejam o tipo mais estranho de variável na linguagem C. Os dois passos necessários para criá-las são incomuns, mas o método de se utilizar o ponto para referenciar um membro de estrutura sempre parece confundir programadores iniciantes. Se você acha que, além desses dois assuntos, estruturas não poderiam ficar mais esquisitas, está extremamente enganado.

Colocando estruturas dentro de estruturas

É verdade que uma estrutura mantém variáveis de linguagem C. Também é verdade que uma estrutura é uma variável de linguagem C. Portanto, conclui-se que uma estrutura pode manter outra estrutura como um membro. Não deixe que esta ideia estranha lhe confunda. Em vez disso, observe o exemplo mostrado na Listagem 14-4.

Listagem 14-4:   Uma Estrutura Aninhada

```
#include <stdio.h>
#include <string.h>

int main()
{
    struct date
    {
        int month;
        int day;
        int year;
    };
    struct human
    {
        char name[45];
        struct date birthday;
    };
    struct human president;

    strcpy(president.name,"George Washington");
    president.birthday.month = 2;
    president.birthday.day = 22;
    president.birthday.year = 1732;

    printf("%s was born on %d/%d/%d\n",
            president.name,
            president.birthday.month,
            president.birthday.day,
            president.birthday.year);

    return(0);
}
```

A Listagem 14-4 declara dois tipos de estruturas: date na Linha 6 e human na Linha 12. Dentro da declaração da estrutura human, na Linha 15, você vê a variável de estrutura birthday declarada. É assim que uma estrutura nasce dentro da outra efetivamente.

A Linha 17 cria uma variável de estrutura human, *president*. O resto do código preenche os membros da estrutura com dados. O método para acessar um membro de estrutura aninhada é mostrado nas Linhas 20 a 22.

São os nomes das variáveis de estrutura que são usados e não o nome usado para declarar a estrutura.

Exercício 14-8: Digite o código-fonte da Listagem 14-4 no seu editor. Monte e execute o programa.

Exercício 14-9: Substitua o membro name na estrutura human por uma estrutura aninhada. Nomeie essa estrutura como id e faça-a conter dois membros, arrays char, first e last, para armazenar o primeiro e último nomes de um indivíduo. Se você fizer tudo corretamente, a referência ao nome do presidente serão as variáveis president.name.first e president.name.last. Certifique-se de atribuir valores para essas variáveis no seu código e exibir os resultados.

Passando uma estrutura para uma função

Como um tipo de variável, é completamente possível para uma função comer uma estrutura e colocá-la para fora. Entretanto, esta situação requer que a estrutura seja declarada como uma variável global. Isso porque, se você declara uma estrutura em uma função, e main() é uma função, a definição fica disponível apenas naquela função. Portanto, a declaração deve ser feita globalmente para que fique disponível para todas as funções do código.

O tópico de variáveis globais será introduzido no Capítulo 16. Não é tão complexo, mas é suficiente dizer que o adiei até lá, discutindo como passar e retornar estruturas para e de funções.

Capítulo 15
Existe Vida no Prompt de Comando

Neste Capítulo

▶ Utilizando uma janela de terminal
▶ Trabalhando com uma linha de comando
▶ Especificando os argumentos de main()
▶ Entendendo a função exit()
▶ Executando programas com system()

Antes dos computadores se tornarem gráficos, a janela de texto era tão *high tech* quanto os computadores. Visualmente, era tudo simples e chato e a maioria dos jogos mais emocionantes envolvia muita leitura. Se o Facebook fosse inventado naquela época, seria só livro e nada de rosto.

Invoque uma Janela de Terminal

Independentemente de se utilizar Windows, Mac OS X, Linux ou uma variante Unix, você pode gerar uma janela de terminal, na qual pode testemunhar a inflexibilidade incrível do prompt de comando. É um ambiente apenas de texto, no qual cada programa que você codifica neste livro está perfeitamente em contexto.

Inicializando uma janela de terminal

A Figura 15-1 ilustra o prompt de comando do Windows e também a janela de Terminal no Macintosh. Os sistemas Linux e Unix apresentam uma janela parecida com a que o Mac utiliza.

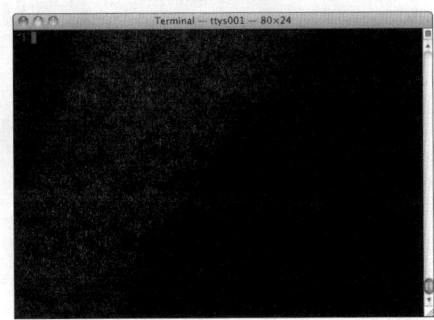

Figura 15-1:
Modo texto em uma janela de terminal.

Linha de comando no Windows

Terminal no Mac

Para abrir um prompt de comando no Windows, siga esses passos:

1. **Pressione a combinação de teclas Win+R.**

   A caixa de diálogo Run aparece.

2. **Digite cmd e clique no botão OK.**

   A janela de prompt de comando aparece.

Para abrir uma janela de terminal no Macintosh, siga esses passos:

1. **Mude para o aplicativo Finder; clique no desktop.**

2. **Pressione Command+Shift+U para ver a pasta Utilities.**

3. **Abra o programa Terminal.**

No Linux e Unix, rodando uma variante do sistema X Window, abra uma janela de terminal, rodando o programa Xterm (ou similar). Frequentemente, você encontra um ícone de janela de terminal ou atalho facilmente acessível no desktop.

Para fechar o prompt de comando ou a janela de terminal, digite o comando **exit** e pressione a tecla Enter.

Executando código no modo texto

Todos os programas que você criar neste livro rodarão em modo Texto. O Code::Blocks mostra uma janela de visualização, mas você também poderá executar seus programas diretamente através do prompt de comando ou da janela de terminal. O truque é encontrar seu código, o que requer um pouco de sagacidade no prompt de comando.

Se você está utilizando um IDE que não seja o Code:Blocks ou está compilando diretamente no prompt de comando, presumo que sabe bem como encontrar seu código. Caso contrário, se você seguiu minhas orientações no Capítulo 1, os programas demo deste livro devem ser bem fáceis de encontrar. Considere essas orientações:

1. **Abra um prompt de comando ou uma janela de terminal**

    Veja as orientações na seção anterior.

    O prompt de comando ou a janela de terminal abre para o seu `User Profile` ou pasta `Home`. Esta pasta não contém seus programas C. Então, você vai precisar trocar ou mudar para outra pasta. (Você pode executar programas sem trocar de pastas, mas trocar é mais fácil.)

    Use o comando `cd`, change *d*irectory (mudar de diretório), para mudar para a pasta que você criou para armazenar os projetos deste livro.

2. **Digite cd prog/c/begc4d e pressione a tecla Enter.**

    Digite o espaço depois do comando `cd` e então digite o caminho exato assim como listado.

    O Code::Blocks vai criar pastas de projetos para cada programa que você criou. A pasta de projeto é nomeada da mesma forma que o projeto salvo, como `ex1410` para o último projeto no Capítulo 14. Para executar o programa que foi criado, você deve mudar para a pasta `bin` do projeto:

3. **Digite cd ex1409/bin/release e então pressione a tecla Enter.**

    O diretório atual agora contém o arquivo executável do programa do seu projeto.

4. **Para executar o projeto, digite o nome dele no prompt de comando.**

    Para o projeto ex1409 no Windows, digite **ex1409** e pressione Enter. No Mac, Linux ou Unix, você precisará chamar a atenção do sistema operacional para o diretório atual. Digite **./ex1409** e pressione a tecla Enter.

Esses passos podem ser seguidos para executar qualquer programa que você tenha criado no prompt de comando. Simplesmente, substitua o nome do projeto e do programa no lugar de ex1409.

Os Argumentos da Função main ( )

Antigamente, os programas apresentavam opções de linhas de comando ou interruptores. Por exemplo, para compilar e vincular um programa C, você tinha que digitar algo como isso:

```
cc ex1501.c -o ex1501
```

Os três pedacinhos de texto depois do comando `cc` são opções ou interruptores. Eles também são argumentos da função `main()`. Um programa pode ler esses argumentos, mesmo hoje, quando o mundo executa sistemas operacionais gráficos. Tudo o que você precisa fazer no seu código é examinar os argumentos da função `main()`.

Lendo a linha de comando

Imagine que estamos em 1987 e você está escrevendo um programa que diz "Oi" para o usuário pelo nome. Para conseguir o nome do usuário, faça o seu código engolir o primeiro pedaço de texto que aparece depois do nome do programa na linha de comando. Esse código pode se parecer como a Listagem 15-1.

Listagem 15-1:   Bem, Olá!

```
#include <stdio.h>

int main(int argc, char *argv[])
{
    if(argc>1)
        printf("Greetings, %s!\n",argv[1]);
    return(0);
}
```

A Linha 3 na Listagem 15-1 é diferente das que vimos anteriormente neste livro. Em vez de estar vazia, a função `main()` agora mostra seus dois argumentos, `argc` e `*argv[]`.

A Linha 5 utiliza o valor `int argc` para determinar se qualquer item adicional foi digitado depois do nome do programa no prompt de comando.

A Linha 6 utiliza o valor da string (array `char`) `argv[1]` para exibir o primeiro item depois do nome do programa no prompt de comando.

Exercício 15-1: Digite o código fonte da Listagem 15-1 em um novo projeto. Monte e execute.

O programa não exibirá nenhuma saída, a não ser que um argumento de linha de comando seja especificado. Para que isso aconteça no Code::Blocks, siga esses passos:

1. Selecione Project ⇨ Set Programs' Arguments.

A caixa de diálogo Select Target aparece, como mostrado na Figura 15-2.

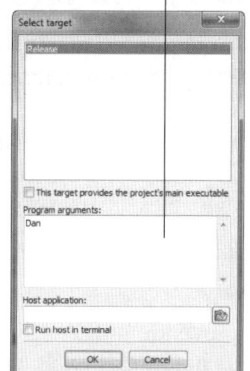

Figura 15-2:
Estabelecendo os argumentos da linha de comando no Code::Blocks.

Digite os argumentos da linha de comando aqui.

2. **Digite texto de linha de comando na seção Program Arguments da caixa de diálogo Select Target.**

   Utilize a Figura 15-2 como guia.

3. **Clique no botão OK.**

4. **Execute seu programa novamente para ver como fica a saída nos argumentos de linha de comando.**

Se você está codificando no prompt de comando, pode executar o programa assim:

```
ex1501 Shadrach
```

Pressione a tecla Enter para executar o programa.

O código utiliza apenas o primeiro argumento da linha de comando; então, se você digitar mais, eles serão ignorados. Por exemplo:

```
ex1501 Shadrach Meshach Abednego
```

Na Linha anterior, apenas Shadrach aparece na saída.

Entendendo os argumentos do main ( )

Se você não planeja que seu programa aceite qualquer argumento de linha de comando, pode deixar os parênteses da função `main()` em branco. Assim:

```
int main()
```

Quando argumentos são utilizados no seu código, eles devem ser declarados. Dessa forma:

```
int main(int argc, char *argv[])
```

`argc` é o valor de contagem do argumento. É um inteiro que vai de 1 até quantos itens forem digitados depois do nome do programa no prompt de comando.

`*argv[]` é um array de ponteiros `char`. Você pode pensar nele como um array de string, que é como ele pode ser utilizado no seu código.

O código na Listagem 15-2 simplesmente conta os números de argumentos digitados na linha de comando. Esse valor, `argc`, é exibido.

Listagem 15-2:   Contador de Argumentos

```
#include <stdio.h>

int main(int argc, char *argv[])
{
    printf("You typed %d arguments.\n",argc);
    return(0);
}
```

Exercício 15-2: Digite o código fonte anterior. Monte e execute sem digitar argumentos.

A função `main()` recebe informações sobre o argumento de linha de comando diretamente do sistema operacional. A linha de comando é avaliada e os argumentos são computados e referenciados. O registro aparece como `argc` e as referências são armazenadas no array `argv[]`.

Quando nenhum argumento é digitado — no Code::Blocks isso significa que a janela Program Arguments continua vazia (veja Figura 15-2) — você vê essa saída:

```
You typed 1 arguments.
```

Isso porque o nome do programa em si é considerado um primeiro argumento. Você pode provar isso adicionando uma única linha ao código:

```
printf("That argument is %s.\n",argv[0]);
```

Exercício 15-3: Modifique seu código fonte, adicionando a linha anterior, inserindo-a depois da primeira declaração `printf()`. Monte e execute.

A saída do programa agora exibe o nome do programa — muito provavelmente, um caminho completo para o programa, que é preciso, mas um pouco exagerado.

Exercício 15-4: Modifique o código novamente, desta vez adicionando o loop `for` para trabalhar através de todos os argumentos e exibir cada um deles. A saída pode se parecer com isso:

```
begc4d$ ./ex1504 Shadrach Meshach Abednego
Arg#1 = ./ex1504
Arg#2 = Shadrach
Arg#3 = Meshach
Arg#4 = Abednego
```

Hora de Cair Fora

Informações podem entrar no seu programa, através dos argumentos de linha de comando. Informações podem voltar, graças à declaração `return`. Esse é o jeito básico, mas não o único, de um programa sair quando é finalizado.

Saindo do programa

Seu programa sai, quando a função `main()` encontra a declaração `return`. Tradicionalmente, essa declaração aparece no final da função, mas não precisa sempre estar lá. Posteriormente, você poderá usar a função `exit()` para sair de um programa a qualquer momento, mesmo dentro de outra função que não a `main()`.

A função `exit()` é utilizada para sair de um programa graciosamente, amarrando qualquer ponta solta, colocando as variáveis para dormir e assim por diante. Na Listagem 15-3, essa função é utilizada na Linha 17 para sair do programa na função `sub()`.

Listagem 15-3: Deve Haver Algum Jeito de Sair Daqui

```c
#include <stdio.h>
#include <stdlib.h>

void sub(void);

int main()
{
    puts("This program quits before it's done.");
    sub();
    puts("Or was that on purpose?");
    return(0);
}

void sub(void)
{
    puts("Which is the plan.");
    exit(0);
}
```

Você precisa incluir o arquivo cabeçalho stdlib.h para usar a função exit() e ela utiliza um valor int como argumento para o status de saída, parecido com o valor passado por return na função main().

Exercício 15-5: Digite o código fonte da Listagem 15-3 no seu editor. Monte e execute o programa.

Executando outro programa

A função system() orienta seu programa a executar outro programa ou emitir um comando. Por exemplo:

```c
system("blorf");
```

A declaração anterior orienta o sistema operacional a emitir o comando blorf, executando qualquer programa que tenha esse nome ou carregando qualquer ação que o comando blorf imponha.

Depois de executar o comando, o controle retorna ao seu programa, que continua com a declaração seguinte à função system().

A Listagem 15-4 contém duas funções system(); seu código precisa apenas de uma. Use a primeira declaração system(), se você estiver utilizando Windows; use a segunda declaração, se estiver usando qualquer outra coisa. Você pode ainda apenas retirar por comentário a declaração, em vez de deletá-la.

Listagem 15-4:   Clareando as Coisas

```
#include <stdio.h>
#include <stdlib.h>

int main()
{
    printf("Press Enter to clear the screen:");
    getchar();
    system("cls");        /* apenas Windows */
    system("clear");      /* Mac - Unix */
    puts("That's better");
    return(0);
}
```

A Linha 2 inclui o arquivo cabeçalho stdlib.h, que é necessário para que a função system() funcione. Garanta que o comando a ser executado está entre aspas duplas ou é representado por uma array char (string).

Exercício 15-6: Crie um novo projeto, utilizando o código fonte mostrado na Listagem 15-4. Monte e execute.

Capítulo 16
Variáveis Sem Noção

Neste Capítulo
- Mudando tipos de variável
- Utilizando `typedef` para criar variáveis
- Fazendo variáveis estáticas
- Criando uma variável global
- Trabalhando com estruturas e funções

Você tem mais a aprender sobre variáveis de linguagem C do que conhecer as palavras-chave `int`, `char`, `float` e `double`. Sim, e estou incluindo `signed`, `unsigned`, `long` e qualquer outra que você já possa saber dessa lista. Isso porque a variável é uma grande parte da linguagem C. Escolher o tipo certo de variável e utilizá-lo adequadamente pode criar ou quebrar um programa.

Controle de Variáveis

Mesmo que ela não fosse chamada assim, ainda seria variável. Isto é, a não ser que você bagunce a variável no seu código, mudando-a para outro tipo, dando a ela um nome completamente novo ou lançando um feitiço, benevolente ou não, para que a variável realize suas necessidades.

Typecasting em descrença

Quando a variável `float` não é um `float`? Quando é convertida para tipo `int`, claro. Este truque é possível em C, utilizando-se o typecast. Por exemplo:

```
(int)debt
```

Na linha anterior, a variável `float debt` é convertida em tipo para um valor int. O int entre parênteses orienta o compilador a tratar o valor `debt` como um inteiro.

Por que alguém faria isso?

Porque, às vezes, uma função necessita de um tipo específico de variável e esse tipo não está disponível. Em vez de converter e conciliar diversos tipos de variáveis em um programa, você pode simplesmente converter uma variável para o tipo que deseja. Não é um truque comum, mas é frequentemente necessário, como mostrado na Listagem 16-1.

Listagem 16-1:   Isso Não Está Certo

```c
#include <stdio.h>

int main()
{
    int a,b;
    float c;

    printf("Input the first value: ");
    scanf("%d",&a);
    printf("Input the second value: ");
    scanf("%d",&b);
    c = a/b;
    printf("%d/%d = %.2f\n",a,b,c);
    return(0);
}
```

Exercício 16-1: Digite o código-fonte da Listagem 16-1 no seu editor. É fácil; então, monte e execute.

Aqui está uma amostra de execução com minha entrada em negrito:

```
Input the first value: 3
Input the second value: 2
3/2 = 1.00
```

Obviamente, estou errado na minha suposição de que 3 ÷ 2 resultaria em 1,50. Se o computador diz que é 1,00, o computador deve estar certo, correto?

Talvez, ele esteja apenas confuso, por causa da Linha 12 do código-fonte, onde dois valores `int` são divididos e o resultado é atribuído a um `float`. Entretanto, isso não funciona, porque dividir um número inteiro por um número inteiro em C dá como resultado um número inteiro. O valor 1 é o número inteiro mais próximo do valor 1,50. Então, mesmo que o computador esteja errado, está fazendo exatamente o que lhe foi pedido.

Exercício 16-2: Modifique o seu código-fonte, mudando a Linha 12 para

```
c = (float)a/(float)b;
```

Salve a mudança. Monte e execute, utilizando os mesmos valores como mostrado. Aqui está a nova saída:

```
Input the first value: 3
Input the second value: 2
3/2 = 1.50
```

Prontinho. Isso porque você usou o typecast nas variáveis a e b na equação, temporariamente permitindo que o compilador as tratasse como números com ponto flutuante. Portanto, o resultado é o que deveria ser.

Criando coisas com typedef

Você pode arrumar vários problemas com a palavra-chave typedef. Cuidado! Ela é poderosa. É mais que uma palavra-chave — é um feitiço! Ela pode fazer palavras da linguagem C e operadores, ambos consistentes e funcionando de maneira normal, trabalharem nas mais variadas situações.

Como meu editor precisa de uma referência no texto para esta próxima amostra de código, veja Listagem 16-2.

Listagem 16-2: Os Perigos de typedef

```
#include <stdio.h>

typedef int stinky;

stinky main()
{
    stinky a = 2;

    printf("Everyone knows that ");
    printf("%d + %d = %d\n",a,a,a+a);
    return(0);
}
```

Na Listagem 16-2, a declaração typedef na Linha 3 define a palava stinky (fedido) para ser o mesmo que a palavra-chave int. Em qualquer lugar que se possa utilizar int no código, pode-se utilizar a palavra stinky no lugar, como mostrado nas Linhas 5 e 7.

Exercício 16-3: Utilize o código-fonte da Listagem 16-2 para criar um programa, demonstrando que um tipo de variável stinky é o mesmo que uma int. Monte e execute.

Admito que o exemplo da Listagem 16-2 é bem bobo; nenhum programador sério configuraria um programa assim. O typedef é utilizado mais frequentemente em definições de estruturas.

Por exemplo, o Exercício 14-9 (do Capítulo 14) lhe orienta a declarar duas estruturas aninhadas em uma terceira. A Listagem 16-3 mostra como essa operação funciona, dados os conhecimentos de estruturas (do Capítulo 14):

Listagem 16-3:   Criando uma Estrutura da Maneira Tradicional

```
struct id
{
    char first[20];
    char last[20];
};

struct date
{
    int month;
    int day;
    int year;
};

struct human
{
    struct id name;
    struct date birthday;
};
```

A Listagem 16-4 mostra como as declarações ocorreriam, se você utilizasse `typedef` nas estruturas:

Listagem 16-4:   Utilizando typedef para Definir uma Estrutura

```
typedef struct id
{
    char first[20];
    char last[20];
} personal;

typedef struct date
{
    int month;
    int day;
    int year;
} calendar;

struct human
{
    personal name;
    calendar birthday;
};
```

Nesta listagem, a estrutura `id` é convertida com `typedef` para o nome `personal`. Isso não é um nome de variável; é um `typedef`. É o mesmo que dizer: "Todas as referências para `struct id` são agora o mesmo que o nome `personal`."

Da mesma maneira, a estrutura `date` é convertida pelo `typedef` para `calendar`. Finalmente, na declaração da estrutura `human`, os nomes `typedef` são utilizados, em vez das definições mais complexas de estruturas.

Exercício 16-4: Modifique o código-fonte do projeto que você criou no Exercício 14-9 (no Capítulo 14) para utilizar `typedef`, como mostrado na Listagem 16-4. Monte e execute.

É possível se discutir que utilizar `typedef` não torna seu código mais claro; você pode simplesmente utilizar bons nomes de variáveis e texto bem formatado. Por exemplo: não utilizo `typedef` simplesmente porque não quero ter que me lembrar do que defini. Você, no entanto, encontrará outros códigos que usam `typedef`. Não deixe que isso lhe assuste.

A vantagem concreta de utilizar `typedef` com uma estrutura é, possivelmente, evitar a digitação da palavra `struct` muitas vezes.

Os programadores têm problemas com `typedef` e estruturas quando criam uma lista ligada. Repetirei este aviso no Capítulo 20, que tratará de listas ligadas.

Criando variáveis estáticas

Variáveis utilizadas dentro de uma função são *locais* a essa função: seus valores são utilizados e, então, descartados quando a função acaba. A Listagem 16-5 demonstra esse conceito.

Listagem 16-5:   O Meu é Sem static, Por Favor

```
#include <stdio.h>

void proc(void);

int main()
{
    puts("First call");
    proc();
    puts("Second call");
    proc();
    return(0);
}

void proc(void)
{
```

(Continua)

Listagem 16-5: *(continuação)*

```
    int a;

    printf("The value of variable a is %d\n",a);
    printf("Enter a new value: ");
    scanf("%d",&a);
}
```

Na Listagem 16-5, a variável a na função proc() não retém seu valor. A variável é inicializada apenas pela função scanf() na Linha 20. Caso contrário, a variável conterá informação inútil.

Exercício 16-5: Monte e execute um novo projeto, utilizando o código-fonte da Listagem 16-4.

No meu computador, a saída se parece com isso:

```
First call
The value of variable a is 0
Enter a new value: 6
Second call
The value of variable a is 0
Enter a new value: 6
```

Apesar das minhas tentativas de atribuir 6 à variável a, o programa sempre esquece. É assim mesmo. Ou será que não?

Exercício 16-6: Modifique o código-fonte da Listagem 16-4, editando a Linha 16 para que seja lido:

```
    static int a;
```

Monte e execute para testar a saída. Aqui está o que vejo:

```
First call
The value of variable a is 0
Enter a new value: 6
Second call
The value of variable a is 6
Enter a new value: 5
```

Como a variável foi declarada como static, seu valor é retido entre as chamadas de função.

> ✔ Você não precisa declarar uma variável como static, a não ser que precise de seus valores retidos sempre que uma função for chamada, e essa situação surge de tempos em tempos. Antes, porém, de acreditar que isso é uma cura mágica, também considere a criação de variáveis globais, que serão tratadas na próxima seção.

Palavras-chave de variáveis que devemos ignorar

A linguagem C apresenta algumas palavras-chave obscuras. Algumas delas são relacionadas a variáveis.

auto: A palavra-chave `auto`, um resquício da antiga linguagem de programação B, pode ter tido o propósito de declarar um tipo de variável em C algum dia, mas não mais.

const: A palavra-chave `const` é utilizada em C++ para criar uma constante e pode ser utilizada dessa forma em C. Entretanto, é muito mais fácil, inclusive esperado, utilizar a diretiva `#define` para criar um valor constante. Esse processo não é tão limitador quanto empregar a palavra-chave `const`.

enum: A palavra-chave `enum` cria uma lista *enumerada* ou uma coleção de constantes numeradas de 0 até qualquer coisa. Você pode utilizar a lista enumerada em seu código de vários jeitos, mas eu teria que fritar neurônios para achar um exemplo que fosse realmente útil e brilhante.

register: Outra palavra-chave do passado, `register` se referia aos registros do processador que, possivelmente, podiam ser utilizados para armazenar valores em um programa. Nem sei se essa palavra-chave ainda é implementada em versões modernas de C.

union: Uma `union` é uma construção útil, parecida com uma estrutura. Ela apresenta elementos diferentes, mas você pode utilizar apenas um de cada vez. Nunca vi nenhum código moderno que utilizasse uma `union`, embora elas tenham sido populares 30 anos atrás, ao programar registros do processador diretamente.

volatile: Essa palavra-chave assustadora já foi utilizada para otimizar o código ao dizer para o processador quais variáveis poderiam mudar com mais frequência. Não tenho certeza qual o efeito que isso teria no seu código ou se `volatile` é necessária atualmente.

✔ Variáveis retornadas de uma função não precisam ser declaradas como `static`. Quando você retorna uma variável como

```
return(a);
```

apenas o valor da variável retorna, não a variável em si.

Variáveis, Variáveis em Todo Lugar

Às vezes, uma variável precisa ser como a cobertura de uma rede telefônica: disponível em todos os lugares. A variável também pode ser utilizada por qualquer função seja qual for o momento. Esse tipo de variável poderia ser chamada de variável *mundial* ou variável *universal*, mas, em C, ela é referida como variável *global*.

Utilizando variáveis globais

Variáveis globais resolvem problemas específicos, tornando universal a declaração de variáveis. Dessa maneira, qualquer função, em qualquer lugar do programa, pode acessar a variável. Ela não precisa ser passada ou retornar de uma função.

A Listagem 16-6 mostra como uma variável global é declarada e utilizada. As variáveis globais age e feet são afetadas por ambas as funções. Elas podem ser passadas a essas funções, mas ambos os valores não podem retornar. (Funções C retornam apenas um valor.) Portanto, a variável global é utilizada como solução.

Listagem 16-6:   Idade ao Vento

```
#include <stdio.h>

void half(void);
void twice(void);

int age;
float feet;

int main()
{
    printf("How old are you: ");
    scanf("%d",&age);
    printf("How tall are you (in feet): ");
    scanf("%f",&feet);
    printf("You are %d years old and %.1f feet tall.\n",
            age,feet);
    half();
    twice();
    printf("But you're not really %d years old or %.1f
            feet tall.\n",age,feet);
    return(0);
}

void half(void)
{
    float a,h;

    a=(float)age/2.0;
    printf("Half your age is %.1f.\n",a);
    h=feet/2.0;
    printf("Half your height is %.1f.\n",h);

}
```

```
void twice(void)
{
    age*=2;
    printf("Twice your age is %d.\n",age);
    feet*=2;
    printf("Twice your height is %.1f\n",feet);
}
```

A Linha 6 declara uma variável global int age e a variável float feet. Essas são variáveis globais porque são declaradas fora de qualquer função, lá em cima na terra do #include, #define e do protótipo. As variáveis são então utilizadas em todas as funções. Seus valores podem ser acessados por todo o código. Mesmo quando esses valores mudam na função twice(), a função main() utiliza os novos valores.

Esteja ciente que duas declarações printf() na função main() quebram o texto na Listagem 16-6. Você não precisa quebrar essas declarações no editor de texto; apenas as digite em uma única linha.

Exercício 16-7: Digite o código-fonte da Listagem 16-6 no seu editor, criando um programa. Monte e execute.

Não utilize variáveis globais para tudo! Se você pode passar um valor para uma função, faça! É o que deve ser feito. Muitos programadores preguiçosos declaram todas as suas variáveis como globais para "resolver o problema". Isso é coisa de desleixado e uma postura inadequada.

Bons exemplos de variáveis globais incluem informações que todas as funções no programa devem saber, como informações sobre o usuário, se você está online, se o texto é exibido ou ocultado. Nesse caso, leve em consideração tornar essas variáveis globais.

Criando uma variável de estrutura global

Um exemplo melhor de utilização de variável global, e uma situação na qual uma variável global é completamente necessária, é passar uma estrutura a uma função. Nesse caso você deve declarar a estrutura como global para que todas as funções possam acessar às variáveis desse tipo de estrutura.

Não deixe o tamanho da Listagem 16-7 lhe intimidar! A maioria dos programas "de verdade" que você eventualmente escreverá será bem maior!

Listagem 16-7:   Passando uma Estrutura a uma Função

```c
#include <stdio.h>
#include <stdlib.h>
#include <time.h>

#define SIZE 5

struct bot {
    int xpos;
    int ypos;
};

struct bot initialize(struct bot b);

int main()
{
    struct bot robots[SIZE];
    int x;

    srandom((unsigned)time(NULL));

    for(x=0;x<SIZE;x++)
    {
        robots[x] = initialize(robots[x]);
        printf("Robot %d: Coordinates: %d,%d\n",
                x+1,robots[x].xpos,robots[x].ypos);
    }
    return(0);
}

struct bot initialize(struct bot b)
{
    int x,y;

    x = random();
    y = random();
    x%=20;
    y%=20;
    b.xpos = x;
    b.ypos = y;
    return(b);
}
```

Para passar uma estrutura a uma função, a estrutura deve ser declarada globalmente, o que acontece entre as Linhas 7 e 10 na Listagem 16-7. Isso tem que acontecer antes mesmo da função ser prototipada, o que ocorre na Linha 12.

A função `initialize()` executa das Linhas 30 a 41. A estrutura é passada para a função e, então, retornada. Note que a variável de estrutura deve ser definida completamente como o argumento. Na Linha 30, a função recebe o nome de variável b dentro da função.

A declaração return na Linha 40 devolve a estrutura para a função que a chamou. De fato, a função `initialize()` é definida como um tipo de função de estrutura `bot`. Esse é o tipo do valor que ela retorna.

Exercício 16-8: Crie coragem e digite todas essas linhas de código da Listagem 16-7 no seu editor. Monte e execute.

A saída demonstra como o array de estrutura foi passado (um elemento por vez) para a função, modificado na função e então retornado.

Capítulo 17

Mania de Binários

Neste Capítulo
▶ Conhecendo dígitos binários
▶ Mostrando saída binária
▶ Trabalhando com operadores bitwise
▶ Estabelecendo e mascarando bits
▶ Trocando bits
▶ Entendendo hexadecimal

Computadores são dispositivos digitais, banhados nas águas binárias de zeros e uns. Tudo com o que o seu programa lida — texto, gráficos, música, vídeo e outras coisas — é formado dos elementos digitais básicos de zero-um, verdadeiro-falso, ligado-desligado, sim-não. Entendendo binários, você pode entender melhor os computadores e toda a tecnologia digital.

O Básico dos Binários

Felizmente, você não precisa programar nenhum dispositivo digital escrevendo códigos de baixo nível, acionando interruptores ou soldando cabos. Isso porque, atualmente, a programação acontece em alto nível. Mesmo assim, bem no fundo da máquina, esse tipo de codificação de baixo nível continua. Você só está afastado da sopa primordial de zeros e uns, da qual todos os softwares surgem.

Entendendo binários

Os dígitos binários, ou *bits*, são 1 e 0. Sozinhos, eles são fracos, mas em grupos, eles reúnem um grande poder. Armazenamento digital utiliza esses bits em grupos, como ilustrado na Tabela 17-1.

Tabela 17-1	Agrupamentos Binários			
Termo	Variável C	Bits	Gama de Valor Unsigned	Gama de Valor Signed
Bit	_Bool	1	0 a 1	0 a 1
Byte	char	8	0 a 255	-128 a 127
Word	short int	16	0 a 65.535	-32.768 a 32.767
Long	long int	32	0 a 4.294.967.295	-2.147.483.648 a 2.147.483.647

A vantagem de agrupar bits em bytes, palavras e assim por diante é que isso os torna mais fáceis de lidar. O processador pode lidar melhor com informação em pedaços. Os pedaços recebem seus valores com base em potências de 2, como mostrado na Tabela 17-2.

Tabela 17-2	Potências de 2	
Expressão	Valor Decimal	Valor Binário
2^0	1	1
2^1	2	10
2^2	4	100
2^3	8	1000
2^4	16	10000
2^5	32	100000
2^6	64	1000000
2^7	128	10000000

Na Tabela 17-1, você pode ver gamas de valores que podem ser armazenados em 8 bits ou 1 byte. É a mesma extensão que você encontraria em uma variável `char` da linguagem C. De fato, se você somar a Coluna 2 na Tabela 17-2, terá 255, que é o número de bits em um byte.

Na verdade, você achará 256 valores possíveis para um byte, que inclui todos os bits zero. Esse também é um valor.

A Figura 17-1 ilustra como as potências de 2 mapeiam o armazenamento binário. Assim como as casas decimais em um número de base 10 aumenta em potências de 10, bits em um número binário aumentam em potências de 2, lendo da direita para a esquerda.

2^7 2^6 2^5 2^4 2^3 2^2 2^1 2^0

0	0	1	0	1	0	1	1
x	x	x	x	x	x	x	x
128	64	32	16	8	4	2	1
↓	↓	↓	↓	↓	↓	↓	↓
0	0	32	0	8	0	2	1

0 + 0 + 32 + 0 + 8 + 0 + 2 + 1 = 43

Figura 17-1: Valores de base 2 em um byte.

Cada bit estabelecido, ou que tenha o valor 1 na Figura 17-1, representa uma potência de dois: 2^5, 2^3, 2^1 e 2^0. Quando se multiplica esses valores por suas contrapartes decimais e, então as soma, tem-se a representação decimal do binário `00101011`, que é 43.

Está tudo bem, mas por favor, não memorize isso!

- Não se preocupe em traduzir binários em valores decimais; o computador faz esse trabalho por você o tempo todo. Na verdade, o computador só vê binários, mas exibe valores decimais como uma cortesia para seus globos oculares humanos. De qualquer forma, quando você manipula valores binários, é bom saber o que está acontecendo.

- Mudar o valor de um bit para 1 é referido como *setar o bit*.

- Mudar o valor de um bit para 0 é referido como *ressetar o bit*.

Exibindo valores binários

Para entender melhor os operadores de manipulação binária da linguagem C, é bom ver os números binários em ação. A função `printf()` não possui um conversor de caractere binário e a biblioteca C não tem uma função de saída binária. Para ver um número binário, você tem que criar sua própria função.

A Listagem 17-1 apresenta uma função de saída binária que criei, chamada `binbin()`. A função `binbin()`, na Linha 15 da Listagem 17-1, engole um valor `int`. Sua saída é uma string representando esse valor `int` em dígitos binários.

Parte III: Construa Sobre o que Você Sabe

Listagem 17-1:   A Função binbin()

```
#include <stdio.h>

char *binbin(int n);

int main()
{
    int input;

    printf("Type a value 0 to 255: ");
    scanf("%d",&input);
    printf("%d is binary %s\n",input,binbin(input));
    return(0);
}

char *binbin(int n)
{
    static char bin[9];
    int x;

    for(x=0;x<8;x++)
    {
        bin[x] = n & 0x80 ? '1' : '0';
        n <<= 1;
    }
    bin[x] = '\0';
    return(bin);
}
```

De modo geral, nesse ponto do capítulo, o conteúdo da função `binbin()` parece bem misterioso. Tudo bem, os detalhes serão dados na seção posterior, "Explicando a função `binbin()`", e o caractere * no início da função será discutido no Capítulo 19.

Exercício 17-1: Digite o código da Listagem 17-1 em um novo projeto. Monte e execute-o algumas vezes para ver inteiros aparecendo como números binários. Insira o valor 43 para confirmar se eu fiz certo na Figura 17-1.

Como escrito na Listagem 17-1, `binbin()` exibe apenas 8 bits de dados, embora o tipo de variável `int` normalmente armazene muito mais bits.

Exercício 17-2: Modifique a função `binbin()` da Listagem 17-1 para que exiba 16 bits do valor `int`. (Bem, tecnicamente, 16 bits são uma `short int`.) Para fazer isso, você precisará mudar esses itens:

Linha 9: Altere o texto para que 65535 seja especificado, em vez de 255.

Linha 17: Modifique o tamanho do array para 17 para contabilizar 16 caracteres da saída mais o \0 (caractere null) no final da string.

Linha 20: Ajuste o valor imediato 8 no código para 16 para contabilizar todos os 16 caracteres da saída.

Linha 22: Substitua o valor 0x80 por 0x8000. Essa mudança torna o campo de bits maior (você vai entender melhor depois que completar esse capítulo).

Monte o Exercício 17-2. Execute-o algumas vezes para ver como o campo de bits se parece para valores maiores.

A função binbin(), ou uma variação dela, será utilizada nas próximas seções para ajudar a descrever a programação binária. Você copiará e colará essa função frequentemente. Sinta-se à vontade para utilizá-la em seu próprio código sempre que achar apropriado.

Manipulação de Bit

Uma certa quantidade de operadores de linguagem C fornecem manipulação de dados em nível binário. Os operadores são fáceis de ignorar, mas apenas quando o verdadeiro poder e a utilidade deles não são apreciados.

Utilizando o operador bitwise (bit-a-bit) |

Você já está familiarizado com os operadores de lógica de tomada de decisão: && para AND e || para OR. Na avaliação &&, ambos os itens devem ser verdadeiros para a declaração ser avaliada como verdadeira; para a avaliação ||, apenas um dos itens precisa ser verdadeiro.

Em nível atômico, os operadores & e | realizam operações similares, mas em uma base bit-a-bit. O efeito de rede é que você pode utilizar os operadores & e | para manipular bits individuais.

O | é o operador bitwise (bit-a-bit) OR, também conhecido como o OR incluso.

O & é o operador bitwise (bit-a-bit) AND.

A Listagem 17-2 demonstra como utilizar o operador bitwise OR para setar bits em um byte. O valor OR é definido como a constante SET na Linha 2. Ele é um binário 00100000.

Listagem 17-2: O Set OU

```c
#include <stdio.h>
#define SET 32

char *binbin(int n);

int main()
{
    int bor,result;

    printf("Type a value from 0 to 255: ");
    scanf("%d",&bor);
    result = bor | SET;

    printf("\t%s\t%d\n",binbin(bor),bor);
    printf("|\t%s\t%d\n",binbin(SET),SET);
    printf("=\t%s\t%d\n",binbin(result),result);
    return(0);
}

char *binbin(int n)
{
    static char bin[9];
    int x;

    for(x=0;x<8;x++)
    {
        bin[x] = n & 0x80 ? '1' : '0';
        n <<= 1;
    }
    bin[x] = '\0';
    return(bin);
}
```

A Linha 12 calcula a operação bitwise OR entre a entrada de valor, `bor`, e a constante `SET`. O resultado é exibido em três colunas: operador, string binária e valor decimal. O resultado final da operação é que os bits setados em 1 no valor `SET` também serão setados como 1 no valor `bor`.

Exercício 17-3: Digite o código-fonte da Listagem 17-2 no seu editor para criar um programa. Monte e execute.

Aqui está a saída que vejo para o valor 65:

```
Type a value from 0 to 255: 65
        01000001            65
|       00100000            32
=       01100001            97
```

Você pode ver, na saída binária, como o sexto bit é setado no resultado.

O que isso significa?

Significa que você pode manipular valores em nível binário, o que gera consequências interessantes para certas operações matemáticas, como mostrado na Listagem 17-3.

Listagem 17-3:   Pra Cima com Esse Texto

```
#include <stdio.h>

int main()
{
    char input[64];
    int ch;
    int x = 0;

    printf("Type in ALL CAPS: ");
    fgets(input,63,stdin);

    while(input[x] != '\n')
    {
        ch = input[x] | 32;
        putchar(ch);
        x++;
    }
    putchar('\n');

    return(0);
}
```

Exercício 17-4: Comece um novo projeto, utilizando o código-fonte mostrado na Listagem 17-3. Monte e execute.

Pelo modo como os códigos ASCII mapeiam entre caracteres em caixa alta e baixa, você pode mudar o tipo de caixa simplesmente setando o sexto bit em um byte.

Utilizando o operador bitwise (bit-a-bit) &

Como o operador bitwise OR, o operador bitwise AND, &, também afeta bits em um byte. Diferente de OR, que seta bits, a operação AND mascara valores de bits. É mais fácil mostrar um exemplo de programa do que descrever completamente o que *mascarar* significa.

Exercício 17-5: Modifique o código-fonte da Listagem 17-2 para que uma operação bitwise AND substitua a bitwise OR. Mude a constante SET na Linha 2 para o valor 223. Mude o | (bitwise OR) na Linha 12 para o & (bitwise AND). Finalmente, mude a declaração printf() na Linha 15 para que o | seja substituído pelo caractere &. Monte e execute.

Aqui está a saída que vejo quando digito o valor 255 (todos os bits setados):

```
Type a value from 0 to 255: 255
        11111111         255
  &     11011111         223
  =     11011111         223
```

O bitwise & mascara o sexto bit, fazendo seu valor ser ressetado a 0 no cálculo final. Nenhum outro bit é afetado. Para ver mais exemplos, tente os valores 170 e 85. Veja como os bits caem na máscara.

Exercício 17-6: Modifique o código-fonte da Listagem 17-3 para que uma operação bitwise AND substitua a bitwise OR. Mude a Linha 9 para que a declaração printf() exiba: "Type in some text:" (Digite algum texto:). Mude a Linha 14, substituindo | por & e o valor 32 por 223. Monte e execute.

Assim como o bitwise OR seta o sexto bit para converter texto em caixa alta para caixa baixa, mascarar o sexto bit com um bitwise AND converte o texto em caixa baixa para caixa alta. Claro, o bitwise AND também mascara o caractere espaço, mudando seu valor para 0, que não é um caractere exibível.

Exercício 17-7: Modifique sua solução para o Exercício 17-6 para que apenas letras do alfabeto sejam afetadas.

Operando exclusivamente com XOR

XOR é o operador exclusivo OR, mais um operador lógico de bitwise, e, para responder sua pergunta mais urgente, você pronuncia XOR como "zor." É o vilão perfeito de uma ficção científica ruim.

A operação XOR é meio estranha, mas tem seu charme. Na operação XOR, bits são comparados uns com os outros, assim como os operadores & e |. Quando dois bits são idênticos, XOR expele um 0. Quando dois bits são diferentes, XOR expele um 1. Como sempre, um exemplo de programa ajuda a explicar as coisas.

O operador XOR de linguagem C é o caractere circunflexo: ^. Você pode vê-lo em ação na Linha 14 da Listagem 17-4.

Listagem 17-4:   É Exclusivo ou

```
#include <stdio.h>

char *binbin(int n);

int main()
{
    int a,x,r;

    a = 73;
    x = 170;

    printf("  %s %3d\n",binbin(a),a);
    printf("^ %s %3d\n",binbin(x),x);
    r = a ^ x;
    printf("= %s %3d\n",binbin(r),r);
    return(0);
}

char *binbin(int n)
{
    static char bin[9];
    int x;

    for(x=0;x<8;x++)
    {
        bin[x] = n & 0x80 ? '1' : '0';
        n <<= 1;
    }
    bin[x] = '\0';
    return(bin);
}
```

Exercício 17-8: Digite o código-fonte da Listagem 17-4 no seu editor. Monte e execute para ver como a operação XOR afeta valores binários.

O charme da operação XOR é que, se você usar o mesmo valor XOR em uma variável duas vezes, recebe de volta o valor original da variável.

Exercício 17-9: Modifique o código da Listagem 17-4 para que mais uma operação XOR aconteça. Insira essas três declarações depois da Linha 15:

```
printf("^ %s %3d\n",binbin(x),x);
a = r ^ x;
printf("= %s %3d\n",binbin(a),a);
```

Monte e execute. A saída parece com isso:

```
  01001001   73
^ 10101010  170
= 11100011  227
^ 10101010  170
= 01001001   73
```

Utilizar o mesmo valor XOR de 170 transforma o valor 73 primeiro em 227 e depois novamente em 73.

Por XOR ser um operador exclusivo OR, alguns programadores se referem ao operador bitwise padrão como o operador OR *incluso*.

Entendendo os operadores ~ e !

Dois operadores binários pouco frequentes são o ~ (ou complemento a 1) e o ! (ou NOT). Eles não têm o charme dos operadores de lógica bitwise, mas acho que eles têm seu lugar.

O operador complemento a 1 muda todos os bits em um valor, transformando 1 em 0 e 0 em 1. Por exemplo:

```
~01010011 = 10101100
```

O operador ! (NOT) afeta o valor inteiro – todos os bits. Ele muda qualquer valor diferente de 0 para 0 e o valor 0 para 1:

```
!01010011 = 00000000
!00000000 = 00000001
```

Zero e 1 são os dois únicos resultados possíveis ao utilizar o operador bitwise !.

Ambos os operadores, ~ e !, são operadores unários — você simplesmente prefixa um valor para obter os resultados.

A Tabela 17-3 lista um índice dos operadores binários em C.

Tabela 17-3		Operadores Binários	
Operador	Nome	Tipo	Ação
&	AND	Bitwise	Mascara bits, ressetando alguns bits a 0 e deixando o resto em paz
|	OR	Bitwise	Seta bits, mudando bits específicos de 0 para 1

Operador	Nome	Tipo	Ação
^	XOR	Bitwise	Muda bits para 0 quando eles combinam; caso contrário, para 1
~	complemento a 1	Unário	Inverte todos os bits
!	NOT	Unário	Muda os valores diferentes de 0 para 0; valores 0 para 1

Mudando valores binários

A linguagem C apresenta dois operadores binários que executam a operação equivalente a "Todo mundo dá um passo para a esquerda (ou direita)". Os operadores << e >> trocam bits em valor, fazendo-os marchar para a esquerda ou direita, respectivamente. Aqui está o formato do operador <<:

```
v = int << count;
```

int é um valor inteiro. count é o número de lugares para trocar os bits de valores para a esquerda. O resultado dessa operação é armazenado na variável v. Qualquer bit que é mudado para a esquerda além da largura da variável int x é perdido. Novos bits mudados da direita são sempre 0.

Como acontece com a maioria das loucuras binárias, é bom visualizar o que está acontecendo a um valor quando seu bit é mudado. Portanto, apresento a Listagem 17-5.

Listagem 17-5: Todos para Fora da Piscina!

```
#include <stdio.h>

char *binbin(int n);

int main()
{
    int bshift,x;

    printf("Type a value from 0 to 255: ");
    scanf("%d",&bshift);

    for(x=0;x<8;x++)
    {
        printf("%s\n",binbin(bshift));
        bshift = bshift << 1;
    }

    return(0);
}
```

(Continua)

Listagem 17-5: *(continuação)*

```
char *binbin(int n)
{
    static char bin[9];
    int x;

    for(x=0;x<8;x++)
    {
        bin[x] = n & 0x80 ? '1' : '0';
        n <<= 1;
    }
    bin[x] = '\0';
    return(bin);
}
```

O operador shift ocorre na Linha 15 na Listagem 17-5. O valor na variável `bshift` é mudado para a esquerda um bit.

Exercício 17-10: Digite o código da Listagem 17-5 no seu editor e monte um novo projeto.

O efeito de rede de uma mudança para a esquerda de um bit é dobrar um valor. Isso é verdade até certo ponto: obviamente, à medida que você muda para a esquerda, alguns bits se perdem e o valor para de dobrar. Além disso, esse truque só funciona para valores unsigned.

Exercício 17-11: Modifique o código-fonte da Listagem 17-5 para que a função `printf()` na Linha 14 também exiba o valor decimal da variável `bshift`. Você também deve modificar a função `binbin()` para que ela exiba 16 dígitos, em vez de 8. (Veja o Exercício 17-2 para a solução de uma `binbin()` 16-bit.)

Aqui está a entrada que vejo, quando utilizo o valor 12:

```
Type a value from 0 to 255: 12
0000000000001100 12
0000000000011000 24
0000000000110000 48
0000000001100000 96
0000000011000000 192
0000000110000000 384
0000001100000000 768
0000011000000000 1536
```

Insira o valor 800,000,000 (não digite as vírgulas) para ver como a regra de duplicação falha, enquanto o valor continua mudando para a esquerda. Também veja a barra lateral próxima "Números binários negativos".

O operador shift >> funciona de maneira similar ao operador shift <<, embora os valores sejam mudados para a direita e não para a esquerda. Qualquer bit que vá além do fim do lado direito é descartado e apenas bits zero são inseridos do lado esquerdo. Aqui está o formato:

```
v = int >> count;
```

int é um valor inteiro e count é o número de lugares para mudar os bits para a direita. O resultado é armazenado na variável v.

Exercício 17-12: Modifique o código-fonte do Exercício 17-11 para que o operador shift para a direita seja utilizado, em vez do shift para a esquerda na Linha 15. Monte o programa.

Aqui está o resultado que vejo, utilizando o valor 128:

```
Type a value from 0 to 255: 128
0000000010000000 128
0000000001000000 64
0000000000100000 32
0000000000010000 16
0000000000001000 8
0000000000000100 4
0000000000000010 2
0000000000000001 1
```

Diferente do <<operador >>, garante sempre cortar o valor pela metade, quando você muda um dígito para a direita. Na verdade, o operador >> é muito mais rápido de usar em um valor inteiro do que o operador / (divisão) para dividir um valor por 2.

Os operadores << e >> estão disponíveis apenas na linguagem C. Em C++, operadores similares são utilizados para receber entrada padrão e enviar saída padrão.

Explicando a função binbin ( )

Se você acompanhou todo esse capítulo, do início ao fim, posso agora explicar de maneira saudável o que está acontecendo na função binbin() para fazê-la converter valores em uma string binária. Duas declarações fazem o serviço:

```
bin[x] = n & 0x80 ? '1' : '0';
n <<= 1;
```

A primeira declaração executa uma máscara E com o valor n. Tudo, menos o bit mais à esquerda do número, é descartado. Se esse bit está setado, o que torna essa condição VERDADEIRA, o caractere 1 é armazenado no array; caso contrário, o caractere 0 é armazenado. (Veja o Capítulo 8 para rever o operador ternário ? : .)

Números binários negativos

Números binários são sempre positivos, considerando que os valores de um bit podem ser apenas 1 e 0 e não −1 e 0. Então, como o computador faz para fazer inteiros signed? Fácil: ele trapaceia.

O bit mais à esquerda em um valor binário signed é conhecido como o *bit sign*. Quando esse bit está setado (igual a 1), o valor é negativo para um `signed int`. Caso contrário, o valor é lido como positivo.

bit
sign

1	0	0	0	0	0	0	0	= −128
1	0	0	0	0	0	0	1	= −129
1	0	0	0	0	0	1	0	= −130

char signed

Neste exemplo, o bit sign está setado para um `signed char`. Os valores expressos são negativos, o que está na extensão de uma variável `signed char`.

1	0	0	0	0	0	0	0	= 128
1	0	0	0	0	0	0	1	= 129
1	0	0	0	0	0	1	0	= 130

char unsigned

Neste exemplo, o bit sign é ignorado porque o valor é um `unsigned char`. Os valores só podem ser positivos e é por isso que a extensão positiva de uma variável unsigned é maior que a de uma variável signed.

O valor é expresso como 0x80, que é uma notação hexadecimal, um tipo de taquigrafia para binários. (Veja a próxima seção "A Alegria do Hex".) O valor hex 0x80 é igual ao binário 10000000, que é a máscara AND. Se o valor for 16 bits em vez de 8, 0x8000 é utilizado no lugar, o que cria uma máscara binária 16-bit.

A segunda declaração muda os bits em valor n uma posição para a esquerda. Enquanto o loop gira, trabalhando através do valor n, outro bit no valor é mudado para a posição mais para a esquerda. Esse bit é avaliado e a string binária é montada inserindo um caractere '1' ou '0'.

A Alegria do Hex

Aceite a realidade: ninguém quer contar bits em um número binário. Ninguém. Talvez algum nerd, em algum lugar, possa lhe dizer que 10110001 é realmente o valor 177 (tive que confirmar isso), mas a maioria dos programadores não pode. O que um bom programador pode fazer, é traduzir binário para hex.

Hex não tem nada a ver com Copas do Mundo. É o diminutivo de *hexadecimal*, que é o sistema de contagem de base 16. Isso não é tão estúpido quanto parece, porque é fácil de fazer a tradução entre a base 16 (hex) e binário.

Por exemplo, o valor 10110001 traduz para B1 hexadecimal. Posso ver isso com clareza porque já venho utilizando hex por um tempo. Isso também significa que aceito que números hexadecimais incluem as letras A a F, representando valores decimais de 10 a 15, respectivamente. Um hex *B* é o valor decimal 11. Letras são utilizadas porque elas ocupam apenas um espaço de caractere.

A Tabela 17-4 mostra os valores de 0 a F do hexadecimal 16 e como eles se relacionam a quatro bits de dados.

Tabela 17-4			Valores Hexadecimais		
Hex	**Binário**	**Decimal**	**Hex**	**Binário**	**Decimal**
0x0	0000	0	0x8	1000	8
0x1	0001	1	0x9	1001	9
0x2	0010	2	0xA	1010	10
0x3	0011	3	0xB	1011	11
0x4	0100	4	0xC	1100	12
0x5	0101	5	0xD	1101	13
0x6	0110	6	0xE	1110	14
0x7	0111	7	0xF	1111	15

Os valores hexadecimais mostrados na Tabela 17-4 são prefixados com 0x. Esse prefixo é comum em C, embora outras linguagens de programação possam utilizar prefixos diferentes ou um sufixo.

O próximo valor hexadecimal depois de 0xF é 0x10. Não o leia como o número dez, mas como "um zero hex". É o valor 16 em decimal (base 10). Depois disso, o hex continua contando com 0x11, 0x12 e mais até 0x1F, e por aí vai.

Sim, tudo isso é tão divertido quanto aprender os símbolos antigos de contagem Egípcia. Então, pra onde isso irá te levar?

Quando um programador vê o valor binário 10110100, ele primeiro o divide em dois pedacinhos de 4-bit: 1011 0100. Então, os traduz para hex, 0xB4. A linguagem de programação C também faz a tradução, desde que você utilize os conversores de caractere %x ou %X, como mostrado na Listagem 17-6.

Listagem 17-6:   Um Pouco de Hex

```c
#include <stdio.h>

char *binbin(int n);

int main()
{
    int b,x;

    b = 21;

    for(x=0;x<8;x++)
    {
        printf("%s 0x%04X %4d\n",binbin(b),b,b);
        b<<=1;
    }

    return(0);
}

char *binbin(int n)
{
    static char bin[17];
    int x;

    for(x=0;x<16;x++)
    {
        bin[x] = n & 0x8000 ? '1' : '0';
        n <<= 1;
    }
    bin[x] = '\0';
    return(bin);
}
```

> ### Houve um tempo em que octal era popular
>
> Outro formato de número disponível em linguagem C é octal ou de base 8. Octal foi muito popular na época em que foi desenvolvido o Unix e muitos dos programadores do baile da terceira idade ainda gostam de jogar valores octais por aí e fazer octal-isso ou octal-aquilo. C até mesmo apresenta um conversor de caractere octal, %o. Nunca usei octal em nenhum dos meus programas, mas algum código antigo pode utilizá-lo e, ocasionalmente, uma função poderá referenciar valores octal. Então, meu conselho é para ficar atento ao octal, mas não se preocupar em memorizar nada.

O código na Listagem 17-6 exibe um valor em binário, hexadecimal e decimal, e então muda esse valor para a esquerda, exibindo o novo valor. Esse processo ocorre na Linha 13, utilizando o conversor de caractere %X na declaração `printf()`.

Bem, na verdade, o marcador de posição %04X exibe valores hex, utilizando letras em caixa alta, quatro dígitos de largura e preenchido com zeros à esquerda, como necessário. O prefixo 0x, antes do conversor de caractere, simplesmente exibe a saída em estilo padrão C.

Exercício 17-13: Comece um novo projeto, utilizando o código da Listagem 17-6. Monte e execute.

Exercício 17-14: Mude o valor da variável b na Linha 9 para ser lida dessa maneira:

```
b = 0x11;
```

Salve essa mudança, monte e execute.

Você pode escrever valores hex diretamente no seu código. Prefixe os valores com 0x, seguidos por um número hexadecimal válido, utilizando tanto letras em caixa alta quanto em caixa baixa onde for necessário.

Parte IV
A Parte Avançada

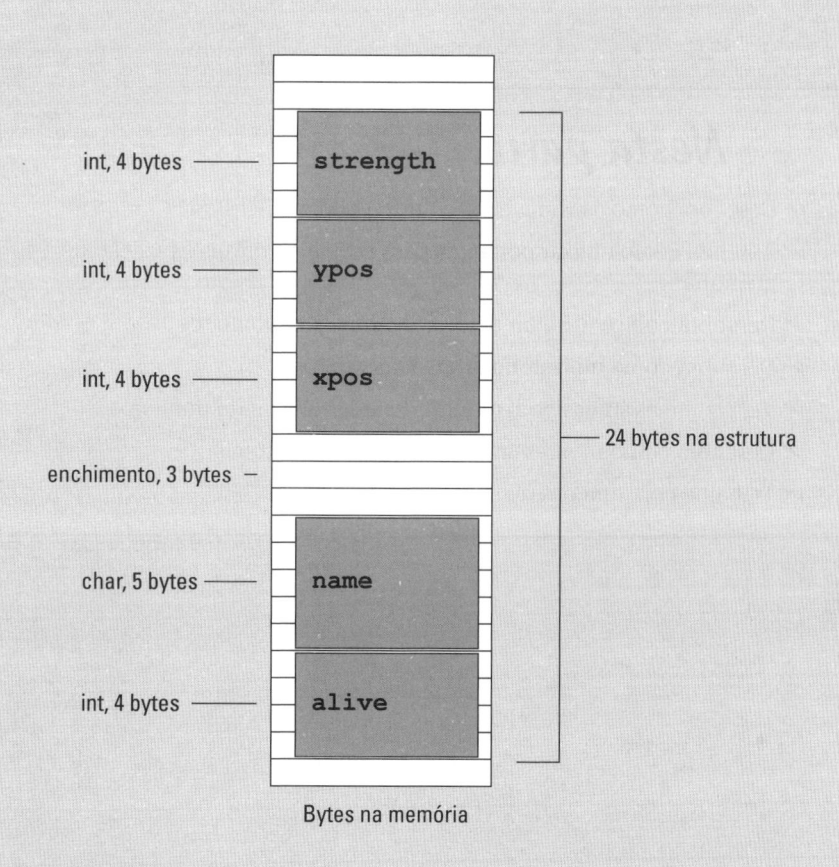

int, 4 bytes —— strength
int, 4 bytes —— ypos
int, 4 bytes —— xpos
enchimento, 3 bytes —
char, 5 bytes —— name
int, 4 bytes —— alive

24 bytes na estrutura

Bytes na memória

Nesta parte...

- Descubra como as variáveis são armazenadas e acessadas
- Aprenda como utilizar ponteiros para acessar variáveis e posição de memória
- Descubra como substituir a notação array com ponteiros
- Descubra como utilizar um array de ponteiros
- Veja como as strings podem ser ordenadas utilizando ponteiros
- Descubra como montar uma lista ligada de estruturas
- Trabalhe com funções de tempo em C

Capítulo 18

Introdução a Ponteiros

Neste Capítulo
- Utilizando o operador `sizeof`
- Pegando a posição de memória da variável
- Criando variáveis de ponteiros
- Utilizando um ponteiro para espiar dados
- Atribuindo valores pela utilização de ponteiros

*E*ste é considerado um dos tópicos mais assustadores em toda a programação.

Ponteiros assustam muitos programadores iniciantes em C — e até programadores experientes em outras linguagens. Acredito que a razão para o medo e falta de compreensão é que ninguém se incomoda em explicar os detalhes cintilantes e divertidos de como os ponteiros realmente funcionam. Então, limpe sua mente, estale os dedos e se prepare para aceitar uma das características mais poderosas e únicas da linguagem C.

O Maior Problema com Ponteiros

É verdade que você pode programar em C evitando ponteiros. Fiz isso por um bom tempo quando comecei a aprender a programação em C. A notação array oferece uma solução alternativa rápida e fácil para ponteiros e você pode forjar seu caminho ao redor das várias funções de ponteiros, esperando acertar. Não foi por isso, porém, que você comprou este livro!

Depois de trabalhar com ponteiros por algum tempo e entender a aflição que eles causam, encontrei a razão para o medo e o pavor que provocam: eles possuem o nome errado.

Posso entender o porquê de um ponteiro ser chamado de ponteiro: ele aponta para alguma coisa, uma posição na memória. O problema com esta descrição é que a maioria dos pedantes explica como um ponteiro funciona, pronunciando a frase: "Um ponteiro aponta..." Está errado. Isso torna o assunto confuso.

De mãos dadas com a desorganização no nome, está o fato de que ponteiros têm duas personalidades. Um lado é uma variável que mantém a posição da memória, um *endereço*. O outro lado revela o valor desse endereço. Dessa forma, o ponteiro (ou pointer) deveria ser chamado de *peeker* (espião). Este capítulo ajuda a clarear a confusão.

- O ponteiro é uma parte da linguagem de programação C considerada de baixo nível. Ele lhe dá acesso direto à memória do computador, informação que outras linguagens — e até sistemas operacionais — preferem que você não mexa.

- Um ponteiro pode lhe causar problemas mais rápido do que qualquer outra parte da programação em C. Esteja preparado para testemunhar erros de segmentação de memória, erro de *bus* (barramento), *core dumps* (despejo de memória) e todos os tipos de estrago enquanto experimenta e começa a entender ponteiros.

Avaliando o Armazenamento de Variáveis

O armazenamento digital é medido em bytes. Toda informação armazenada na memória é simplesmente um conjunto de dados, bits empilhados em bits, bytes sobre bytes. O software deve trabalhar para dar sentido a isso.

Entendendo o armazenamento de variáveis

Em C, dados são categorizados por tipo de armazenamento (`char`, `int`, `float` ou `double`) e, mais adiante, classificados por palavra-chave (`long`, `short`, `signed` ou `unsigned`). Apesar do caos dentro da memória, o armazenamento do seu programa é organizado dentro desses valores, prontos para serem utilizados no seu código.

Dentro de um programa executável, uma variável é descrita por estes atributos:

- Nome
- Tipo
- Conteúdo
- Localização

O *nome* é a designação que você dá à variável. É utilizado apenas no seu código, e não quando o programa executa.

O *tipo* é um dos tipos de variável de linguagem C: `char`, `int`, `float` e `double`.

O *conteúdo* é configurado em seu programa, quando uma variável tem seu valor atribuído. Embora os dados em localização de armazenamento de variável possam existir antecipadamente, eles são considerados lixo e a variável é considerada não inicializada até que tenha seu valor atribuído.

A *localização* é um endereço, um ponto dentro da memória do dispositivo. Esse aspecto da variável é algo que você não precisa ditar; o programa e o sistema operacional negociam onde a informação será armazenada internamente. Quando o programa executa, ele usa a localização para acessar os dados da variável.

Desses aspectos, você já conhece o nome, o tipo e o conteúdo da variável. A localização da variável também pode ser colhida. Não só isso: a localização pode ser manipulada, o que é a inspiração por trás dos ponteiros.

Lendo o tamanho de uma variável

Qual o tamanho de um `char`? Qual o comprimento de um `long`? Você pode procurar essas definições no Apêndice D, mas até lá os valores são aproximados. Apenas o dispositivo que você está programando sabe o tamanho exato de armazenamento das variáveis padrão em C.

A Listagem 18-1 utiliza o operador `sizeof` para determinar quanto armazenamento cada tipo de variável C ocupará na memória.

Listagem 18-1:   Qual é o Tamanho de uma Variável?

```
#include <stdio.h>

int main()
{
    char c = 'c';
    int i = 123;
    float f = 98.6;
    double d = 6.022E23;

    printf("char\t%u\n",sizeof(c));
    printf("int\t%u\n",sizeof(i));
    printf("float\t%u\n",sizeof(f));
    printf("double\t%u\n",sizeof(d));
    return(0);
}
```

Exercício 18-1: Digite o código-fonte da Listagem 18-1 no seu editor. Monte e execute para ver o tamanho de cada tipo de variável.

Aqui está a saída que vejo:

```
char    1
int     4
float   4
double  8
```

A palavra-chave `sizeof` não é uma função. Parece mais um operador. Seu argumento é um nome de variável. O valor retornado é do tipo da variável de linguagem C conhecido como `size_t`. Sem entrar em uma discussão longa e chata, a variável `size_t` é uma *typedef* de outro tipo de variável, como uma `unsigned int` em um PC ou uma `long unsigned int` em outros sistemas de computadores. O importante é que o tamanho indica o número de bytes utilizados para armazenar essa variável.

Arrays também são variáveis em C e `sizeof` funciona neles como mostrado na Listagem 18-2.

Listagem 18-2: Qual é o Tamanho de um Array?

```c
#include <stdio.h>

int main()
{
    char string[] = "Does this string make me look fat?";

    printf("The string \"%s\" has a size of %u.\n",
            string,sizeof(string));
    return(0);
}
```

Exercício 18-2: Digite o código-fonte da Listagem 18-2. Monte e execute-o para ver quanto armazenamento o array `char` ocupa.

Exercício 18-3: Edite seu código-fonte do Exercício 18-2, adicionando a função `strlen()` para comparar seu resultado com o resultado do operador `sizeof` com o array.

Se os valores retornados por `strlen()` e `sizeof` forem diferentes, você pode explicar a diferença?

Tudo bem, eu explico. Quando você cria um array, o programa aloca espaço na memória para manter os valores do array. A alocação é baseada no tamanho de cada elemento no array. Então, um array `char` de 35 itens (incluindo o \0 ou NULL) ocupa 35 bytes de armazenamento, mas o comprimento da string ainda é de apenas 34 (caracteres) bytes.

Exercício 18-4: Edite o código-fonte do Exercício 18-2 novamente, dessa vez criando um array `int` com cinco elementos. O array não precisa ter valores atribuídos e nem ser exibido. Monte e execute.

Você pode explicar a saída? Se não, reveja a saída do Exercício 18-1. Tente entender o que está acontecendo. Veja a Listagem 18-3.

Listagem 18-3: Qual é o Tamanho de uma Estrutura?

```
#include <stdio.h>

int main()
{
    struct robot {
        int alive;
        char name[5];
        int xpos;
        int ypos;
        int strength;
    };

    printf("The evil robot struct size is %u\n",
            sizeof(struct robot));
    return(0);
}
```

Exercício 18-5: Comece um novo projeto, utilizando o código mostrado na Listagem 18-3. Monte e execute para determinar o tamanho da variável de estrutura.

O operador `sizeof` funciona em todos os tipos de variável, mas, para uma estrutura, você deve ser específico. Utilize a palavra-chave `struct` seguida pelo nome da estrutura, como mostrado na Linha 14. Evite utilizar a variável da estrutura.

O tamanho da estrutura é determinado pela soma de armazenamento necessário para cada um de seus elementos. Você pode supor, dada a saída do tamanho do Exercício 18-5, que quatro variáveis `int` mais cinco variáveis `char` lhe darão 21: 4 x 4 + 1 x 5. Acontece que não funciona assim.

Na minha tela, vejo essa saída:

```
The evil robot struct size is 24
```

Você vê um valor diferente de 21 porque o programa alinha variáveis na memória. Ele não as empilha uma depois da outra. Se eu tivesse que adivinhar, diria que 3 bytes extras estão enchendo o final do array `name` para mantê-lo alinhado com um 8-byte deslocado na memória. A Figura 18-1 ilustra o que está acontecendo.

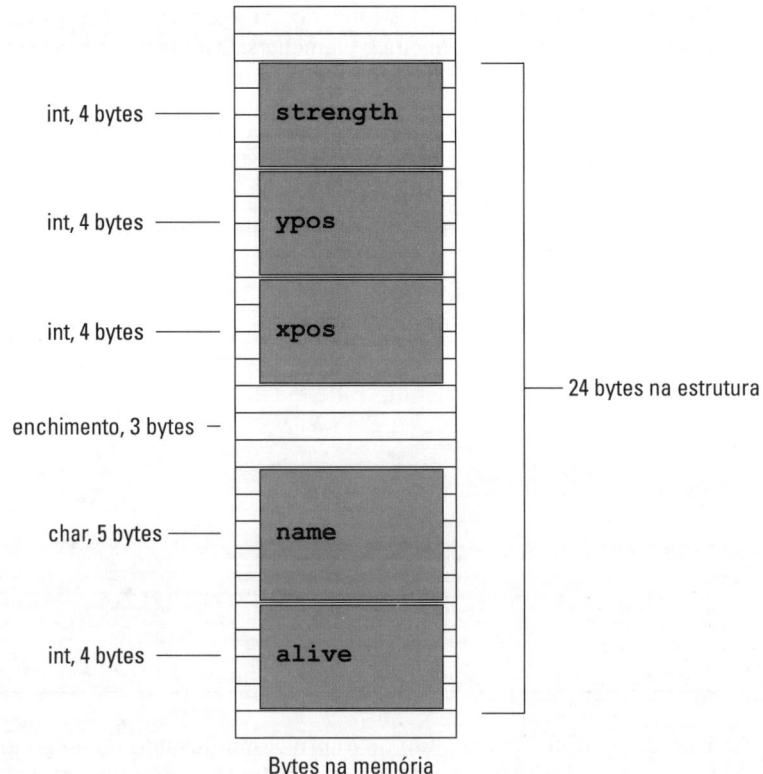

Figura 18-1:
Como uma estrutura cabe na memória.

int, 4 bytes — strength
int, 4 bytes — ypos
int, 4 bytes — xpos
enchimento, 3 bytes —
char, 5 bytes — name
int, 4 bytes — alive

24 bytes na estrutura

Bytes na memória

- O operador `sizeof` retorna o tamanho de uma variável de linguagem C. Isso inclui o tamanho de uma estrutura.

- Você não pode utilizar `sizeof` para determinar o tamanho do seu programa ou o tamanho de nada diferente de uma variável.

- Quando utiliza `sizeof` em uma variável de estrutura, você recebe o tamanho daquela variável, que pode ser menor que o tamanho declarado da estrutura. Poderá ocorrer um problema ao escrever estruturas em um arquivo, se você utilizar o tamanho da variável em vez do tamanho declarado da estrutura. Veja o Capítulo 22.

- Um deslocamento de 8-byte utilizado para alinhar variáveis na memória mantém a CPU feliz. O processador é muito mais eficiente lendo memória alinhada nestes deslocamentos de 8-byte.

- Os valores retornados por `sizeof` são provavelmente bytes, como em armazenamentos de 8 bits. Esse tamanho é uma suposição: praticamente todo dispositivo eletrônico atual utiliza um byte de 8-bit como unidade padrão de armazenamento. Isso não significa que você não encontrará um dispositivo com um byte de 7-bit ou até um byte de 12-bit. Apenas trate os valores retornados por `sizeof` como uma "unidade" e você se sairá bem.

Checando a localização de uma variável

O tipo de tamanho da variável é revelado, primeiro, pela declaração da variável como um tipo específico, mas também utilizando-se a palavra-chave `sizeof`. A segunda descrição de uma variável, seu conteúdo, pode ser recolhido pela leitura do valor da variável, utilizando-se a função de linguagem C adequada.

A terceira descrição de uma variável é sua posição na memória. Você recolhe essa informação, utilizando o operador `&` e o marcador de posição `%p`, como mostrado na Listagem 18-4.

Listagem 18-4:   Ó, Variável, Onde Estás Tu?

```
#include <stdio.h>

int main()
{
    char c = 'c';
    int i = 123;
    float f = 98.6;
    double d = 6.022E23;

    printf("Address of 'c' %p\n",&c);
    printf("Address of 'i' %p\n",&i);
    printf("Address of 'f' %p\n",&f);
    printf("Address of 'd' %p\n",&d);
    return(0);
}
```

Quando o operador `&` prefixa uma variável, ele retorna um valor representando o *endereço* da variável, ou sua posição na memória. Esse valor é expresso em hexadecimal. Para se ver esse valor, o conversor de caractere `%p` é utilizado, como mostrado na Listagem 18-4.

Exercício 18-6: Digite o código-fonte da Listagem 18-4 em seu editor. Monte e execute.

Os resultados produzidos pelo programa gerado no Exercício 18-6 são únicos, não apenas para cada computador, mas também, potencialmente, para cada vez que o programa executa. Aqui está o que vejo:

```
Address of 'c' 0x7fff5fbff8ff
Address of 'i' 0x7fff5fbff8f8
Address of 'f' 0x7fff5fbff8f4
Address of 'd' 0x7fff5fbff8e8
```

A variável c é armazenada na memória na localização 0x7fff5fbff8ff — essa é a localização decimal 140,734,799,804,671. Ambos os valores são insignificantes, claro; o computador mantém o controle das localizações de memória, o que está ótimo pra mim. A Figura 18-2 oferece um mapa de memória dos resultados mostrados.

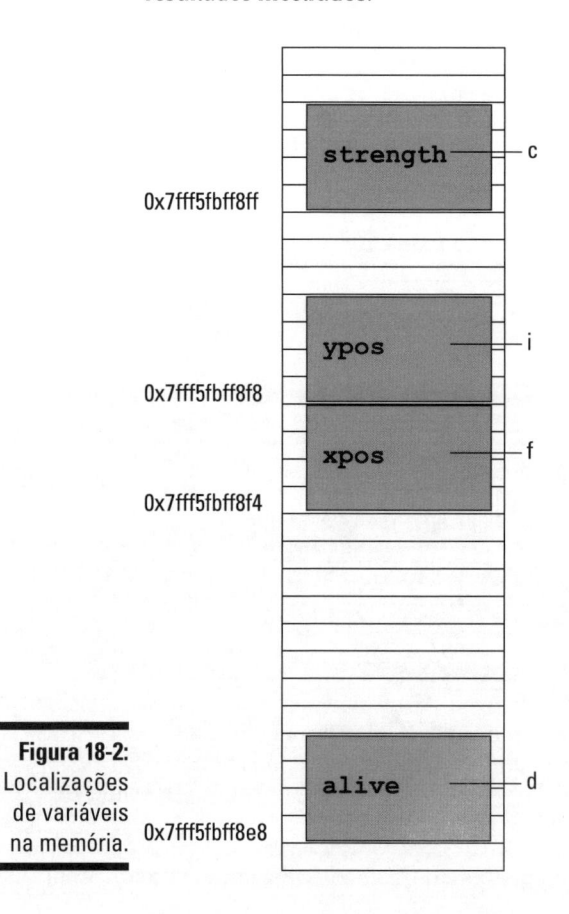

Figura 18-2:
Localizações de variáveis na memória.

0x7fff5fbff8ff — strength — c
0x7fff5fbff8f8 — ypos — i
0x7fff5fbff8f4 — xpos — f
0x7fff5fbff8e8 — alive — d

Não consigo explicar o motivo de meu computador ter escolhido armazenar as variáveis nesses lugares, mas a Figura 18-2 ilustra como esses endereços mapeiam a memória.

Elementos individuais de array também possuem posição na memória, como mostrado na Listagem 18-5 na Linha 10. O operador & prefixa a variável do elemento específico, expelindo um endereço. O conversor de caractere %p na função printf() exibe o endereço.

Listagem 18-5: Posições de Memória em um Array

```c
#include <stdio.h>

int main()
{
    char hello[] = "Hello!";
    int i = 0;

    while(hello[i])
    {
        printf("%c at %p\n",hello[i],&hello[i]);
        i++;
    }
    return(0);
}
```

Exercício 18-7: Crie um projeto, utilizando o código-fonte mostrado na Listagem 18-5. Monte e execute.

Novamente, a saída de posição de memória é única em cada computador. Aqui está o que vejo:

```
H at 0x7fff5fbff8f0
e at 0x7fff5fbff8f1
l at 0x7fff5fbff8f2
l at 0x7fff5fbff8f3
o at 0x7fff5fbff8f4
! at 0x7fff5fbff8f5
```

Diferente do exemplo do Exercício 18-6, os endereços gerados pelo Exercício 18-7 são vizinhos na memória, um byte depois do outro.

Exercício 18-8: Codifique um programa para exibir cinco valores em um array `char` junto com cada endereço de memória do elemento. Você pode utilizar a Listagem 18-5 como inspiração, embora um loop `for` seja mais fácil de codificar.

> ✔ A propósito, o operador de posição de memória & deve ser familiar pra você. Ele é utilizado pela função `scanf()`, que necessita do endereço da variável, não necessariamente da mesma. Isso porque a `scanf()` posiciona um valor diretamente em uma posição de memória. Como? Utilizando ponteiros, claro!
>
> ✔ O operador & também é o operador bitwise AND; entretanto, o compilador é esperto o suficiente para dizer quando & prefixa uma variável e quando & é parte de uma equação matemática binária.

Revisando as informações de armazenamento de variáveis

Para resumir essa seção, variáveis em C possuem um nome, um tipo, um valor e uma localização.

- O tipo de uma variável está intimamente ligado ao tamanho da variável na memória, que é obtido se utilizando o operador `sizeof`.
- O valor de uma variável é estabelecido ou utilizado diretamente do código.
- A localização da variável é mostrada como cortesia do operador `&` e do conversor de caractere `%p`.

Agora que você possui conhecimento básico de cada um dos elementos em uma variável, está pronto para atacar o tópico terrivelmente complexo dos ponteiros.

O Tópico Terrivelmente Complexo dos Ponteiros

Memorize essa frase:

Um ponteiro é uma variável que contém uma posição de memória.

Talvez essa história ajude:

Era uma vez, uma variável ponteiro que encontrou um estudante universitário matriculado na disciplina Programação em C. O estudante perguntou: "Para o que você aponta?" A variável respondeu: "Nada! Eu contenho uma posição de memória." O calouro ficou extremamente satisfeito.

Você deve aceitar a insanidade do ponteiro antes de seguir adiante. Ainda que você possa conseguir a posição de memória de uma variável, ou *endereço*, utilizando o operador `&`, o ponteiro é uma fera muito mais poderosa.

Introduzindo o ponteiro

Um ponteiro é um tipo de variável. Como outras variáveis, ele deve ser declarado no código. Mais adiante, ele precisará ser inicializado antes de ser utilizado. Essa última parte é realmente importante, mas, primeiro, a declaração tem esse formato:

```
type *name;
```

Quando você declara qualquer variável, o *type* identifica o ponteiro como um `char`, `int`, `float`, e assim por diante. O *name* é o nome da variável ponteiro, que deve ser único, como qualquer outro nome de variável. O asterisco identifica a variável como um ponteiro e não uma variável normal.

A linha seguinte declara um ponteiro `char`, `sidekick`:

```
char *sidekick;
```

Esta linha cria um ponteiro `double`:

```
double *rainbow;
```

Para inicializar um ponteiro, você deve estabelecer seu valor, assim como qualquer outra variável. A grande diferença é que o ponteiro é inicializado para a posição de memória. Essa localização não é um ponto aleatório na memória, mas sim o endereço de outra variável dentro do programa. Por exemplo:

```
sidekick = &lead;
```

A declaração anterior inicializa a variável `sidekick` para o endereço da variável `lead`. Ambas as variáveis são do tipo `char`; se não, o compilador reclamaria como um gato molhado. Depois que essa declaração é executada, o ponteiro `sidekick` contém o endereço da variável `lead`.

Se você está lendo esse texto e apenas confirmando com a cabeça sem entender nada, legal! Isso significa que é hora de um exemplo.

Decorei o código-fonte na Listagem 18-6 com comentários para ajudar a descrever duas linhas cruciais. O programa realmente não faz nada além de provar que o ponteiro `sidekick` contém o endereço ou posição de memória da variável `lead`.

Listagem 18-6:   Um Exemplo

```
#include <stdio.h>

int main()
{
    char lead;
    char *sidekick;

    lead = 'A';             /* inicializa variável char */
    sidekick = &lead;       /* inicializa ponteiro IMPORTANTE! */

    printf("About variable 'lead':\n");
    printf("Size\t\t%ld\n",sizeof(lead));
    printf("Contents\t%c\n",lead);
    printf("Location\t%p\n",&lead);
    printf("And variable 'sidekick':\n");
    printf("Contents\t%p\n",sidekick);

    return(0);
}
```

Outras coisas para notar: a Linha 12 usa duas sequências de escape tab para alinhar a saída. Não esqueça também do & na Linha 14, que busca o endereço da variável.

Exercício 18-9: Digite o código-fonte da Listagem 18-6 no seu editor. Monte e execute.

Aqui está a saída que vejo na minha tela:

```
About variable 'lead':
Size            1
Contents        A
Location        0x7fff5fbff8ff
And variable 'sidekick':
Contents        0x7fff5fbff8ff
```

O endereço (no exemplo) é único para cada sistema, mas o principal a se notar é que o conteúdo do ponteiro `sidekick` é igual a posição de memória da variável `lead`. Isso por causa da atribuição, ou inicialização, que ocorre na Linha 9 no código.

Seria inútil para um ponteiro apenas conter o endereço de memória. O ponteiro também pode espiar esse endereço e determinar o valor que é armazenado lá. Para que isso aconteça, o operador * é prefixado ao nome da variável ponteiro.

Exercício 18-10: Modifique o código-fonte do Exercício 18-9, adicionando a seguinte declaração depois da Linha 16:

```
printf("Peek value\t%c\n",*sidekick);
```

Monte e execute. Aqui está o que vejo como saída:

```
About variable 'lead':
Size            1
Contents        A
Location        0x7fff5fbff8ff
And variable 'sidekick':
Contents        0x7fff5fbff8ff
Peek value      A
```

Quando você especifica o * (asterisco) antes do nome de uma variável ponteiro inicializada, os resultados são os conteúdos do endereço. O valor é interpretado com base no tipo de ponteiro. Neste exemplo, *sidekick representa o valor `char`, armazenado na posição de memória mantida na variável `sidekick`, que é realmente o mesmo que a posição de memória da variável `lead`.

Em outras palavras:

- Uma variável ponteiro contém a posição da memória.
- A variável *ponteiro espia dentro de um valor armazenado na posição de memória.

Trabalhando com ponteiros

O poder dos ponteiros vem tanto da sua personalidade dupla quanto da habilidade de mudar valores, como uma variável.

Na Listagem 18-7, três variáveis char são declaradas na Linha 5 e todas inicializadas na Linha 8. (Eu as empilhei em uma única linha para que a listagem não ficasse muito longa.) Um ponteiro char é criado na Linha 6.

Listagem 18-7:   Mais Diversão com Ponteiros

```
#include <stdio.h>

int main()
{
    char a,b,c;
    char *p;

    a = 'A'; b = 'B'; c = 'C';

    printf("Know your ");
    p = &a;                  // Inicializa
    putchar(*p);             //   Usa
    p = &b;                  // Inicializa
    putchar(*p);             //   Usa
    p = &c;                  // Inicializa
    putchar(*p);             //   Usa
    printf("s\n");

    return(0);
}
```

As Linhas 11 e 12 configuram a operação básica do código: primeiro, o ponteiro p é inicializado ao endereço da variável char; segundo, o * (asterisco) é utilizado para espiar o valor armazenado nesse endereço. A variável *p representa esse valor como um char dentro da função putchar(). A operação é então repetida para as variáveis b e c.

Exercício 18-11: Crie um projeto, utilizando o código da Listagem 18-7. Monte e execute.

A Figura 18-3 tenta ilustrar o comportamento da variável ponteiro p enquanto o código é executado.

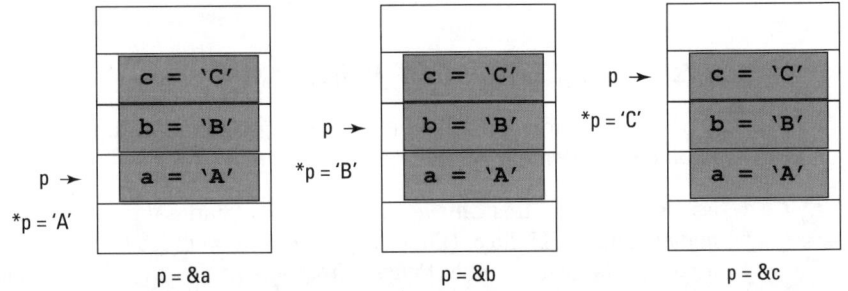

Figura 18-3: Utilizando um ponteiro para ler valores.

Exercício 18-12: Escreva um programa que declare uma variável int e uma variável ponteiro int. Use a variável ponteiro para exibir o valor armazenado na variável int.

O operador *ponteiro funciona em ambos os sentidos. Assim como você pode pegar o valor de uma variável, como mostrado na Listagem 18-7, também pode estabelecer o valor de uma variável. Veja a Listagem 18-8.

Listagem 18-8: Atribuindo Valores Através da Utilização de Ponteiros

```
#include <stdio.h>

int main()
{
    char a,b,c;
    char *p;

    p = &a;
    *p = 'A';
    p = &b;
    *p = 'B';
    p = &c;
    *p = 'C';
    printf("Know your %c%c%cs\n",a,b,c);
    return(0);
}
```

A Linha 5 na Listagem 18-8 declara três variáveis `char`. Essas variáveis nunca têm seus valores atribuídos diretamente, em lugar algum do código. A variável `p`, entretanto, é inicializada três vezes (Linhas 8, 10 e 12) para as posições de memória das variáveis `a`, `b` e `c`. Então, a variável `*p` atribui valores a essas variáveis (Linhas 9, 11 e 13). O resultado é exibido por `printf()` na Linha 14.

Exercício 18-13: Copie o código-fonte da Listagem 18-8 no seu editor. Monte e execute o programa.

Exercício 18-14: Escreva um código que declare uma variável `int` e uma variável `float`. Use variáveis ponteiro correspondentes para atribuir valores a essas variáveis. Exiba os resultados, utilizando as variáveis `int` e `float` (e não as variáveis ponteiro).

Capítulo 19

Nas Profundezas da Terra dos Ponteiros

Neste Capítulo
- Utilizando um ponteiro para exibir um array
- Substituindo notação array por ponteiros
- Trabalhando com strings e ponteiros
- Entendendo arrays de ponteiros
- Executando uma string sort
- Criando uma função que come ponteiros
- Montando funções que retornam ponteiros

É fácil aceitar o que um ponteiro faz, balançando a cabeça afirmativamente, repetindo o mantra "Um ponteiro é uma variável que contém a localização de memória". Você pode memorizar a diferença entre a variável ponteiro `p` e a variável ponteiro `*p`, mas para conhecer realmente o poder do ponteiro, tem que descobrir como ele é explorado em sua totalidade na linguagem C. Deve-se evitar o jeito antigo de fazer as coisas e aceitar completamente os ponteiros pelas bruxarias milagrosas que eles fazem.

Ponteiros e Arrays

Arrays em linguagem C são nada mais que um caldeirão cheio de mentiras! Na verdade, eles não existem. Ao descobrir a força do ponteiro, você começa a aceitar que um array é meramente um ponteiro disfarçado de maneira astuta. Esteja preparado para se sentir traído.

Pegando o endereço de um array

Um array é um tipo de variável em C, que você pode examinar por seu tamanho e endereço. No Capítulo 18, tratamos da utilização do operador `sizeof` em um array. Agora, você vai descobrir o segredo profundo e obscuro ao contemplar um endereço de array.

O código-fonte da Listagem 19-1 mostra um programa pequeno, que declara um array `int`, e, então, exibe a localização na memória desse array. Simples. (Bem, será simples se você passou por todo o Capítulo 18.)

Listagem 19-1: Onde o Array se Esconde

```
#include <stdio.h>

int main()
{
    int array[5] = { 2, 3, 5, 7, 11 };

    printf("'array' is at address %p\n",&array);
    return(0);
}
```

Exercício 19-1: Digite o código-fonte da Listagem 19-1 no seu editor. Monte e execute o programa.

Aqui está a saída que vejo:

```
'array' is at address 0028FF0C
```

Exercício 19-2: Duplique a Linha 7 no código para criar uma nova Linha 8, removendo o `&`:

```
printf("'array' is at address %p\n",array);
```

A diferença principal é a falta do `&` que prefixa a variável de array. Vai funcionar? Compile e execute para ter certeza.

Aqui está a minha saída para o novo código:

```
'array' is at address 0028FF0C
'array' is at address 0028FF0C
```

O prefixo `&` é necessário? Melhor descobrir:

Exercício 19-3: Use o código-fonte do exercício 18-6 (do Capítulo 18). Edite as Linhas 10 a 14 para remover o `&` dos nomes das variáveis na declaração `printf()`. Tente montar o programa.

Aqui está a mensagem de erro que vi repetida quatro vezes:

```
Warning: format '%p' expects type 'void *' ...
```

Obviamente, o `&` é importante para variáveis individuais, porém, para arrays, é opcional e, na verdade, ignorado. Isso, no entanto, somente seria possível se... o array fosse realmente um ponteiro!

Trabalhando com o ponteiro matemático em um array

O que acontece quando você incrementa um ponteiro? Vamos dizer que a variável ponteiro `dave` referencia uma variável no endereço de memória 0x8000. Caso seja verdade, considere essa declaração:

```
dave++;
```

Qual seria o valor do ponteiro `dave`?

Sua primeira tendência é acreditar que `dave` seria incrementado em 1, o que é correto. O resultado do cálculo, todavia, pode não ser 0x8001. Isso porque o endereço armazenado em uma variável ponteiro é incrementado por uma *unidade*, não pelo dígito um.

O que é uma unidade?

Isso depende do tipo de variável. Se o ponteiro `dave` for um ponteiro `char`, o novo endereço poderá ser 0x8001. Agora, se `dave` for um `int` ou um `float`, o novo endereço será o mesmo que

```
0x8000 + sizeof(int)
```

ou

```
0x8000 + sizeof(float)
```

Na maioria dos sistemas, um `int` tem 4 bytes; então, você poderia imaginar que `dave` seria igual a 0x8004 depois da operação de incremento, mas para que imaginar se você pode codificar?

A Listagem 19-2 ilustra um programa simples, algo que eu poderia ter lhe orientado a codificar sem utilizar ponteiros, Preencha um array `int` com valores de 1 a 10 e então exiba o array e seus valores. Na Listagem 19-2, contudo, um ponteiro é utilizado para preencher o array.

Listagem 19-2:   Matemática com Arrays e Ponteiros

```
#include <stdio.h>

int main()
{
    int numbers[10];
    int x;
    int *pn;

    pn = numbers;          /* inicializa ponteiro */

/* preenche array */
```

(Continua)

Listagem 19-2: *(continuação)*

```
    for(x=0;x<10;x++)
    {
        *pn=x+1;
        pn++;
    }

/* exibe array */
    for(x=0;x<10;x++)
        printf("numbers[%d] = %d\n",
                x+1,numbers[x]);

    return(0);
}
```

A Linha 7 declara o ponteiro pn e a Linha 9 o inicializa. O & não é necessário aqui porque numbers é um array, não uma variável individual. A essa altura, o ponteiro mantém o endereço base do array, como ilustrado na Figura 19-1. Lembre-se que o array está vazio.

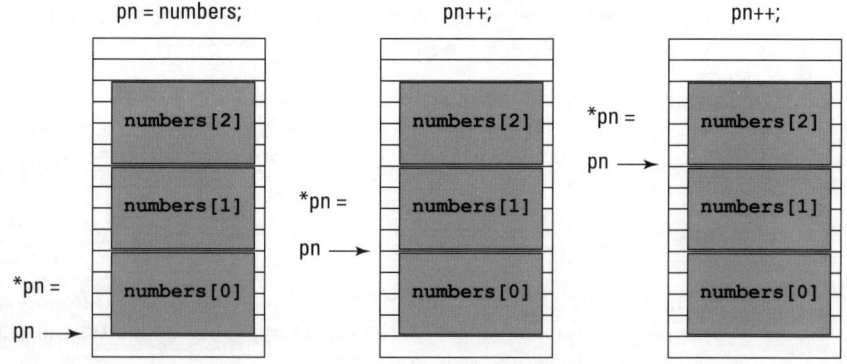

Figura 19-1: Preenchendo um array através da utilização de um ponteiro.

O loop for das Linhas 12 a 16 preenche o array numbers. O primeiro elemento é preenchido na Linha 14, utilizando-se a notação espiã para o ponteiro pn. Então, na Linha 15, o ponteiro pn é incrementado em uma unidade. Ele agora aponta para o próximo elemento no array, como mostrado na Figura 19-1, e o loop se repete.

Exercício 19-4: Copie o código-fonte da Listagem 19-2 para o seu editor. Monte e execute.

Exercício 19-5: Modifique seu código-fonte do Exercício 19-4 para que o endereço de cada elemento do array seja exibido acompanhado de seu valor.

Na saída do Exercício 19-5, você deverá ver que cada endereço é separado por 4 bytes (supondo que o tamanho de um int seja 4 bytes na sua máquina). Na verdade, o endereço provavelmente acabará nos dígitos hex 0, 4, 8 e C.

Exercício 19-6: Complete a conversão da Listagem 19-2 e o que você começou no Exercício 19-5, fazendo com que o segundo loop `for` exiba os valores do array, utilizando o lado espião da variável ponteiro `pn`.

Exercício 19-7: Crie um projeto que preencha um array `char` utilizando ponteiros, parecido com os mostrados na Listagem 19-2. Estabeleça o tamanho do array `char` em 27 para que ele possa manter 26 letras. Preencha o array com as letras 'A' até 'Z', utilizando a notação de ponteiros. Exiba os resultados, utilizando a notação de ponteiros.

Aqui está uma grande dica:

```
*pn=x+'A';
```

Caso você esteja totalmente perdido, coloquei a minha solução para o Exercício 19-7 na Listagem 19-3.

Listagem 19-3:   Minha Solução para o Exercício 19-7

```
#include <stdio.h>

int main()
{
    char alphabet[27];
    int x;
    char *pa;

    pa = alphabet;        /* inicializa ponteiro */

/* Preenche array */
    for(x=0;x<26;x++)
    {
        *pa=x+'A';
        pa++;
    }

    pa = alphabet;
/* Exibe array */
    for(x=0;x<26;x++)
    {
        putchar(*pa);
        pa++;
    }
    putchar('\n');

    return(0);
}
```

O código-fonte na Listagem 19-3 deve ser bem claro, executando cada tarefa um passo de cada vez. Lembre-se, porém, que muitos programadores C gostam de combinar declarações e que essas combinações acontecem frequentemente com ponteiros.

Exercício 19-8: Combine as duas declarações no primeiro loop `for` da Listagem 19-3 para formar apenas uma declaração:

```
*pa++=x+'A';
```

Certifique-se de digitá-la adequadamente. Monte e execute.

A saída é a mesma. O que essa bagunça horrorosa faz está descrito aqui:

- x+'A'   Esta parte da declaração é executada primeiro, adicionando o valor da variável x à letra A. O efeito final é que o código caminha alfabeto acima, enquanto o valor de x aumenta.
- *pa   O resultado de x+'A' é colocado na posição de memória especificada pelo ponteiro pa.
- ++   O valor da variável pa — o endereço de memória — é incrementado em uma unidade. Como o ++ aparece depois da variável, o valor é incrementado depois do valor desse endereço ser lido.

Manter essas duas declarações separadas ainda dá certo e eu codifico todos os meus programas desse jeito porque facilita minha leitura posterior. Nem todo programador, no entanto, faz isso! Muitos adoram empilhar ponteiros com o operador de incremento. Fique atento! De qualquer maneira, se você consegue entender, não haverá problemas.

Exercício 19-9: Conserte seu código-fonte do Exercício 19-8 para que o segundo loop `for` utilize o monstro `*pa++`.

Com sorte, o ponteiro `*pa++` fará sentido. Se não, tire um cochilo e depois volte para examinar a Listagem 19-4.

Listagem 19-4:   Programa Racha-cuca

```
#include <stdio.h>

int main()
{
    char alpha = 'A';
    int x;
    char *pa;

    pa = &alpha;          /* inicializa ponteiro */

    for(x=0;x<26;x++)
        putchar((*pa)++);
    putchar('\n');

    return(0);
}
```

O código-fonte da Listagem 19-4 trata de uma única variável `char` e não um array. Portanto, a inicialização do ponteiro na Linha 9 necessita do prefixo `&`. Não se esqueça disso!

A Linha 12 neste código contém o bicho-papão `(*pa)++`. Ele se parece com o `*pa++`, mas definitivamente não é. Diferente do `*pa++`, que espia um valor e então incrementa o ponteiro, a construção `(*pa)++` incrementa o valor sendo espiado; o ponteiro permanece inalterado.

Exercício 19-10: Edite, monte e execute um novo programa, utilizando o código-fonte da Listagem 19-4.

A operação `(*pa)++` funciona, graças aos parênteses. O programa busca primeiro o valor representado por `*pa` e então esse valor é incrementado. A variável ponteiro, `pn`, não é afetada pela operação.

Para ajudar a evitar confusão nesse tópico, ofereço a Tabela 19-1, que explica vários "macetes" de notações críticas de ponteiros/espiões.

Tabela 19-1   Ponteiros e Espiões Dentro e Fora de Parênteses

Expressão	Endereço p	Valor *p
*p++	Incrementado depois que o valor é lido	Inalterado
*(p++)	Incrementado depois que o valor é lido	Inalterado
(*p)++	Inalterado	Incrementado depois de lido
*++p	Incrementado antes do valor ser lido	Inalterado
*(++p)	Incrementado antes do valor ser lido	Inalterado
++*p	Inalterado	Incrementado antes de ser lido
++(*p)	Inalterado	Incrementado antes de ser lido

Utilize a Tabela 19-1 para ajudá-lo a decifrar o código e também para conseguir o formato correto para sua necessidade. Se a notação de ponteiro não aparece na Tabela 19-1, ou não é possível ou não é um ponteiro. Pode, por exemplo, parecer que as expressões `p*++` e `p++*` pertençam à Tabela 19-1, mas elas não são ponteiros. (Na verdade, elas não são definidas como expressões válidas em C.)

Substituindo ponteiros por notação array

Na verdade, a notação array é um mito, porque pode ser facilmente substituída pela notação de ponteiros. Ela provavelmente é substituída no interior dos seus programas.

Considere a Tabela 19-2, que compara a notação array com a notação de ponteiros. Presuma que o ponteiro a é inicializado ao array alpha. O array e o ponteiro devem ser do mesmo tipo de variável, mas a notação não difere entre tipos de variáveis. Um array char e um array int usariam as mesmas referências.

Tabela 19-2   Notação Array Substituída por Ponteiros

Array alpha[ ]	Ponteiro a
alpha[0]	*a
alpha[1]	*(a+1)
alpha[2]	*(a+2)
alpha[3]	*(a+3)
alpha[*n*]	*(a+*n*)

Você pode testar seus conhecimentos de notação array-para-ponteiro, utilizando uma amostra de programa, como o mostrado na Listagem 19-5.

Listagem 19-5:   Um Programa Array Simples

```
#include <stdio.h>

int main()
{
    float temps[5] = { 58.7, 62.8, 65.0, 63.3, 63.2 };

    printf("The temperature on Tuesday will be %.1f\n",
            temps[1]);
    printf("The temperature on Friday will be %.1f\n",
            temps[4]);
    return(0);
}
```

Exercício 19-11: Modifique as duas declarações printf() da Listagem 19-5, substituindo-as por notação de ponteiro.

Strings são "Tipo Ponteiros"

Falta uma variável string em C, mas existe um array char, que é, efetivamente, a mesma coisa. Como um array, uma string em C pode ser completamente torcida, retorcida e abusada pela utilização de ponteiros. É um tópico muito mais interessante do que mexer com arrays numéricos e, por isso, ganha uma seção inteira só pra ele.

Utilizando ponteiros para exibir uma string

Você deve estar bem familiarizado com a exibição de uma string em C, provavelmente pela utilização das funções `puts()` ou `printf()`. Strings também podem ser exibidas como um caractere de cada vez arrastando-se por um array. Para seu conhecimento, ofereço a Listagem 19-6.

Listagem 19-6: Olá, String

```
#include <stdio.h>

int main()
{
    char sample[] = "From whence cometh my help?\n";
    int index = 0;

    while(sample[index] != '\0')
    {
        putchar(sample[index]);
        index++;
    }
    return(0);
}
```

O código mostrado na Listagem 19-6 é código C completamente legítimo, válido para criar um programa que exibe uma string, mas ele não usa ponteiros, certo?

Exercício 19-12: Modifique o código-fonte da Listagem 19-6, substituindo a notação array por notação de ponteiro. Elimine a variável `index`. Você precisa criar e inicializar uma variável ponteiro.

A avaliação do loop `while` na Listagem 19-6 é redundante. O caractere nulo é avaliado como falso. Então, a avaliação poderia ser reescrita como:

```
while(sample[index])
```

Enquanto o elemento da array referenciado por `sample[index]` não for um caractere nulo, o loop vai girar.

Exercício 19-13: Edite a avaliação do loop `while` na sua solução para o Exercício 19-12, eliminando a comparação redundante.

Exercício 19-14: Continue trabalhando no seu código e, dessa vez, elimine as declarações no loop `while`. Dê foco à avaliação da declaração `while`. Pelo bem da referência, a função `putchar()` retorna o caractere que é exibido.

Declarando uma string através da utilização de um ponteiro

Aqui está um truque assustador que você pode usar utilizando ponteiros, porém, o mesmo pede muito cuidado na sua execução. Veja a Listagem 19-7.

Listagem 19-7: Um Ponteiro Anuncia uma String

```
#include <stdio.h>

int main()
{
    char *sample = "From whence cometh my help?\n";

    while(putchar(*sample++))
        ;
    return(0);
}
```

Na Listagem 19-7, a string exibida é criada pela inicialização de um ponteiro. É uma construção que parece estranha, mas é algo que você vê com frequência em código C, particularmente com strings. (Você não pode usar essa convenção para inicializar um array numérico.)

Exercício 19-15: Copie o código-fonte da Listagem 19-7 no seu editor. Monte e execute.

O cuidado que se deve tomar na Listagem 19-7, e a qualquer hora que se utilizar um ponteiro para declarar uma string diretamente, é que a variável ponteiro não pode ser manipulada, ou a string é perdida. Por exemplo, na Listagem 19-7, a variável `sample` é utilizada na Linha 7 para percorrer a string como parte da função `putchar()`. Ops! Se eu quiser utilizar `sample` mais tarde no código, ela não fará mais referência ao início da string.

Ao declarar uma string utilizando um ponteiro, não mexa com a variável ponteiro em nenhum outro lugar do código.

A solução é salvar o endereço inicial do ponteiro ou simplesmente utilizar um segundo ponteiro para trabalhar na string.

Exercício 19-16: Conserte o código na Listagem 19-7 para que o valor da variável `sample` seja salvo antes do loop `while` rodar e então seja restaurado em seguida. Adicione uma declaração `puts(sample)` ao código depois que o loop `while` terminar de executar, para provar que o endereço original da variável foi restaurado.

Construindo um array de ponteiros

Um array de ponteiros seria um array que mantém posições de memória. Tal construção é frequentemente necessária em C. Eu poderia inventar um programa demo perversamente complexo que lhe frustraria, a ponto de lhe deixar louco. Isso, porém, não acontecerá, se você considerar que um array de ponteiros é realmente um array de strings, mostrado na Listagem 19-8. Isso torna a digestão do tópico mais fácil.

Listagem 19-8: Arrays de Ponteiros Malucos

```
#include <stdio.h>

int main()
{
    char *fruit[] = {
        "watermelon",
        "banana",
        "pear",
        "apple",
        "coconut",
        "grape",
        "blueberry"
    };
    int x;

    for(x=0;x<7;x++)
        puts(fruit[x]);

    return(0);
}
```

Um array de ponteiros é declarado na Listagem 19-8. Ele funciona de maneira similar à Listagem 12-7 (do Capítulo 12), embora, nesta construção, você não precise contar especificamente comprimentos de strings individuais. Isso porque o array é realmente um array de ponteiros ou posições de memória. Cada string permanece em algum lugar na memória. O array simplesmente lista onde cada uma começa.

Exercício 19-17: Digite o código-fonte da Listagem 19-8 no seu editor. Monte e execute para confirmar que funciona.

Esse capítulo trata de ponteiros; então, qual parte da Listagem 19-18 você acha que deve ser melhorada?

Exercício 19-18: Utilizando as informações da Tabela 19-2 como guia, substitua a notação array na Linha 17 da Listagem 19-8 por notação de ponteiro.

A razão para sua solução do Exercício 19-18 funcionar (supondo que você a fez corretamente) é que o array `fruit` contém ponteiros. O valor de cada elemento é outro ponteiro. Isso, no entanto, não é nada; considere a Listagem 19-9.

Listagem 19-9:   Exemplo Ponteiros-para-Ponteiros

```
#include <stdio.h>

int main()
{
    char *fruit[] = {
        "watermelon",
        "banana",
        "pear",
        "apple",
        "coconut",
        "grape",
        "blueberry"
    };
    int x;

    for(x=0;x<7;x++)
    {
        putchar(**(fruit+x));
        putchar('\n');
    }

    return(0);
}
```

Na Listagem 19-9 a Linha 18 contém a terrível, temida, evitada e amaldiçoada notação `**` ou notação de *ponteiro duplo*. Para usar minha nomenclatura preferida, é um espião duplo. Antes que eu comece a discussão, faça o Exercício 19-19.

Exercício 19-19: Digite cuidadosamente o código-fonte da Listagem 19-9 no seu editor. Compile e execute.

Para entender a construção `**(fruit+x)`, você deve trabalhar de dentro pra fora:

```
fruit+x
```

Capítulo 19: Nas Profundezas da Terra dos Ponteiros

A variável `fruit` contém um endereço de memória. É um ponteiro! O x é um valor incrementado em uma unidade. Neste caso, a unidade é um endereço porque todos os elementos do array `fruit` são ponteiros.

```
*(fruit+x)
```

Você já viu a construção anterior. É o conteúdo do endereço `fruit+x`. Do código, `fruit` é um array de ponteiros. Então, o resultado da operação anterior é... um ponteiro!

```
**(fruit+x)
```

Finalmente, você tem um ponteiro para outro ponteiro ou — melhor dizendo — um espião para outro espião. Se o espião interno é um endereço de memória, o espião externo (o primeiro asterisco) é o conteúdo daquele endereço de memória. A Figura 19-2 tenta clarear este conceito.

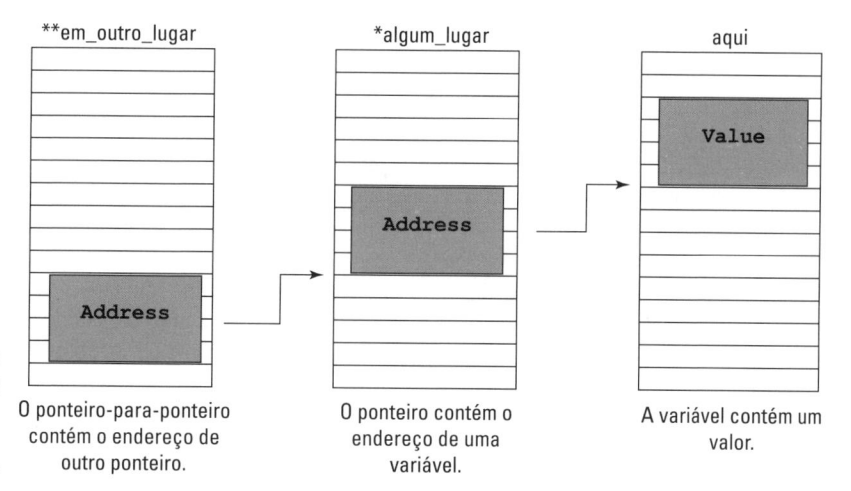

Figura 19-2: Como a coisa ** funciona.

O ponteiro-para-ponteiro contém o endereço de outro ponteiro.

O ponteiro contém o endereço de uma variável.

A variável contém um valor.

É útil lembrar que o operador ** é quase sempre (mas não exclusivamente) ligado a um array de ponteiros; ou, se você quiser tornar isso simples, a um array de strings. Então, na Figura 19-2, a primeira coluna é o endereço de um array de ponteiros, a segunda coluna é o ponteiro em si (uma string) e a coluna da direita é o primeiro caractere da string.

Se você ainda está confuso; e eu não lhe culpo; Einstein ficou enroscado nessa altura, quando leu a primeira edição deste livro — tente revisar a Tabela 19-3. Na tabela, a notação de ponteiro (utilizando a variável `ptr`) é comparada com a notação array equivalente (utilizando a variável `array`).

Tabela 19-3	Notificação de Ponteiro e Notificação Array	
Notação de Ponteiro	*Notação Array*	*Descrição*
**ptr	*array[]	Declara um array de ponteiros,
*ptr	array[0]	O endereço do primeiro ponteiro no array; para um array de string, a primeira string.
*(ptr+0)	array[0]	O mesmo que a entrada anterior.
**ptr	array[0][0]	O primeiro elemento do primeiro ponteiro no array; o primeiro caractere da primeira string no array.
**(pt+1)	array[1][0]	O primeiro elemento do segundo ponteiro no array; o primeiro caractere da segunda string.
((ptr+1))	array[1][0]	O mesmo que a entrada anterior.
((ptr+a)+b)	array[a][b]	Elemento b do ponteiro a.
**(ptr+a)+b	array[a][0]+b	Este item não é bem o que você quer. O que este item representa é o valor do elemento 0 no ponteiro a mais do valor da variável b. Em vez disso, utilize a notação `*(*(ptr+a)+b)`.

Exercício 19-20: Refaça seu código-fonte do Exercício 19-19 para que cada caractere individual em uma string seja exibido, um de cada vez, através da utilização da função `putchar()`. Se você conseguir escrever a operação `putchar()` completa como uma condição de loop `while`, ganhará dez pontos bônus *Para Leigos*.

Classificando strings

Com o que já sabe sobre classificação em linguagem C (conhecimento adquirido no Capítulo 12), você provavelmente poderá criar um programa decente para ordenar strings. No mínimo, poderá explicar como isso é feito. Isso é ótimo, só que muito trabalhoso.

O melhor, quando se trata de ordenação de strings, é não ordenar as strings de jeito nenhum. Em vez disso, ordene um array de ponteiros referenciando as strings. A Listagem 19-10 mostra um exemplo.

Vê algo familiar?

Arrays de ponteiros deveriam ser um tanto familiar para você. Se trabalhou com o Capítulo 15, talvez se lembre disso:

```
int main(int argc, char
    *argv[])
```

A declaração completa da função main() inclui um array de ponteiros como segundo argumento. No Capítulo 15, você tratou cada item como sua própria string, que é exatamente como a construção funciona. Secretamente, porém, o que está sendo passado para a função main() é um array de ponteiros.

A propósito, a declaração completa da função main() também pode ser escrita assim:

```
int main(int argc, char
    **argv)
```

Listagem 19-10:   Classificando Strings, Primeira Tentativa

```
#include <stdio.h>

int main()
{
    char *fruit[] = {
        "apricot",
        "banana",
        "pineapple",
        "apple",
        "persimmon",
        "pear",
        "blueberry"
    };
    char *temp;
    int a,b,x;

    for(a=0;a<6;a++)
        for(b=a+1;b<7;b++)
            if(*(fruit+a) > *(fruit+b))
            {
                temp = *(fruit+a);
                *(fruit+a) = *(fruit+b);
                *(fruit+b) = temp;
            }

    for(x=0;x<7;x++)
        puts(fruit[x]);

    return(0);
}
```

Exercício 19-21: Digite o código-fonte da Listagem 19-10 no seu editor. Monte e execute para garantir que as strings serão classificadas adequadamente.

Bem, provavelmente, não funcionou. Pode ter funcionado, mas, se a lista é ordenada ou mudada de qualquer maneira, é uma consequência não intencional e definitivamente não repetível.

O problema está na Linha 19. Você não pode comparar strings utilizando o operador >. Você poderia comparar caracteres individuais e então ordenar a lista baseando-se nesses caracteres, entretanto, a maioria dos humanos prefere palavras ordenadas através de seu comprimento total, não apenas do primeiro caractere.

Exercício 19-22: Modifique seu código-fonte e utilize a função strcmp() para comparar strings com o objetivo de determinar se elas precisam ou não ser trocadas.

Ponteiros em Funções

Um ponteiro é um tipo de variável. Como tal, pode ser facilmente arremessado para uma função. Ainda mais emocionante, um ponteiro pode perambular de volta de uma função como um valor de retorno. Muitas vezes, esses truques são apenas maneiras de pegar uma informação para/ou a partir de uma função.

Passando um ponteiro para uma função

A grande vantagem de passar um ponteiro para uma função é que a informação que é modificada não precisa retornar. Isso porque a função referencia o endereço de memória, não um valor direto. Utilizando esse endereço, a informação pode ser manipulada sem ser retornada. A Listagem 19-11 demonstra.

Listagem 19-11:   Apontando para um Desconto

```
#include <stdio.h>

void discount(float *a);

int main()
{
    float price = 42.99;

    printf("The item costs $%.2f\n",price);
    discount(&price);
```

```
        printf("With the discount, that's $%.2f\n",price);
        return(0);
}

void discount(float *a)
{
        *a = *a * 0.90;
}
```

Na Linha 3 da Listagem 19-11, a função discount() é prototipada. Ela necessita de uma variável de ponteiro do tipo float como seu único argumento.

A Linha 10 passa o endereço da variável price para a função discount(). O sinal de porcentagem obtém a posição de memória da variável price.

Dentro da função, a variável ponteiro a é utilizada para espiar o valor da posição de memória que é passado.

Exercício 19-23: Digite o código-fonte da Listagem 19-11 no seu editor. Monte e execute o programa.

Exercício 19-24: Modifique seu código-fonte do Exercício 19-23 para que uma variável ponteiro float p seja declarada na função main(). Inicialize p para a posição da variável price e, então, passe p para a função discount().

Exercício 19-25: Monte um novo projeto com duas funções: create() e show(). A função create() recebe um ponteiro para um array de dez inteiros e preenche esse array com valores aleatórios na extensão de 0 a 9. A função show() recebe o mesmo array e exibe todos os dez elementos.

Retornando um ponteiro de uma função

Funções são conhecidas por seus tipos, como int ou char ou até mesmo void. Você também pode declarar funções ponteiros, que retornam uma posição de memória como um valor. Simplesmente, declare a função como sendo de um tipo ponteiro, como:

```
char *monster(void)
```

Neste exemplo, a função monster() é declarada. Ela não necessita de argumentos, mas retorna um ponteiro para um array char — um valor string.

LEMBRE-SE Aqui está outra diferença com funções que retornam ponteiros: o valor retornado deve ser declarado como uma variável `static`. Lembre-se que variáveis são locais a suas funções. Você deve reter os dados na variável, declarando-as como tipo `static` para que seu conteúdo não seja descartado quando a função parar. A Listagem 19-12 fornece um exemplo.

Listagem 19-12:   Revertendo uma String

```
#include <stdio.h>

char *strrev(char *input);

int main()
{
    char string[64];

    printf("Type some text: ");
    fgets(string,62,stdin);
    puts(strrev(string));

    return(0);
}

char *strrev(char *input)
{
    static char output[64];
    char *i,*o;

    i=input; o=output;

    while(*i++ != '\n')
        ;
    i--;

    while(i >= input)
        *o++ = *i--;
    *o = '\0';

    return(output);
}
```

A Listagem 19-12 pode ser bem confusa. Preste atenção!

A Linha 3 faz o protótipo da função `strrev()`. Ela retorna um ponteiro — neste caso, o endereço de um array `char` ou uma string `char`.

A função `main()`, na Linha 5, é bem fácil de entender. A entrada é recolhida pela função `fgets()` na Linha 10. É passada para `strrev()` na Linha 11 dentro da função `puts()`.

A função `strrev()` começa na Linha 16. Ela necessita de um ponteiro `char` como seu argumento, que é referido como `input` na função. O buffer `output` é criado na Linha 18 e é `static`, para que não suma quando a função terminar. A Linha 19 declara dois ponteiros `char`: `i` e `o`.

O primeiro loop `while`, na Linha 23, encontra o caractere nova linha no final da entrada da string. A variável `i` avança pela string um caractere de cada vez.

Depois de encontrar a nova linha, o ponteiro `i` contém o endereço do próximo caractere em `input`, que, provavelmente, não é o que você quer. Então, a declaração na Linha 25 ajuda `i` a apontar para o último caractere na string antes da nova linha.

No começo do loop `while` na Linha 27, o ponteiro `o` mantém a base do buffer `output`, o primeiro caractere, e o ponteiro `i` mantém o último. Tente pensar nesta situação como o `i` parado no topo de uma escadaria e o `o` no final dela.

O loop `while` roda até que o endereço no ponteiro `i` combine com o endereço no início da string `input`. Como `i` é decrementado, os caracteres no endereço `i` são copiados para o endereço `o`. Figurativamente, `i` avança para baixo da escadaria e `o` para cima.

A Linha 29 fecha a string `output` com um caractere NULO. Isso é algo que você deve lembrar, quando criar strings utilizando ponteiros.

A declaração `return` na Linha 31 envia o endereço do buffer `output`, a string revertida, de volta para a declaração que a chamou.

Exercício 19-26: Digite o código-fonte da Listagem 19-12 no seu editor. Enquanto digita o código, adicione seus próprios comentários, descrevendo o que está acontecendo. Sinta-se à vontade para utilizar meu texto como guia. Monte e execute o programa.

Capítulo 20
Listas Ligadas

Neste Capítulo
- Pegando um pedaço de memória com `malloc()`
- Montando armazenamento de string
- Desalocando memória
- Criando espaço para uma estrutura
- Montando uma lista ligada
- Editando estruturas em uma lista ligada

No cruzamento entre a Rua Estrutura e a Alameda dos Ponteiros, você encontrará um tópico conhecido como *lista ligada*. É basicamente um array de estruturas, como uma base de dados. A grande diferença é que cada estrutura é esculpida fora da memória, uma de cada vez, como talhar blocos de mármore para construir um templo elaborado. É um tópico maravilhoso, uma excelente demonstração de como os ponteiros podem ser úteis — e se você está matriculado em Programação em C, sim, este tópico cairá na prova.

Dê-me Memória!

Aqui está um segredo: declarar uma variável em C é, na realidade, orientar o programa a implorar por um pouco de espaço de armazenamento do sistema operacional. Como você sabe (tomara que saiba), o sistema operacional é o Senhor Supremo Mestre dos computadores ou qualquer dispositivo eletrônico que você esteja programando. Como tal, ele reparte memória RAM para programas que necessitam dela.

Quando você declara uma variável, de uma humilde `short int` até um buffer gigante de string, está orientando o programa a implorar por essa quantidade de espaço, no qual pretende colocar algo útil. Em linguagem C, você também pode alocar memória em tempo real, desde que tenha um exército de ponteiros nas mãos para salvar os endereços.

Introduzindo a função malloc ( )

A função `malloc()` existe para saciar os desejos de memória do seu programa. Dê a ele um ponteiro e `malloc()` alocará memória (sacou?) em um determinado tamanho para armazenar um certo tipo de variável. Aqui está o formato:

```
p = (type *)malloc(size);
```

`type` é um typecast, direcionando `malloc()` a alocar um pedaço de memória, dimensionado para armazenar a quantidade adequada de informação dada pelo tipo de variável.

`size` é a quantidade de armazenamento necessário. É medido em bytes, mas você precisa ser cuidadoso para alocar armazenamento suficiente para acomodar o tipo de variável. Por exemplo, se você precisa de espaço para armazenar um valor `int`, precisa criar espaço de armazenamento suficiente, no qual a variável `int` caiba. Esse número de bytes é tradicionalmente calculado pela utilização do operador `sizeof`.

A função `malloc()` retorna o endereço do pedaço de memória que é alocado. O endereço é armazenado no ponteiro p, que deve combinar com o tipo de variável. Quando a memória não pode ser alocada, um valor NULO é retornado.

Você deve verificar pelo NULO antes de utilizar a memória alocada! Se você não fizer isso, seu programa ficará em apuros.

Finalmente, você precisa incluir o arquivo cabeçalho `stdlib.h` no seu código-fonte para manter o compilador satisfeito com a função `malloc()`. A Listagem 20-1 mostra um exemplo.

Listagem 20-1:   Dê-me Espaço

```
#include <stdio.h>
#include <stdlib.h>

int main()
{
    int *age;

    age = (int *)malloc(sizeof(int)*1);
    if(age == NULL)
    {
        puts("Unable to allocate memory");
        exit(1);
    }
    printf("How old are you? ");
    scanf("%d",age);
    printf("You are %d years old.\n",*age);
    return(0);
}
```

A primeira coisa a se notar na Listagem 20-1 é que a única variável declarada é um ponteiro, `age`. Uma variável `int` não é definida, embora o programa aceite entrada `int` e exiba saída `int`.

A Linha 8 utiliza `malloc()` para reservar armazenamento para um inteiro. Para garantir que a quantidade adequada de armazenamento foi alocada, o operador `sizeof` é utilizado. Para alocar espaço para um inteiro, o valor 1 é multiplicado pelo resultado da operação `sizeof(int)`. (Esse processo é desnecessário a essa altura, mas entrará na jogada mais tarde.) O endereço desse armazenamento é salvo pelo ponteiro `age`.

A Linha 9 testa para garantir que `malloc()` foi capaz de alocar memória. Em caso negativo, o valor retornado é NULO (que é uma constante definida em `stdlib.h`). O programa exibe uma mensagem de erro (veja Linha 11) e fecha (veja Linha 12).

Você perceberá que a função `scanf()`, na Linha 15, não usa o prefixo `&`. Isso acontece porque a variável `age` é um endereço de memória — é um ponteiro! Você não precisa do `&` nesse caso (assim como não precisa do `&` para uma string lida pela função `scanf()`).

Finalmente, a notação espiã é utilizada, na Linha 16, para exibir o valor da entrada.

Exercício 20-1: Comece um novo projeto, utilizando o código-fonte da Listagem 20-1. Monte e execute.

Exercício 20-2: Utilizando a Listagem 20-1 como inspiração, escreva um programa que peça a temperatura exterior atual como um valor com ponto flutuante. Faça com que o código peça a entrada em Celsius ou em Fahrenheit. Utilize `malloc()` para criar armazenamento para o valor da entrada. Exiba a temperatura resultante em Kelvin. Aqui estão as fórmulas:

```
kelvin = celsius + 273.15;

kelvin = (fahrenheit + 459.67) * (5.0/9.0);
```

Exercício 20-3: Escreva um programa que aloque espaço para três valores `int` — um array. Você precisará usar apenas uma função `malloc()` para realizar esta tarefa. Atribua 100, 200 e 300 para cada `int` e, então, exiba os três valores.

Criando armazenamento de string

A função `malloc()` é comumente usada para criar um buffer de entrada. Essa técnica evita a declaração e o dimensionamento de um array vazio. Por exemplo, a notação

```
char input[64];
```

pode ser substituída por essa declaração:

```
char *input;
```

O tamanho do buffer é estabelecido dentro do código, através da utilização da função `malloc()`. Na Listagem 20-2, a função `malloc()`, na Linha 8, declara um array `char` — um buffer de armazenamento — para cerca de 1.024 bytes. Eu sei que é um kilobyte (KB), ok?

Listagem 20-2:   Alocando um Buffer de Entrada

```
#include <stdio.h>
#include <stdlib.h>

int main()
{
    char *input;

    input = (char *)malloc(sizeof(char)*1024);
    if(input==NULL)
    {
        puts("Unable to allocate buffer! Oh no!");
        exit(1);
    }
    puts("Type something long and boring:");
    fgets(input,1023,stdin);
    puts("You wrote:");
    printf("\"%s\"\n",input);

    return(0);
}
```

O resto do código aceita a entrada e, então, exibe a saída. A função `fgets()`, na Linha 15, limita a entrada para 1.023 bytes, deixando espaço para o \0 no final da string.

Exercício 20-4: Inicie um novo projeto, utilizando o código-fonte da Listagem 20-2.

Exercício 20-5: Modifique o código-fonte da Listagem 20-2. Crie um segundo buffer `char`, utilizando um ponteiro e `malloc()`. Depois que o texto for lido pela função `fgets()`, copie esse texto do primeiro buffer (entrada na Listagem 20-2) para o segundo buffer — exceto o caractere nova linha, \n, no final da entrada.

Exercício 20-6: Modifique o código-fonte do Exercício 20-5 para que o segundo buffer contenha a versão do texto do primeiro buffer, onde todas as vogais tenham sido substituídas por arroba (@).

Liberando memória

Não é um assunto tão importante agora que a era dos microcomputadores passou, mas o desperdício de memória ainda deve ser uma preocupação para qualquer programador. Embora você possa se preparar para uma entrada de 1,024 caracteres, são altas as probabilidades de que os usuários do seu programa não escrevam tanto quanto Stephen King. Neste caso, você pode reduzir seus pedidos de memória depois de fazê-los. A memória extra pode ser então retornada para o sistema operacional, o que é considerado uma cortesia. Veja a Listagem 20-3.

Listagem 20-3:   Devolvendo Alguns Bytes

```
#include <stdio.h>
#include <stdlib.h>
#include <string.h>

int main()
{
    char *input;
    int len;

    input = (char *)malloc(sizeof(char)*1024);
    if(input==NULL)
    {
        puts("Unable to allocate buffer! Oh no!");
        exit(1);
    }
    puts("Type something long and boring:");
    fgets(input,1023,stdin);
    len = strlen(input);
    if(realloc(input,sizeof(char)*(len+1))==NULL)
    {
        puts("Unable to reallocate buffer!");
        exit(1);
    }
    puts("Memory reallocated.");
    puts("You wrote:");
    printf("\"%s\"\n",input);

    return(0);
}
```

O código-fonte na Listagem 20-3 é praticamente o mesmo da Listagem 20-2, com um pouco de código extra adicionado para acomodar a função realloc() na Linha 19. Aqui está o formato:

```
p = realloc(buffer,size);
```

buffer é uma área de armazenamento existente, criada pela função malloc() (ou similar). size é o novo tamanho do buffer, baseado na quantidade de unidades que você precisa para um tipo específico de variável. Com sucesso, realloc() retorna o ponteiro para buffer; caso contrário, NULO é retornado. Da mesma forma que malloc(), a função realloc() necessita do cabeçalho stdlib.h.

O cabeçalho string.h é utilizado na Linha 3. Isso acontece para satisfazer o uso da função strlen() na Linha 18. O comprimento da string da entrada é recolhido e salvo na variável len.

Na Linha 19, a função `realloc()` é chamada. Ela redimensiona um buffer já criado a um novo valor. Na Linha 19, o buffer é o buffer `input` e o tamanho é o comprimento da string mais 1, para contabilizar o caractere `\0`. Depois de tudo, é todo o texto que era entrada e todo o armazenamento que é necessário.

Se a função `realloc()` for bem-sucedida, ela redimensiona o buffer. Se não, um NULO é retornado, o que é testado na Linha 9 e, se verdadeiro, mensagens adequadas de erro são exibidas.

Exercício 20-7: Digite o código-fonte da Listagem 20-3 no seu editor. Monte e execute.

Embora você não tenha nenhuma confirmação secundária, podemos supor que o bom emprego da função `realloc()` realmente diminuiu o tamanho do buffer `input` para exatamente o que era necessário. Qualquer armazenamento que tenha sobrado está novamente disponível para o programa.

Uma função final é necessária para que `malloc()` e `realloc()` sejam um trio. É a função `free()`, demonstrada na Listagem 20-4.

Listagem 20-4: Se Você Ama Sua Memória, Deixe-a Livre

```c
#include <stdio.h>
#include <stdlib.h>

int main()
{
    int *age;

    age = (int *)malloc(sizeof(int)*1);
    if(age==NULL)
    {
        puts("Out of Memory or something!");
        exit(1);
    }
    printf("How old are you in years? ");
    scanf("%d",age);
    *age *= 365;
    printf("You're over %d days old!\n",*age);
    free(age);

    return(0);
}
```

O código mostrado na Listagem 20-4 não tem nenhuma surpresa; a maioria dele deve ser familiar, se você passou por todo este capítulo desde o começo. O único item novo está na Linha 18, a função `free()`.

A função `free()` libera a memória alocada, tornando-a disponível para `malloc()` ou qualquer outra coisa utilizá-la.

Exercício 20-8: Digite o código-fonte da Listagem 20-4 em um novo projeto. Monte e execute.

Não é necessário usar `free()` no seu código, a não ser que seja pedido ou recomendado. A maioria dos programadores não utiliza `free()`, graças à grande quantidade de memória colocada na maioria dos dispositivos eletrônicos atuais. A memória utilizada pelo seu programa é liberada automaticamente pelo sistema operacional quando o programa é finalizado. Quando a memória é curta, entretanto, use ambas, `realloc()` e `free()`, livremente para evitar erros de falta de memória.

Listas que Ligam

Quando a função `malloc()` precisa se exercitar, ela se volta para a estrutura — uma estrutura após a outra, cada uma acomodada em um novo lugar na memória, graças à `malloc()`. Elas se perderam? Não! Porque cada estrutura acompanha a próxima estrutura, como elos em uma corrente.

Alocando espaço para uma estrutura

A função `malloc()` reserva espaço para todos os tipos de variáveis C, incluindo arrays. Ela também pode espremer uma estrutura na memória, criando espaço extra, tudo referenciado de um ponteiro.

Quando você modela armazenamento para uma nova estrutura utilizando um ponteiro, ou melhor, sempre que referencia uma estrutura utilizando um ponteiro, um novo operador C entra na jogada: o operador ->, que é oficialmente conhecido como o operador *ponteiro de estrutura*. Este operador é o ponteiro de estrutura equivalente ao ponto. A notação tradicional de membro de estrutura se parece com isso:

```
date.day = 14;
```

O mesmo membro, quando referenciado através de um ponteiro de estrutura, se parece com isso:

```
date->day = 14;
```

Por que a notação espiã * não é utilizada? Bem, até poderia. O formato original para um membro de estrutura referenciado por um ponteiro é assim:

```
(*date).day = 14;
```

Os parênteses são necessários para ligar o operador de ponteiro `*a date`, o nome de variável do ponteiro de estrutura; caso contrário, o operador. teria prioridade. Por alguma razão, no entanto, programadores C primitivos detestavam esse formato; então, eles utilizavam `->` no lugar.

A Listagem 20-5 demonstra como uma estrutura pode ser criada utilizando a função `malloc()`. A estrutura é definida na Linha 7 e uma variável ponteiro desse tipo de estrutura é declarado na Linha 12. Na Linha 15, `malloc()` aloca armazenamento suficiente para a estrutura. O tamanho da estrutura é determinado através da utilização do operador `sizeof`.

Listagem 20-5:   Criando um Portfólio Estruturado

```c
#include <stdio.h>
#include <stdlib.h>
#include <string.h>

int main()
{
    struct stock {
        char symbol[5];
        int quantity;
        float price;
    };
    struct stock *invest;

/* Cria estrutura na memória */
    invest=(struct stock *)malloc(sizeof(struct stock));
    if(invest==NULL)
    {
        puts("Some kind of malloc() error");
        exit(1);
    }

/* Atribui dados da estrutura   */
    strcpy(invest->symbol,"GOOG");
    invest->quantity=100;
    invest->price=801.19;

/* Exibe base de dados */
    puts("Investment Portfolio");
    printf("Symbol\tShares\tPrice\tValue\n");
    printf("%-6s\t%5d\t%.2f\t%.2f\n",\
            invest->symbol,
            invest->quantity,
            invest->price,
            invest->quantity*invest->price);

    return(0);
}
```

O ponteiro `invest` referencia a nova estrutura esculpida fora da memória. As Linhas 23 a 25 preenchem a estrutura com alguns dados. Então, as Linhas 28 a 34 exibem os dados. Note cuidadosamente como o operador -> é utilizado para referenciar os membros da estrutura.

Exercício 20-9: Crie um projeto, utilizando o código-fonte da Listagem 20-5. Monte e execute.

Criando uma lista ligada

Se você quisesse adicionar uma segunda estrutura ao código-fonte da Listagem 20-5, provavelmente criaria outro ponteiro estrutura; algo assim:

```
struct stock *invest2;
```

Então, você teria que renomear o ponteiro `invest` para `invest1`, para manter tudo claro. Você provavelmente diria: "Sabe, isso me cheira a começo de um array". Então, criaria um array de ponteiros estrutura. Sim, senhor, tudo isso funciona.

Entretanto, o que funciona melhor é criar uma lista ligada — ou seja, uma série de estruturas que contém ponteiros direcionando umas para as outras. Junto com os dados básicos, a estrutura contém um ponteiro. Esse ponteiro contém o endereço da próxima estrutura na lista. Com um belo malabarismo de nomes de ponteiros, mais um NULO para fechar o fim da lista, você deve terminar com algo parecido com o código-fonte da Listagem 20-6.

Listagem 20-6: Um Exemplo Primitivo de Lista Ligada

```
#include <stdio.h>
#include <stdlib.h>
#include <string.h>

int main()
{
    struct stock {
        char symbol[5];
        int quantity;
        float price;
        struct stock *next;
    };
    struct stock *first;
    struct stock *current;
    struct stock *new;

/* Cria estrutura na memória */
    first=(struct stock *)malloc(sizeof(struct stock));
```

(Continua)

Listagem 20-6: *(continuação)*

```c
    if(first==NULL)
    {
        puts("Some kind of malloc() error");
        exit(1);
    }

/* Atribui dados à estrutura    */
    current=first;
    strcpy(current->symbol,"GOOG");
    current->quantity=100;
    current->price=801.19;
    current->next=NULL;

    new=(struct stock *)malloc(sizeof(struct stock));
    if(new==NULL)
    {
        puts("Another malloc() error");
        exit(1);
    }
    current->next=new;
    current=new;
    strcpy(current->symbol,"MSFT");
    current->quantity=100;
    current->price=28.77;
    current->next=NULL;

/* Exibe base de dados */
    puts("Investment Portfolio");
    printf("Symbol\tShares\tPrice\tValue\n");
    current=first;
    printf("%-6s\t%5d\t%.2f\t%.2f\n",\
            current->symbol,
            current->quantity,
            current->price,
            current->quantity*current->price);
    current=current->next;
    printf("%-6s\t%5d\t%.2f\t%.2f\n",\
            current->symbol,
            current->quantity,
            current->price,
            current->quantity*current->price);

    return(0);
}
```

O código-fonte mostrado na Listagem 20-6 é bem longo, mas é basicamente uma versão exagerada do código mostrado na Listagem 20-5. Só criei uma segunda estrutura ligada à primeira. Então, não deixe o comprimento do código-fonte lhe intimidar.

As Linhas 13 até 15 declaram os três ponteiros estrutura padrão que são necessários para que a lista ligada funcione. Tradicionalmente, são nomeados `first`, `current` e `new`. Eles jogam no quarto membro da estrutura, `next`, encontrado na Linha 11, que é um ponteiro estrutura.

> **CUIDADO!** Não utilize `typedef` para definir uma nova variável de estrutura, quando criar uma lista ligada. Não estou utilizando `typedef` na Listagem 20-6 e, por isso, não haverá problema com esse código, mas muitos programadores C usam `typedef` com estruturas. Tenha cuidado!

> **CUIDADO!** Aqui está outro aviso sobre o nome da variável `new`, utilizada na Linha 15. Esta é uma palavra reservada em C++. Sendo assim, se você quiser inovar, mude o nome da variável para `new_struct` ou algo que não seja a palavra `new`.

Quando a primeira estrutura é preenchida, a Linha 30 atribui um ponteiro NULO para o elemento `next`. Esse valor NULO fecha o fim da lista ligada.

A Linha 32 cria uma estrutura, colocando seu endereço na variável ponteiro `new`. O endereço é salvo na primeira estrutura na Linha 38. É assim que a posição da segunda estrutura é retida.

As Linhas 40 a 43 preenchem as informações para o segundo ponteiro, atribuindo um valor NULO para o elemento `next` na Linha 43.

A ligação ocorre enquanto os conteúdos das estruturas são exibidos. A Linha 48 captura o endereço da primeira estrutura. Depois, a linha 54 captura o próximo endereço de estrutura que está dentro da primeira estrutura.

Exercício 20-10: Digite o código-fonte da listagem 20-6 no seu editor, ou apenas copie o código do Exercício 20-9, e o modifique. Embora seja longo, digite-o porque você precisará editá-lo novamente mais tarde (se já não estiver acostumado com isso). Monte e execute.

A Figura 20-1 ilustra o conceito da lista ligada, baseado no que a Listagem 20-6 está tentando fazer.

Figura 20-1: A lista ligada na memória.

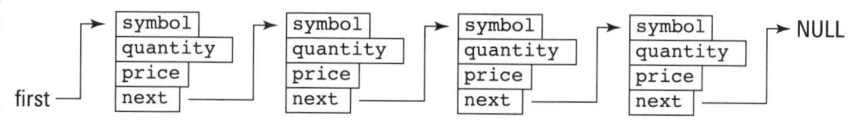

```
first → [symbol/quantity/price/next] → [symbol/quantity/price/next] → [symbol/quantity/price/next] → [symbol/quantity/price/next] → NULL
```

Diferente de arrays, estruturas em uma lista ligada não são numeradas. Em vez disso, cada estrutura é ligada à próxima estrutura da lista. Sabendo o endereço da primeira estrutura, você poderá trabalhar através da lista até o final, que é marcado por um NULO.

Vou confessar que a Listagem 20-6 mostra um código-fonte desleixado, com muito código repetido. Quando você vê múltiplas declarações como esta em seu código, deve imediatamente pensar em "funções". Mergulhe na Listagem 20-7.

Listagem 20-7:   Um Exemplo Melhor de Lista Ligada

```c
#include <stdio.h>
#include <stdlib.h>
#include <string.h>

#define ITEMS 5

struct stock {
    char symbol[5];
    int quantity;
    float price;
    struct stock *next;
};
struct stock *first;
struct stock *current;
struct stock *new;

struct stock *make_structure(void);
void fill_structure(struct stock *a,int c);
void show_structure(struct stock *a);

int main()
{
    int x;

    for(x=0;x<ITEMS;x++)
    {
        if(x==0)
        {
            first=make_structure();
            current=first;
        }
        else
        {
            new=make_structure();
            current->next=new;
            current=new;
        }
        fill_structure(current,x+1);
    }
    current->next=NULL;

    /* Exibe base de dados */
    puts("Investment Portfolio");
    printf("Symbol\tShares\tPrice\tValue\n");
```

```
        current = first;
        while(current)
        {
            show_structure(current);
            current=current->next;
        }

        return(0);
}

struct stock *make_structure(void)
{
    struct stock *a;

    a=(struct stock *)malloc(sizeof(struct stock));
    if(a==NULL)
    {
        puts("Some kind of malloc() error");
        exit(1);
    }
    return(a);
}

void fill_structure(struct stock *a,int c)
{
    printf("Item #%d/%d:\n",c,ITEMS);
    printf("Stock Symbol: ");
    scanf("%s",a->symbol);
    printf("Number of shares: ");
    scanf("%d",&a->quantity);
    printf("Share price: ");
    scanf("%f",&a->price);
}

void show_structure(struct stock *a)
{
    printf("%-6s\t%5d\t%.2f\t%.2f\n",\
        a->symbol,
        a->quantity,
        a->price,
        a->quantity*a->price);
}
```

A maioria das listas ligadas é criada como mostrado na Listagem 20-7. A chave é utilizar três variáveis de estrutura, mostradas nas Linhas 13 a 15:

- ✔ `first` sempre contém o endereço da primeira estrutura na lista. Sempre.

- ✔ `current` contém o endereço da estrutura sendo trabalhada, preenchida com dados ou exibida.

- ✔ `new` é o endereço de uma nova estrutura, criada através da utilização da função `malloc()`.

A Linha 7 declara a estrutura `stock` como global. Desse jeito, ela pode ser acessada das várias funções.

O loop `for` entre as Linhas 25 e 39 cria estruturas, ligando-as. Se a estrutura inicial é especial, seu endereço é salvo na Linha 30. Caso contrário, uma nova estrutura é alocada, graças à função `make_structure()`.

Na Linha 35, a estrutura anterior é atualizada; o valor de `current` não é mudado até a Linha 36. Antes disso acontecer, o ponteiro na estrutura atual é atualizado com o endereço da próxima estrutura, `new`.

Na Linha 40, o final da lista ligada é marcado pelo reajuste do ponteiro `new` na última estrutura para um NULO.

O loop `while` na Linha 46 exibe todas as estruturas na lista ligada. A condição do loop é o valor do ponteiro `current`. Quando NULO é encontrado, o loop para.

O resto do código mostrado na Listagem 20-7 consiste em funções que são muito autoexplicativas.

Exercício 20-11: Copie o código da Listagem 20-7 no editor. Monte e execute.

Note as declarações de `scanf()` na função `fill_structure()`. Lembre-se que o `->` é a notação "espiã" para um ponteiro. Para obter o endereço, você deve prefixar a variável com um `&` na função `scanf()`.

Editando uma lista ligada

A lista ligada é encadeada pela referência de posições na memória. Por isso, a edição é feita pela modificação dessas posições de memória. Por exemplo, na Figura 20-2, se você quiser remover o terceiro item da lista, deve simplesmente desviar dele, ligando o segundo item ao quarto item. O terceiro item será efetivamente removido (e perdido) por essa operação.

Figura 20-2: Removendo um item de uma lista ligada.

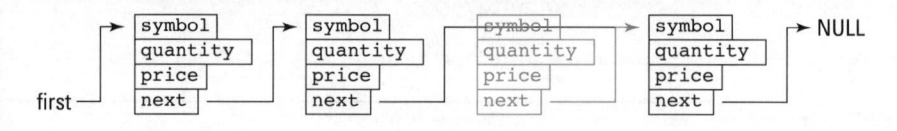

Da mesma maneira, você pode inserir um item na lista, editando o próximo ponteiro do item anterior, como ilustrado na Figura 20-3.

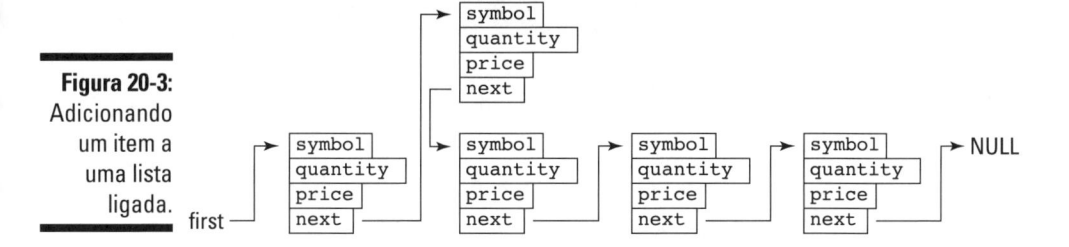

Figura 20-3:
Adicionando um item a uma lista ligada.

A melhor maneira de alterar itens em uma lista ligada é ter um programa interativo, que o permita ver, adicionar, inserir, deletar e editar as diversas estruturas. Tal programa seria bem longo e complexo e é por isso que você o encontrará na Listagem 20-8.

Listagem 20-8:   Um Programa Interativo de Lista Ligada

```
/* Um programa interativo de lista ligada */
/* Dan Gookin, Começando a Programar em C Para Leigos */
#include <stdio.h>
#include <stdlib.h>
#include <ctype.h>

struct typical {
    int value;
    struct typical *next;
};
struct typical *first;
struct typical *current;
struct typical *new;

int menu(void);
void add(void);
void show(void);
void delete(void);
struct typical *create(void);

/* A função principal só funciona com entrada
   Todo o resto é tratado pela função */
int main()
{
```

(Continua)

Listagem 20-8:   *(continuação)*

```
    int choice='\0';    /* Coloca o loop while para rodar */
    first=NULL;

    while(choice!='Q')
    {
        choice=menu();
        switch (choice)
        {
            case 'S':
                show();
                break;
            case 'A':
                add();
                break;
            case 'R':
                delete();
                break;
            case 'Q':
                break;
            default:
                break;
        }
    }

    return(0);
}

/* Exibe o menu principal e coleta a entrada  */
int menu(void)
{
    int ch;

    printf("S)how, A)dd, R)emove, Q)uit: ");
    ch=getchar();
    while(getchar()!='\n')    /* Remove o excesso de entrada */
        ;
    return(toupper(ch));
}

/* Adiciona um item ao final da lista ligada  */
void add(void)
{
    if(first==NULL)  /* Caso especial para o primeiro item */
    {
        first=create();
        current=first;
    }
```

```c
        else                        /* Acha o último item */
        {
            current=first;
            while(current->next)    /* Último item = = NULL   */
                current=current->next;
            new=create();
            current->next=new;      /* Atualiza link */
            current=new;
        }
        printf("Type a value: ");
        scanf("%d",&current->value);
        current->next=NULL;
        while(getchar()!='\n')    /* Remove o excesso de entrada */
            ;
}

/* Exibe todas as estruturas na lista ligada   */
void show(void)
{
    int count=1;

    if(first==NULL)             /* Esta lista está vazia */
    {
        puts("Nothing to show");
        return;
    }
    puts("Showing all records:");
    current=first;
    while(current)              /* Último registro = = NULL */
    {
        printf("Record %d: %d\n",count,current->value);
        current=current->next;
        count++;
    }
}

/* Remove um registro da lista */
void delete(void)
{
    struct typical *previous;   /* Salva registro anterior */
    int r,c;

    if(first==NULL)        /* Verifica se lista está vazia */
    {
        puts("No records to remove");
        return;
    }
    puts("Choose a record to remove:");
```

(Continua)

Listagem 20-8: *(continuação)*

```c
        show();
        printf("Record: ");
        scanf("%d",&r);
        while(getchar()!='\n')   /* Remove excesso de entrada */
            ;
        c=1;
        current=first;
        previous=NULL;       /* O primeiro registro não tem anterior */
        while(c!=r)
        {
            if(current==NULL)   /* Garante que 'r' está no
                intervalo */
            {
                puts("Record not found");
                return;
            }
            previous=current;
            current=current->next;
            c++;
        }
        if(previous==NULL)      /* Caso especial para o primeiro
                registro */
            first=current->next;
        else                    /* Aponta o primeiro registro anterior
        para o próximo */
            previous->next=current->next;
        printf("Record %d removed.\n",r);
        free(current);              /* Libera memória */
}

/* Monta uma estrutura vazia e retorna seu endereço */
struct typical *create(void)
{
    struct typical *a;

    a=(struct typical *)malloc(sizeof(struct typical));
    if(a==NULL)
    {
        puts("Some kind of malloc() error");
        exit(1);
    }
    return(a);
}
```

Exercício 20-12: Se você tiver tempo, digite o código-fonte da Listagem 20-8 no seu editor. Acredito que digitar lhe ajuda a entender melhor o código. Diferente de outros exemplos de código, comentei a Listagem 20-8 para ajudá-lo a enxergar o que está acontecendo. Monte e execute algumas vezes para pegar o jeito da coisa.

Na Listagem 20-3, uma função é nomeada como `delete()`. Esteja ciente que `delete` é uma palavra-chave em C++ e não pode ser utilizada como nome de função (ou variável) ao compilar código C++.

Salvando uma lista ligada

Listas ligadas existem apenas na memória. Embora você possa salvar todos os registros de uma lista ligada em um arquivo, não existe a necessidade de salvar a variável ponteiro `next` em cada estrutura. Isso porque a lista ligada pode não externalizar no mesmo pedaço de memória.

O Capítulo 22 tratará do trabalho com arquivos e tocará no tópico de acesso a arquivos aleatórios. Veja esse capítulo para mais informações sobre salvar uma lista ligada em um arquivo.

Capítulo 21

Já era Hora

Neste Capítulo
- Programando funções de tempo
- Entendendo a era Unix
- Recuperando o tempo atual
- Exibindo data e hora
- Pausando a execução de um programa

Está na hora de programar! Ou, em outras palavras, está na hora de programar tempo. A biblioteca C está repleta de várias funções dedicadas ao tempo, permitindo-lhe não apenas reportar a hora atual, mas também exibir datas e horários. Você poderá até suspender a execução de um programa — de propósito — dado que você conheça as funções adequadas.

Que horas são?

Alguém tem a hora? Sério, alguém realmente sabe que horas são — ou eram?

Dispositivos eletrônicos possuem relógios, mas isso não os torna os melhores donos de tempo. Na verdade, a maioria dos dispositivos modernos atualiza seus relógios internos utilizando um servidor de tempo da internet. Caso contrário, o relógio do seu computador, celular ou tablet nunca seria preciso.

Quando você programa o tempo em C, está confiando no dispositivo que está utilizando para reportar adequadamente a data e a hora. Isso traz à tona um monte de termos e tecnologia que cercam o assunto do tempo e como ele é medido.

Entendendo o calendário

Dispositivos digitais mantêm o controle do tempo, contando zeros e uns. Humanos gostam de manter o controle, contando segundos, minutos, horas, dias, semanas, meses e anos. Vários esquemas foram desenvolvidos para trabalhar entre os dois sistemas.

O *calendário Juliano* foi popular durante séculos. Desenvolvido por Júlio César e programado em Latim, esse calendário funcionou bem por muito tempo.

Infelizmente, o velho Júlio não contabilizava frações de um dia, que se acumulavam com o passar do tempo. No ano 1500, Papa Gregório desenvolveu o *calendário Gregoriano*, que arrumava os equívocos de César. Este calendário também foi programado em Latim.

Cientistas da computação desenvolveram algo chamado *Dia Juliano Modificado* (MJD) na década de 1950. Eles estabeleceram a data 1º de janeiro de 4713 a.C. como o Dia 0 e numeraram cada dia desde então. Horas são partes fracionadas do dia. Meio-dia em 1º de janeiro de 2014 seria 2456293.5 MJD.

Quando o Unix surgiu, duas coisas nasceram: a linguagem C e a Era Unix. À meia-noite de 1º de janeiro de 1970, computadores Unix começaram a contar os segundos. A *Era Unix* é medida, desde esse momento, como um valor `long signed int`. Isso torna o calendário válido até 19 de janeiro de 2038, às 3:14:07 da manhã, quando o computador acreditará, de repente, que será 13 de dezembro de 1901 novamente. Detalhe: isso ocorrerá em uma sexta-feira!

A maioria dos computadores Unix tem abordado o problema 2038. Então, diferente da crise Y2K, nada ruim acontecerá depois de 19 de janeiro de 2038. A Era Unix, entretanto, ainda é utilizada em programação de funções C.

Trabalhando com tempo em C

Funções de tempo e assuntos relacionados, em linguagem C, são armazenados no arquivo cabeçalho `time.h`. Neste arquivo, você encontra as coisas boas descritas nesta lista:

`time_t`   O tipo de variável `time_t` mantém o valor da Era Unix, ou o número de segundos que passou desde 1º de janeiro de 1970. Na maioria dos sistemas, `time_t` é um `long signed int` convertido em `time_t` pela palavra-chave `typedef`. Por causa do problema 2038, pode ser um `unsigned` ou outro tipo de variável no seu sistema.

| struct tm | Esta estrutura mantém as definições para armazenar várias partes de uma timestamp. É preenchida pela função `localtime()`. A estrutura se parece mais ou menos com isso, embora no seu sistema possa ser diferente: |

```
struct tm {
    int tm_sec;    /* segundos depois do minuto [0-60] */
    int tm_min;    /* minutos depois da hora [0-59] */
    int tm_hour;   /* horas desde a meia-noite [0-23] */
    int tm_mday;   /* dia do mês [1-31] */
    int tm_mon;    /* meses desde janeiro [0-11] */
    int tm_year;   /* anos desde 1900 */
    int tm_wday;   /* dias desde domingo [0-6] */
    int tm_yday;   /* dias desde 1º de janeiro 1 [0-365] */
    int tm_isdst;  /* marcação do Horário de Verão */
};
```

time()	A função `time()` come o endereço da variável `time_t` e preenche essa variável com o tempo atual da Era Unix — basicamente, um valor `long int`. Esta função confunde alguns usuários porque não retorna um valor; ela meramente estabelece um valor dentro da variável `time_t`.
ctime()	A função `ctime()` pega a variável `time_t` contendo o tempo atual (cortesia da função `time()`) e a converte em uma string exibível de data-tempo.
localtime()	Esta função preenche a variável da estrutura `tm` com informações baseadas no valor de tempo armazenado em uma variável `time_t`. A função retorna o endereço da estrutura `tm`, para que fique toda bagunçada com estruturas e ponteiros e aquele operador ->.
difftime()	A função `difftime()` compara os valores entre dois valores `time_t` e retorna um valor `float` como a diferença em segundos.
sleep()	A função `sleep()` suspende a execução do programa por um número dado de segundos.

C apresenta muito mais funções de tempo e o que não é oferecido, você pode programar por conta própria. O objetivo do execício, claro, é entender o que é o tempo, ou pelo menos que horas o programa acredita que são.

Hora de Programar

Eu poderia imaginar que os mesmos Lordes da Programação que inventaram ponteiros e listas ligadas poderiam realmente bagunçar seu cérebro com programação de tempo. Felizmente, eles não o fizeram. Embora um conhecimento de ponteiros e estruturas lhe ajude a aprender como isso funciona, programação de tempo em C é bem direta.

Checando o relógio

O computador, ou qualquer que seja o dispositivo que você está programando, está constantemente consciente do tempo. Ele mantém um valor de tempo bem no fundo do seu coração digital. Para acessar este valor, você precisa codificar um programa que crie uma variável `time_t`. Então, a função `time()` coloca o valor atual do relógio nessa variável. É uma operação simples na verdade — a não ser por todo o conceito de chamar uma função com um ponteiro, que ainda é um pouco estranho pra você. Veja a Listagem 21-1.

Listagem 21-1:   Ah, Então Isso É Que Horas São?

```
#include <stdio.h>
#include <time.h>

int main()
{
    time_t tictoc;

    time(&tictoc);
    printf("The time is now %ld\n",tictoc);
    return(0);
}
```

A Linha 2 na Listagem 21-1 traz o arquivo cabeçalho `time.h`, que é necessário para todas as funções de tempo em C.

A Linha 6 declara a variável `tictoc` do tipo `time_t`. `time_t` é definido em `time.h` por `typedef` e é normalmente um valor `long int`.

A função `time()` na Linha 8 necessita do endereço de uma variável `time_t` como seu argumento. Dessa maneira, o valor de tempo é colocado diretamente nessa variável (em sua posição de memória).

Finalmente, na Linha 9, o valor resultante — a Era Unix — é exibido, utilizando o conversor de caractere `%ld`, `long int`.

Execício 21-1: Digite o código-fonte da Listagem 21-1 no seu editor. Monte e execute.

Exercício 21-2: Edite sua solução do Exercício 21-1, substituindo a Linha 8 por

```
tictoc=time(NULL);
```

A função `time()` necessita de uma posição de memória como um argumento, mas também retorna um valor `time_t`. Você pode utilizar tanto o formato já apresentado quanto o formato mostrado na Linha 8 na Listagem 21-1, dependendo de qual dos símbolos esquisitos, o `&` ou o `NULL`, lhe assusta menos.

Exercício 21-3: Adicione uma segunda chamada da função `time()` e exiba o novo valor da variável `tictoc`. Utilize tanto o formato `time(time_t)` quanto o formato `time(NULL)`. Tente ver se o código roda rápido o bastante para que o valor de tempo não mude ou mude muito pouco.

Exercício 21-4: Posicione as funções `time()` e `printf()` em um loop para que elas sejam chamadas repetidamente 20 vezes. Observe se o valor de tempo exibido muda.

Quantas vezes o seu computador precisa rodar o loop antes que você veja uma mudança de tempo?

Nas décadas de 1970 e 1980, programadores escreviam loops `for` em seus códigos para pausar a execução de um programa. Lembro que meu fiel e antigo TRS-80 necessitava de um loop que contasse de 1 a 100 para atrasar a execução em um segundo. Os sistemas atuais são muito mais rápidos, e tais loops não podem mais ser confiáveis para atrasar a execução de um programa precisamente.

Como *time()* funciona em números aleatórios

A melhor maneira de gerar números aleatórios em C é semear o gerador aleatório. No Capítulo 11, descrevi como esse processo funciona utilizando a função `time()`. Aqui está o formato:

```
srandom((unsigned)
    time(NULL));
```

Quando chamada com um valor NULO (um ponteiro), a função `time()` retorna o tempo atual do dia no formato da Era Unix. Tradicionalmente, este valor é um `long signed int`. Portanto, deve-se utilizar o typecast nesse tempo para um tipo `unsigned`. O valor `unsigned long` é o tipo de variável necessária para a função `srandom()` semear o gerador aleatório.

Visualizando uma timestamp

Exibir data e hora atuais como um valor `long int` não deixará seus usuários felizes. Na verdade, eles não conhecem nenhum nerd em Unix que possa olhar um número da Era Unix e dizer que data é. Portanto, algumas conversões precisam acontecer. A função da biblioteca C necessária para executar essa obrigação é `ctime()`, a função de conversão do tempo.

A Listagem 21-2 demonstra a função `ctime()`. O código-fonte da listagem é idêntico ao da Listagem 21-1, com uma pequena mudança na Linha 9.

Listagem 21-2: Ah, Então Esse é o Tempo!

```
#include <stdio.h>
#include <time.h>

int main()
{
    time_t tictoc;

    time(&tictoc);
    printf("The time is now %s\n",ctime(&tictoc));
    return(0);
}
```

A função `ctime()` come o endereço de uma variável `time_t`. A função retorna um ponteiro para uma string de timestamp, que é o endereço de um array `char` em outro lugar da memória.

Exercício 21-5; Modifique seu código-fonte do Exercício 21-1 para refletir as mudanças feitas na Listagem 21-2. Não esqueça do conversor de caractere `%s` na declaração `printf()`. Monte e execute. A saída se parece com isso:

```
The time is now Thu Apr  4 12:44:37 2013
```

Eu poderia ser muito cruel a essa altura e lhe mandar salvar a string retornada pela função `ctime()`, utilizando ponteiros para extrapolar itens individuais. Felizmente, C já vem com uma função que realiza essa tarefa. Veja a próxima seção.

Cortando a string de tempo

A função `localtime()` pode ser usada com um valor da Era Unix para recortar pedacinhos individuais do tempo atual. A estrutura `tm` preenchida por `localtime()` pode ser sondada e examinada para obter informação específica do tempo.

A estrutura `tm` é referenciada anteriormente neste capítulo, na seção "Trabalhando com tempo em C". A Listagem 21-3 mostra como utilizar a estrutura para produzir um formato de data reconhecível.

Listagem 21-3: Que Dia é Hoje?

```
#include <stdio.h>
#include <time.h>

int main()
{
    time_t tictoc;
    struct tm *today;

    time(&tictoc);
    today = localtime(&tictoc);
    printf("Today is %d/%d/%d\n",
        today->tm_mon,
        today->tm_mday,
        today->tm_year);
    return(0);
}
```

O tempo atual em Era Unix é recolhido pela função `time()` na Linha 9 da Listagem 21-3. O valor é armazenado na variável `tictoc`. O endereço dessa variável é usado na Linha 10 para retornar um ponteiro para a estrutura, salvo na variável `struct tm` o endereço de `today`. Então, os elementos da estrutura são exibidos por `printf()` por algumas linhas. A notação ponteiro da estrutura é utilizada para acessar os elementos da estrutura (Linhas 12, 13 e 14) porque, afinal, é um ponteiro (endereço de memória).

Exercício 21-6: Digite o código-fonte da Listagem 21-3 no seu editor. Monte e execute o programa para ver a data atual.

Como Trajano não é mais o imperador de Roma e não estamos no mês passado, você deve fazer alguns ajustes no código. Veja a definição para a estrutura, descrita anteriormente neste capítulo (na seção "Trabalhando com tempo em C"), e você entenderá a matemática necessária para que a saída seja adequada para mês e ano.

Exercício 21-7: Arrume sua solução para o Exercício 21-6 para que o ano atual e o mês atual apareçam na saída.

Exercício 21-8: Escreva um código que faça a saída do tempo atual no formato `hora:minuto:segundo`.

Exercício 21-9: Conserte sua solução para o Exercício 21-8 para que a saída seja no formato de 12-horas com um sufixo a.m. ou p.m. baseado na hora do dia.

Exercício 21-10: Modifique o código-fonte da Listagem 21-3 para que o dia da semana atual seja exibido — não um número, mas uma string de texto. Você precisa criar um array de strings para resolver esse enigma. Créditos extras serão dados pela utilização de notação ponteiro, em vez de notação array.

Cochilando

A maioria dos programadores quer que seus códigos rodem rápido. Ocasionalmente, você pode querer que seu código diminua a velocidade, para fazer uma pausa medida ou fazer... suspense! Nestes casos, você pode confiar nas funções de tempo em C para causar um pouquinho de demora.

A função `difftime()` é utilizada na Listagem 21-4 para calcular as diferenças entre os dois valores `time_t now` e `then`. A função retorna um valor com ponto flutuante, indicando o número de segundos que se passaram.

Listagem 21-4: Espere um segundo!

```
#include <stdio.h>
#include <time.h>

int main()
{
    time_t now,then;
    float delay=0.0;

    time(&then);
    puts("Start");
    while(delay < 1)
    {
        time(&now);
        delay = difftime(now,then);
        printf("%f\r",delay);
    }
    puts("\nStop");
    return(0);
}
```

Exercício 21-11: Digite o código-fonte da Listagem 21-4 no seu editor. Monte o programa. Execute.

Parte V
E o Resto?

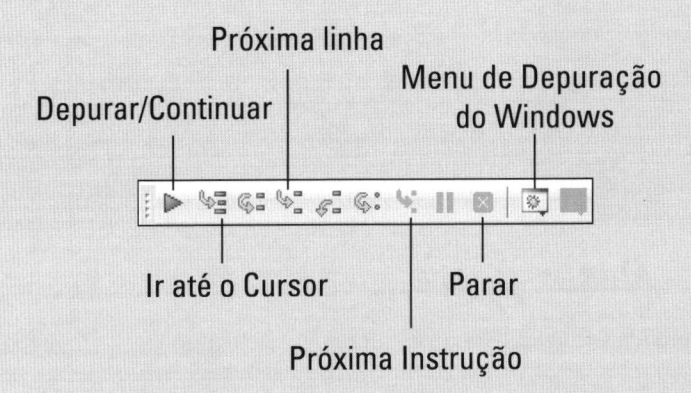

Próxima linha

Depurar/Continuar

Menu de Depuração do Windows

Ir até o Cursor

Parar

Próxima Instrução

Nesta parte...

- Aprenda como ler e escrever informações em arquivos
- Descubra como salvar uma lista ligada
- Descubra como seus programas podem executar a gestão de arquivos
- Crie projetos grandes utilizando os módulos de código-fonte múltiplo
- Livre seu código de bugs e resolva enigmas de programação

Capítulo 22

Funções de Armazenamento Permanente

Neste Capítulo

- Trabalhando com funções de arquivo
- Lendo e escrevendo texto em um arquivo
- Criando arquivos binários
- Utilizando as funções `fread()` e `fwrite()`
- Lendo e escrevendo registros
- Montando uma base de dados de lista ligada

Programas em C trabalham de modo inato com armazenamento de memória. Variáveis são criadas, valores são estabelecidos e posições são mapeadas. É tudo muito automático, mas a informação criada é perdida logo após a execução do programa.

Em longo prazo, programas precisam acessar armazenamento permanente, escrevendo e lendo informações de arquivos. C vem com um conjunto de funções interativas, que lhe permitem criar, ler, escrever e manipular arquivos. Antigamente, me referia a essas funções como *funções do disco*, porém, como nem todo dispositivo apresenta um drive de disco atualmente, agora as chamo de *funções de armazenamento permanente*.

Acesso Sequencial a Arquivos

O jeito mais simples de armazenar essa informação em um arquivo é *sequencialmente*, um byte depois do outro. O arquivo contém um fluxo longo de dados. Esta informação é acessada sequencialmente, do início ao fim, como assistir a um filme na televisão sem TiVo[1].

---

1   N.E.: Marca de gravador de vídeo digital famosa nos Estados Unidos, que grava programas excluindo trechos indesejados, como comerciais.

Entendendo o acesso a arquivos em C

O acesso a arquivos em C é apenas uma outra forma de I/O. Em vez de ir para a exibição, a entrada ou saída vai para dentro de um arquivo. Parece simples. Felizmente é.

Um arquivo é aberto, utilizando-se a função fopen():

```
handle = fopen(filename,mode);
```

A função fopen() necessita de dois argumentos, ambos strings. O primeiro é um *filename*; o segundo é um *mode*. As escolhas para mode estão mostradas na Tabela 22-1. A função fopen() retorna um arquivo handle, que é um ponteiro utilizado para referenciar o arquivo. Esse ponteiro é um tipo de variável ARQUIVO.

Tabela 22-1		Modos de Acesso para a Função fopen()	
Modo	Arquivo Abre para	Cria Arquivo?	Notas
"a"	Anexar	Sim	Adiciona ao final de um arquivo existente; um arquivo é criado, se ele não existe.
"a+"	Anexar e ler	Sim	Informação é adicionada ao final do arquivo.
"r"	Ler	Não	Se o arquivo não existe, fopen() retorna um erro.
"r+"	Ler e escrever	Não	Se o arquivo não existe, um erro é retornado.
"w"	Escrever	Sim	O arquivo existente é sobrescrito, se o mesmo nome for usado.
"w+"	Escrever e ler	Sim	O arquivo existente é sobrescrito.

O *mode* é uma string. Até mesmo quando apenas um caractere é especificado, ele deve ser colocado entre aspas duplas.

Depois que o arquivo é aberto, você deve utilizar a variável handle para referenciar o arquivo enquanto você lê e escreve. As funções de I/O do arquivo são similares às suas homólogas padrões, mas com um prefixo f. Para escrever em um arquivo, você pode usar fprintf(), fputs(), fputchar() e funções similares. Para ler de um arquivo, você deve utilizar fscanf(), fgets() e funções similares.

Depois de toda a leitura e escrita, o arquivo é fechado, utilizando a função fclose() com o handle do arquivo como seu argumento.

Escrevendo texto em um arquivo

A Listagem 22-1 demonstra o processo básico de criar um arquivo, escrevendo texto a esse arquivo e, então, fechando o acesso a ele. O arquivo criado é nomeado `hello.txt`. É um arquivo de texto, com o conteúdo Look what I made! (Olha o que eu fiz!)

Listagem 22-1:   Escreva esse Arquivo

```
#include <stdio.h>
#include <stdlib.h>

int main()
{
    FILE *fh;

    fh=fopen("hello.txt","w");
    if(fh==NULL)
    {
        puts("Can't open that file!");
        exit(1);
    }
    fprintf(fh,"Look what I made!\n");
    fclose(fh);
    return(0);
}
```

A Linha 6 cria um handle de arquivo, `fh`. É um ponteiro. O ponteiro armazena o resultado da função `fopen()` da Linha 8. O arquivo `hello.txt` é criado utilizando o modo "w" (write). Se o arquivo existir, ele é sobrescrito.

A declaração `if` verifica se o arquivo foi aberto adequadamente. Se não foi, o valor de `fh` será NULO e uma ação apropriada será tomada.

A função `fprintf()` escreve texto ao arquivo na Linha 14. O formato é o mesmo de `printf()`, embora o handle do arquivo deva ser incluído como um argumento.

Finalmente, a Linha 15 fecha o arquivo, utilizando a função `fclose()`. Esta declaração é um passo necessário para qualquer programação de acesso a arquivo.

Exercício 22-1: Copie o código-fonte da Listagem 22-1 no seu editor. Monte e execute o programa.

A saída do programa vai para um arquivo e você não vê nada exibido quando ele executa. Use a busca de arquivos do seu computador para localizar o arquivo e abri-lo; é um arquivo de texto simples. Você pode também escrever um programa que leia o texto desse mesmo arquivo, como demonstrado na próxima seção.

Lendo texto de um arquivo

As funções padrão de leitura de texto em C são utilizadas para ler texto de um arquivo, da mesma forma que leem texto que sai do seu teclado. Para ler texto um caractere de cada vez, utilize a função `fgetc()`, como mostrado na Listagem 22-2.

Listagem 22-2:   Leia esse Arquivo

```
#include <stdio.h>
#include <stdlib.h>

int main()
{
    FILE *fh;
    int ch;

    fh=fopen("hello.txt","r");
    if(fh==NULL)
    {
        puts("Can't open that file!");
        exit(1);
    }
    while((ch=fgetc(fh))!=EOF)
        putchar(ch);
    fclose(fh);
    return(0);
}
```

A Linha 9, na Listagem 22-2, abre o arquivo `hello.txt` apenas para leitura. O arquivo deve existir. Caso contrário, um erro ocorre.

O loop `while`, na Linha 15, exibe o conteúdo do arquivo um caractere por vez. A função `fgetc()` lê um caractere do arquivo identificado pelo handle `fh`. Esse caractere é armazenado na variável `ch`. O resultado é comparado com a constante EOF, End of File (final do arquivo). Quando existe uma combinação, o arquivo é lido completamente e o loop `while` para. Caso contrário, o caractere lido é exibido na Linha 16.

Exercício 22-2: Crie um programa, utilizando o código-fonte mostrado na Listagem 22-2. Monte e execute.

O programa exibe o conteúdo do arquivo criado pelo Exercício 22-1; caso contrário, você verá uma mensagem de erro.

Exercício 22-3: Modifique seu código-fonte do Exercício 22-1 para escrever uma segunda string no arquivo. Adicione a seguinte declaração depois da Linha 14:

```
fputs("My C program wrote this file.\n",fh);
```

Diferentemente da forma de usar a declaração `puts()`, você precisa especificar um caractere nova linha para a saída `fputs()`. Posteriormente, o argumento de handle de arquivo aparece depois da string, o que não é usual para uma função de arquivo em linguagem C.

Monte e execute o Exercício 22-3 e, então, rode novamente a sua solução do Exercício 22-2 para ver o conteúdo do arquivo.

As duas funções de escrever arquivos, `fprinf()` e `fputs()`, escrevem texto no arquivo sequencialmente, um caractere após o outro. O processo funciona da mesma forma que escrever texto na tela, só que esses caracteres são salvos em um arquivo para armazenamento permanente.

A função `fgets()` lê uma string de texto inteira de um arquivo, assim como já demonstrado anteriormente nesse livro para ler de uma entrada padrão (`stdin`). Para que isso funcione, você precisará de um buffer de entrada, do número de caracteres a ser lido e do handle de arquivo. A Listagem 22-3 mostra um exemplo.

Listagem 22-3: Devorando Strings de Texto

```
#include <stdio.h>
#include <stdlib.h>

int main()
{
    FILE *fh;
    char buffer[64];

    fh=fopen("hello.txt","r");
    if(fh==NULL)
    {
        puts("Can't open that file!");
        exit(1);
    }
    while(fgets(buffer,64,fh))
        printf("%s",buffer);
    fclose(fh);
    return(0);
}
```

A função `fgets()` aparece na Linha 15 como condição do loop `while`. Isso porque `fgets()` retorna um ponteiro à string lida e, quando nenhuma string é lida, ele retorna um NULO. Esse é o valor para o loop. Caso contrário, a função `printf()` na Linha 16 exibe a entrada.

O tamanho do buffer e a quantidade de caracteres lidos na Listagem 22-3 são idênticos. Isso porque o \0 no final da string é lido do arquivo e não é interpretado como um marcador de final de arquivo.

Exercício 22-4: Digite o código-fonte da Listagem 22-3 no seu editor. Monte e execute.

`fgets()` lida com pedaços maiores de texto do que a função `fgetc()` (veja Listagem 22-2); por isso, é muito mais eficiente na leitura de arquivos.

Anexando texto a um arquivo

Quando você está utilizando a função fopen() em um modo "a", o texto é anexado a um arquivo já existente. Ou, quando o arquivo não existe, o comando fopen() cria um novo arquivo.

A mesma função fopen() abre um arquivo para leitura e escrita (anexação ou uma combinação). Na Linha 8 da Listagem 22-4, o modo "a" abre um arquivo existente, hello.txt, para anexação. Se o arquivo não existir, ele será criado.

Listagem 22-4:   Adicione Mais Texto

```
#include <stdio.h>
#include <stdlib.h>

int main()
{
    FILE *fh;

    fh=fopen("hello.txt","a");
    if(fh==NULL)
    {
        puts("Can't open that file!");
        exit(1);
    }
    fprintf(fh,"This text was added later\n");
    fclose(fh);
    return(0);
}
```

As funções da escrita de arquivo padrão são utilizadas para expelir texto para o arquivo aberto, como mostrado na Linha 14. O arquivo é então fechado, utilizando fclose(), assim como qualquer arquivo seria fechado; veja a Linha 15.

Exercício 22-5: Crie um projeto, utilizando o código-fonte mostrado na Listagem 22-4. Monte e execute para anexar texto ao arquivo hello.txt. Use o programa do Exercício 22-4 para ver o arquivo. Depois, execute o programa novamente para anexar o texto ao arquivo uma segunda vez. Veja o resultado.

Quando você terminar, o arquivo terá algo parecido com o texto a seguir:

```
Look what I made!
My C program wrote this file.
This text was added later
This text was added later
```

Escrevendo dados binários

Os programas demo mostrados até agora neste capítulo, assim como os modos de abertura de arquivo listados na Tabela 22-1, lidam com arquivos de texto simples. Entretanto, nem todo arquivo é texto. A maioria dos arquivos contém dados binários, não legíveis por humanos. Você pode utilizar linguagem C para abrir esses arquivos também, se utilizar funções que não são de texto para trabalhar com o conteúdo. Veja a Listagem 22-5.

Listagem 22-5:   Escrevendo Dados Binários

```
#include <stdio.h>
#include <stdlib.h>

int main()
{
    FILE *handle;
    int highscore;

    handle = fopen("scores.dat","w");
    if(!handle)
    {
        puts("File error!");
        exit(1);
    }
    printf("What is your high score? ");
    scanf("%d",&highscore);
    fprintf(handle,"%d",highscore);
    fclose(handle);
    puts("Score saved");
    return(0);
}
```

Exercício 22-6: Digite o código-fonte da Listagem 22-5 em um novo projeto. Monte e execute.

A maior parte da Listagem 22-5 é familiar para você. Qual o problema, então? Dados binários não foram escritos. Em vez disso, a função `fprintf()`, na Linha 17, escreveu um valor `int` ao arquivo como uma string de texto. Para provar isso, examine o conteúdo de `scores.dat` e verá que o valor armazenado é texto puro.

Exercício 22-7: Substitua a Linha 17 na Listagem 22-5 por esta declaração:

```
fwrite(&highscore,sizeof(int),1,handle);
```

Salve a mudança. Monte e execute. Quando você tentar examinar o conteúdo do arquivo `scores.dat` agora, ele não será mais texto puro. Isso porque a informação binária foi escrita, graças à função `fwrite()`.

Aqui está o formato para `fwrite()`:

```
fwrite(variable_ptr,sizeof(type),count,handle);
```

A função `fwrite()` escreve pedaços de informação a um arquivo. Diferente das funções `fprintf()` ou `fputs()`, ela não escreve caracteres apenas, embora pudesse.

`variable_ptr` é o endereço da variável — um ponteiro. A maioria dos programadores satisfaz essa necessidade prefixando um nome de variável com o operador `&`.

`sizeof(type)` é o tamanho do armazenamento da variável baseado no tipo de variável — `int`, `char` e `float`, por exemplo.

`count` é o número de itens a ser escrito. Se você estivesse escrevendo um array de dez valores `int`, especificaria 10 como o tamanho.

`handle` é o endereço do handle do arquivo, retornado de uma função `fopen()`.

Execício 22-8: Modifique o código-fonte na Listagem 22-5 para que um array de cinco high scores seja salvo no arquivo `scores.dat`. Lembre-se de mudar a declaração `fprintf()` na Linha 17 para uma declaração `fwrite()` adequadamente formatada. Monte e execute. (Tudo bem se o programa sobrescrever o arquivo original `scores.dat`.)

A próxima seção tratará de como ler de volta os dados binários salvos em um arquivo.

Muito tempo atrás, em compiladores há muito desaparecidos, era comum adicionar um `b` ao modo da função `fopen()`, ao ler ou escrever código binário. Não é mais o caso com os compiladores atuais. Então, se você ver os modos "wb" ou "rb" da função `fopen()` em códigos antigos, pode utilizar, se quiser, mas apenas "w" ou "r" são necessários atualmente.

Trabalhando com arquivos de dados binários

A função `fread()` apresenta-se para o trabalho quando chega a hora de ler informações binárias de um arquivo. Como a função `fwrite()`, `fread()`

pega dados crus e os converte em tipos de variável de linguagem C para uma análise mais profunda. A Listagem 22-6 fornece uma demonstração. O arquivo `scores.dat` na listagem foi criado no Exercício 22-8 na seção anterior.

Listagem 22-6:   Verifique esses High Scores

```
#include <stdio.h>
#include <stdlib.h>

int main()
{
    FILE *handle;
    int highscore[5];
    int x;

    handle = fopen("scores.dat","r");
    if(!handle)
    {
        puts("File error!");
        exit(1);
    }
    fread(highscore,sizeof(int),5,handle);
    fclose(handle);
    for(x=0;x<5;x++)
        printf("High score #%d: %d\n",x+1,highscore[x]);
    return(0);
}
```

Graças à flexibilidade da função `fread()`, e sua habilidade de devorar vários valores ao mesmo tempo, a Linha 16 na Listagem 22-6 devora todos os cinco valores `int` que foram salvos previamente no arquivo `scores.dat`. A função `fread()` funciona assim como `fwrite()`, mas na direção oposta; a informação é lida de um arquivo.

Na Linha 16, o endereço base do array `highscore` é passado para `fread()` como um primeiro argumento. Então, vem o tamanho de cada elemento a ser lido, o tamanho de uma variável `int`. Depois, vem o valor imediato 5, efetivamente ordenando `fread()` a examinar cinco valores. O argumento final é a variável do handle do arquivo, confusamente nomeada *handle*.

Exercício 22-9: Digite o código-fonte da Listagem 22-6 no seu editor. Monte e execute para ver os cinco valores `int` que foram previamente salvos ao arquivo `scores.dat`.

Já que `fread()` pode ler qualquer arquivo, você pode utilizá-la para criar um tipo de programa dumper de arquivos, como mostrado na Listagem 22-7.

Listagem 22-7:   Um Dumper de Arquivos

```
#include <stdio.h>
#include <stdlib.h>

int main()
{
    char filename[255];
    FILE *dumpme;
    int x,c;

    printf("File to dump: ");
    scanf("%s",filename);
    dumpme=fopen(filename,"r");
    if(!dumpme)
    {
        printf("Unable to open '%s'\n",filename);
        exit(1);
    }
    x=0;
    while( (c=fgetc(dumpme)) != EOF)
    {
        printf("%02X ",c);
        x++;
        if(!(x%16))
            putchar('\n');
    }
    putchar('\n');
    fclose(dumpme);
    return(0);
}
```

O código-fonte da Listagem 22-7 exibe cada byte em um arquivo. Ele utiliza um hexadecimal em formato de dois dígitos para representar cada byte.

A função `fgetc()` lê o arquivo, um byte por vez, na Linha 19. Esse byte é comparado com o marcador EOF ou final de arquivo. Isso previne que o código seja lido além do final do arquivo.

Enquanto o loop `while` roda, ele expele bytes lidos no formato hex (veja Linha 21). A decisão `if`, na Linha 23, utiliza o módulo para determinar quando 16 bytes foram exibidos. Quando forem, é feita a saída de uma nova linha, mantendo a exibição limpa e clara.

Diferente de outros programas apresentados neste capítulo, a Listagem 22-7 pede ao usuário um nome de arquivo na Linha 10. Portanto, há uma boa possibilidade de que você veja uma mensagem de erro exibida quando um nome de arquivo inadequado for digitado.

Exercício 22-10: Digite o código-fonte da Listagem 22-7 no seu editor. Monte o projeto. Execute-o, utilizando o arquivo `scores.dat` que você criou anteriormente neste capítulo ou use o código-fonte do próprio arquivo como o arquivo a ser visualizado.

Exercício 22-11: Reescreva o código-fonte da Listagem 22-7 para que o nome do arquivo também possa ser digitado no prompt de comando como o primeiro argumento do programa.

- *Dump* é um termo antigo de programação. É um jeito deselegante de se referir à transferência de dados de um lugar para outro sem nenhuma manipulação. Por exemplo, um *core dump* é uma cópia do kernel do sistema operacional (ou outro componente básico) transferido da memória para um arquivo.

- A informação salva pela função `fwrite()` e lida pela `fread()` é binária — efetivamente, a mesma informação que é armazenada na memória quando você atribui um valor para um `int` ou `float` ou outro tipo de variável C.

- Enquanto tiver a ordem correta, você pode utilizar `fwrite()` e `fread()` para salvar qualquer dado em um arquivo, incluindo arrays completos, estruturas e qualquer coisa que tenha. Se, porém, você ler a informação fora da sequência, ela vira lixo.

Acesso Aleatório a Arquivo

Acesso aleatório a arquivo não tem nada a ver com números aleatórios. Na verdade, o arquivo pode ser acessado de qualquer ponto daqui, de lá ou acolá. Esse tipo de acesso funciona melhor, quando o arquivo está pontuado com registros do mesmo tamanho. A noção de registros traz à tona estruturas, que podem ser facilmente escritas em um arquivo, quando buscadas individualmente, seletivamente ou todas ao mesmo tempo.

Escrevendo uma estrutura em um arquivo

Como um tipo de variável, escrever uma estrutura em um arquivo é fácil. O processo funciona do mesmo jeito que o de escrever uma variável em um arquivo, como demonstrado na Listagem 22-8.

Listagem 22-8: Salve o Sr. Bond

```
#include <stdio.h>
#include <stdlib.h>
#include <string.h>

int main()
{
    struct entry {
        char actor[32];
        int year;
        char title[32];
    };
    struct entry bond;
    FILE *a007;

    strcpy(bond.actor,"Sean Connery");
    bond.year = 1962;
    strcpy(bond.title,"Dr. No");

    a007 = fopen("bond.db","w");
    if(!a007)
    {
        puts("SPECTRE wins!");
        exit(1);
    }
    fwrite(&bond,sizeof(struct entry),1,a007);
    fclose(a007);
    puts("Record written");

    return(0);
}
```

A maioria do código na Listagem 22-8 deve ser familiar para você, se tiver trabalhado com os exercícios anteriores deste capítulo. Se seu cérebro ainda estiver poluído por listas ligadas do Capítulo 20, saiba que a Listagem 22-8 utiliza notação de estrutura direta, não notação de ponteiro de estrutura.

Exercício 22-12: Copie o código da Listagem 22-8 no seu editor. Monte, execute o programa para criar o arquivo bond.db e escreva uma estrutura nesse arquivo.

Exercício 22-13: Modifique o código da Listagem 22-8 para que um novo programa seja criado. Faça esse programa escrever mais dois registros no arquivo bond.db. Eles devem ser anexados e não sobrescrever o arquivo original. Utilize esses dados:

```
Roger Moore, 1973, Live and Let Die
Pierce Brosnan, 1995, GoldenEye
```

Dados em um arquivo não lhe fazem nenhum bem, a não ser que você crie um código para ler esses dados. A Listagem 22-9 lê os três registros escritos no arquivo bond.db, presumindo que você tenha completado e executado os Exercícios 22-12 e 22-13.

Listagem 22-9:   Traga-me o Bond!

```
#include <stdio.h>
#include <stdlib.h>
#include <string.h>

int main()
{
    struct entry {
        char actor[32];
        int year;
        char title[32];
    };
    struct entry bond;
    FILE *a007;

    a007 = fopen("bond.db","r");
    if(!a007)
    {
        puts("SPECTRE wins!");
        exit(1);
    }
    while(fread(&bond,sizeof(struct entry),1,a007))
        printf("%s\t%d\t%s\n",
            bond.actor,
            bond.year,
            bond.title);
    fclose(a007);

    return(0);
}
```

O código-fonte da Listagem 22-9 utiliza um loop while na Linha 21 para ler as estruturas do arquivo bond.db. O código presume que o arquivo foi criado pela escrita completa de estruturas entry com a função fwrite().

A função fread() retorna o número de itens lidos. Ele gera 0 ou falso, depois que a última estrutura é lida, o que termina o loop while.

O código usa a mesma variável de estrutura, bond na Linha 12, para ler os múltiplos itens de um arquivo. Os novos itens sobrescrevem qualquer valor já na estrutura; funciona como reutilizar uma variável.

Exercício 22-14: Crie um projeto, utilizando o código-fonte da Listagem 22-9. Monte e execute para examinar o arquivo `bond.db`, que foi criado no Exercício 22-13.

> Para criar um arquivo de base de dados, a chave é manter todas as estruturas uniformes. Dessa maneira, elas podem ser lidas e escritas nos pedaços de arquivos. Elas podem também ser lidas ou escritas em qualquer ordem, contanto que você utilize as funções de arquivo adequadas da linguagem C.

Lendo e voltando

Enquanto seu programa lê os dados de um arquivo, ele mantém o controle da posição de onde os dados são lidos no arquivo. Uma posição de cursor é mantida para que a posição, na qual o código é lido ou escrito dentro de um arquivo, não seja perdida.

Quando você abre um arquivo pela primeira vez, a posição do cursor é no início do arquivo, no primeiro byte. Se você estiver lendo um registro de 40 bytes na memória, a posição do cursor será 40 bytes do início. Caso leia até o final do arquivo, o cursor manterá essa posição.

Para manter as coisas confusas, a posição do cursor é frequentemente referida como *ponteiro de arquivo*, embora não seja uma variável ponteiro ou um ponteiro do tipo `FILE`. É simplesmente a posição dentro de um arquivo, onde o próximo byte de dados é lido.

> Você pode se juntar a mim na tentativa de persuadir os Lordes do C a mudarem o nome de *ponteiro de arquivo* para *posição de cursor*. A batalha será fútil, muito provavelmente. Tentei tanto falar sobre a bobagem da *memória ampliada* e da *memória expandida* que praticamente desisti. Mesmo assim, estou utilizando o termo *posição de cursor*, em vez de *ponteiro de arquivo*, neste texto.

Você pode mexer com a posição do cursor, utilizando várias funções interessantes em C. Duas delas são `ftell()` e `rewind()`. A função `ftell()` retorna a posição atual do cursor, que é deslocada como um valor `long int`. A função `rewind()` move o cursor de volta ao início do arquivo.

A Listagem 22-10 é uma modificação sutil do código-fonte encontrado na Listagem 22-9. O loop `while` ainda lê os registros do arquivo `bond.db`. Na Linha 28, a função `ftell()` retorna a posição do cursor. Se for maior que uma entrada (significando que a segunda entrada foi lida), a posição do cursor voltará ao início do arquivo pela função `rewind()` na Linha 29.

Listagem 22-10:   Tell e Rewind

```
      #include <stdio.h>
#include <stdlib.h>
#include <string.h>

int main()
{
    struct entry {
        char actor[32];
        int year;
        char title[32];
    };
    struct entry bond;
    FILE *a007;
    int count=0;

    a007 = fopen("bond.db","r");
    if(!a007)
    {
        puts("SPECTRE wins!");
        exit(1);
    }
    while(fread(&bond,sizeof(struct entry),1,a007))
    {
        printf("%s\t%d\t%s\n",
            bond.actor,
            bond.year,
            bond.title);
        if(ftell(a007) > sizeof(struct entry))
            rewind(a007);
        count++;
        if(count>10) break;
    }
    fclose(a007);

    return(0);
}
```

Para determinar o deslocamento adequado, uma declaração if compara o resultado da função ftell() e do operador sizeof na estrutura entry. Lembre-se que ftell() simplesmente retorna um valor long int, não um número específico de estruturas.

A variável count, declarada e inicializada na Linha 14, mantém o controle de quantas vezes o loop while se repete. Se não fosse assim, o programa faria o loop infinitamente. Isso seria ruim. Então, quando o valor de count for maior que 10, o loop quebrará e, então, o arquivo fechará e o programa finalizará.

Exercício 22-15: Digite o código da Listagem 22-10 em seu editor. Você pode editar seu código-fonte do Exercício 22-14, se quiser economizar tempo. Monte e execute para ver como as funções `ftell()` e `rewind()` operam.

Encontrando um registro específico

Quando um arquivo contém todos os registros do mesmo tamanho, é possível se utilizar a função `fseek()` para puxar um item individual. O formato de `fseek()` é

```
fseek(handle,offset,whence);
```

`handle` é o handle do arquivo, um ponteiro `FILE` representando um arquivo que está aberto para leitura. `offset` é o número de bytes do início, fim ou posição atual em um arquivo. `whence` é uma das três constantes: `SEEK_SET`, `SEEK_CUR` ou `SEEK_END` para a posição inicial, atual ou final de um arquivo, respectivamente.

Enquanto seu arquivo contiver registros de um tamanho constante, você pode utilizar `fseek()` para puxar qualquer registro específico, como mostrado na Listagem 22-11.

Listagem 22-11:   Encontre um Registro Específico em um Arquivo

```
#include <stdio.h>
#include <stdlib.h>
#include <string.h>

int main()
{
    struct entry {
        char actor[32];
        int year;
        char title[32];
    };
    struct entry bond;
    FILE *a007;

    a007 = fopen("bond.db","r");
    if(!a007)
    {
        puts("SPECTRE wins!");
        exit(1);
    }
    fseek(a007,sizeof(struct entry)*1,SEEK_SET);
    fread(&bond,sizeof(struct entry),1,a007);
    printf("%s\t%d\t%s\n",
        bond.actor,
```

```
            bond.year,
            bond.title);
    fclose(a007);

    return(0);
}
```

O código mostrado na Listagem 22-11 é, novamente, muito similar ao código mostrado na Listagem 22-9. O grande acréscimo é a função `fseek()`, mostrada na Linha 21. Ela estabelece a posição do cursor para que a função `fread()` que segue (veja a linha 22) leia um registro específico localizado dentro da base de dados.

Na Linha 21, a função `fseek()` examina o arquivo representado pelo handle `a007`. O deslocamento é calculado, multiplicando o tamanho da estrutura `entry`. Como com um array, multiplicar esse tamanho por 1 rende o *segundo* registro no arquivo; multiplique o valor por 0 (ou apenas especifique 0 na função) para ler o primeiro registro. A constante `SEEK_SET` garante que `fseek()` comece a procurar do início do arquivo.

O resultado final do código é que o segundo registro no arquivo `bond.db` é exibido.

Exercício 22-16: Modifique o código-fonte do Exercício 22-14 para que lembre a Listagem 22-11. Monte e execute para ver o segundo registro desse arquivo.

Salvando uma lista ligada em um arquivo

O Capítulo 20 ponderou sobre o pesado tópico de listas ligadas em C. Uma pergunta que inevitavelmente aparece durante a discussão sobre listas ligadas é como salvar tal lista em um arquivo. Se você leu as seções anteriores, já sabe como: abra o arquivo e, então, utilize `fwrite()` para salvar todos os registros da lista ligada.

Quando estiver salvando uma lista ligada em um arquivo, você não pode e não deve salvar os ponteiros. A não ser que seja possível assegurar que a lista seja carregada novamente na memória *exatamente* na mesma posição em que foi salva, os endereços de ponteiros se tornarão inúteis.

Exercício 22-17: Modifique o código-fonte do Exercício 20-12 (veja o Capítulo 20) para que o programa salve automaticamente todos os registros a um arquivo antes de finalizar. Então, faça com que o programa carregue automaticamente todos os registros quando inicializar. O código precisará de apenas duas novas funções, `load()` e `save()`, que você poderá se basear nas funções já existentes `create()` e `show()`, respectivamente. Claro, outras melhorias serão necessárias, como sempre.

Aqui estão algumas dicas para criar o Exercício 22-17:

- Não, não é uma tarefa fácil, mas você pode realizá-la! Ataque-a um passo de cada vez.
- Faça com que o programa carregue automaticamente a lista ligada de um arquivo sempre que ele executar. Se o arquivo não existir, não se preocupe: o código criará uma lista, que será salva eventualmente.
- O código monta uma lista ligada enquanto cada estrutura do arquivo é lida. É aí que as referências de ponteiros são criadas. Os valores originais dos ponteiros que são salvos no arquivo devem ser descartados.
- Para salvar a lista ligada, "caminhe" através dela, seguindo os ponteiros `current -> next`. Salve cada estrutura como é encontrada.

Capítulo 23

Gerenciamento de Arquivos

Neste Capítulo
- Lendo arquivos de um diretório
- Verificando tipos de arquivos
- Trabalhando com a hierarquia de diretório
- Mudando nomes de arquivos
- Duplicando arquivos
- Removendo um arquivo

A biblioteca da linguagem C apresenta várias funções que interagem diretamente com o sistema operacional, o que permite que se espie e mergulhe dentro da própria essência dos arquivos. Nunca se sabe quando será preciso vasculhar um diretório, renomear um arquivo ou deletar um arquivo temporário que o programa criou. É algo poderoso, mas esse gerenciamento de arquivos condiz com as habilidades de seus programas C.

Diretórios Muito Loucos

Um *diretório* nada mais é que uma base de dados de arquivos, armazenados no armazenamento em massa do sistema do dispositivo. Também chamado *pasta*, um diretório contém uma lista de arquivos e mais qualquer subdiretório. Assim como você pode manipular um arquivo, também pode abrir, ler e fechar um diretório. Como ocorre com a listagem de diretórios que você vê em uma tela de computador, informações sobre vários arquivos, seus tamanhos, tipos e mais podem ser recolhidas.

Chamando um diretório

A função da biblioteca C `opendir()` examina o conteúdo de um diretório específico. Ela funciona similarmente à função `fopen()`. Aqui está o formato:

```
dhandle = opendir(pathname);
```

dhandle é um ponteiro do tipo DIR, similar ao handle de arquivo que é do tipo FILE. O pathname é o nome do diretório a ser examinado. você pode utilizar o caminho completo ou a abreviação . (ponto) para o diretório atual ou .. (ponto-ponto) para o diretório pai.

Uma vez que o diretório esteja aberto, a função readdir() busca os registros da base de dados, algo parecido com a função fread(), embora os registros descrevam arquivos armazenados no diretório. Aqui está o formato da função readdir():

```
*entry = readdir(dhandle);
```

entry é um ponteiro para uma estrutura dirent. Depois de uma chamada bem-sucedida de reddir(), a estrutura é preenchida com informações sobre um arquivo no diretório. Cada vez que readdir() é chamada, ela aponta para a próxima entrada de arquivo. É como ler registros de uma base de dados. Quando a função retornar NULO, significará que o último arquivo no diretório foi lido.

Finalmente, depois que o programa termina de brincar, o diretório deve ser fechado. Essa operação é feita pela função closedir():

```
closedir(dhandle);
```

Todas essas funções de diretório necessitam que o arquivo cabeçalho dirent.h seja incluído no seu código-fonte.

A Listagem 23-1 ilustra o código que lê uma única entrada do diretório atual. As variáveis necessárias são declaradas nas Linhas 7 e 8: folder é um ponteiro DIR, utilizado como o handle para representar o diretório que é aberto. file é a posição de memória de uma estrutura que mantém as informações sobre arquivos individuais no diretório.

Listagem 23-1: Puxe um Arquivo de um Diretório

```
#include <stdio.h>
#include <stdlib.h>
#include <dirent.h>

int main()
{
    DIR *folder;
    struct dirent *file;

    folder=opendir(".");
    if(folder==NULL)
    {
        puts("Unable to read directory");
        exit(1);
```

```
        }
        file = readdir(folder);
        printf("Found the file '%s'\n",file->d_name);
        closedir(folder);
        return(0);
}
```

O diretório é aberto na Linha 10; o ponto único é uma abreviação para o diretório atual. As Linhas 11 a 15 tratam de qualquer erro, parecido com abrir qualquer arquivo. (Veja o Capítulo 22.)

A primeira entrada no diretório é lida na Linha 16 e, então, a Linha 17 exibe a informação. O elemento d_name na estrutura dirent representa o nome do arquivo.

Finalmente, na Linha 18, o diretório é fechado.

Exercício 23-1: Crie um projeto, utilizando o código-fonte da Listagem 23-1. Monte e execute.

Claro, o primeiro arquivo que é mais provável de ser lido em um diretório é o próprio diretório, a entrada ponto.

Exercício 23-2: Modifique o código-fonte mostrado na Listagem 23-1 para que o diretório inteiro seja lido. Um loop while pode lidar com esse trabalho. Veja a Listagem 22-9 (do Capítulo 22), se você precisar de inspiração sobre como montar o loop.

A função reddir() retorna NULO depois que é lida a última entrada de arquivo de um diretório.

Reunindo mais informações de arquivo

A função stat() lê várias e diversas informações sobre um arquivo, baseando-se no nome dele. Use stat() para determinar data, tamanho, tipo ou outras coisas do arquivo. O formato da função se parece com isso:

```
stat(filename,stat);
```

filename é um valor string, apresentando o arquivo a ser examinado. stat é o endereço da estrutura stat. Depois de uma chamada bem-sucedida à função stat(), a estrutura stat é preenchida com informações sobre o arquivo. Concordo plenamente que chamar ambas, a função e a estrutura, de *stat* leva a um sentimento de consternação...

Você precisa incluir o arquivo cabeçalho sys/stat.h no seu código para deixar o compilador feliz com a função stat().

A Listagem 23-2 demonstra como a função `stat()` pode ser incorporada à listagem de diretório. Tudo começa com a inclusão do arquivo cabeçalho `sys/stat.h` na Linha 5. A parte `sys/` simplesmente diz ao compilador em qual diretório localizar o arquivo `stat.h`. (`sys` é um subdiretório do `include`).

Listagem 23-2:   Uma Listagem de Arquivo Mais Impressionante

```c
#include <stdio.h>
#include <stdlib.h>
#include <dirent.h>
#include <time.h>
#include <sys/stat.h>

int main()
{
    DIR *folder;
    struct dirent *file;
    struct stat filestat;

    folder=opendir(".");
    if(folder==NULL)
    {
        puts("Unable to read directory");
        exit(1);
    }
    while(file = readdir(folder))
    {
        stat(file->d_name,&filestat);
        printf("%-14s %5ld %s",
            file->d_name,
            (long)filestat.st_size,
            ctime(&filestat.st_mtime));
    }
    closedir(folder);
    return(0);
}
```

A Linha 11 cria uma variável de estrutura `stat` nomeada `filestat`. Essa estrutura é preenchida na Linha 21 pelos arquivos encontrados no diretório; o elemento `file->d_name` fornece o nome do arquivo e o endereço da estrutura `filestat` é fornecido pela função `stat()`.

A função `printf()`, começando na Linha 22, exibe a informação revelada pela função `stat()`; a Linha 23 exibe o nome do arquivo; a Linha 24 puxa o tamanho do arquivo da estrutura `filestat`; e, na Linha 25, a função `ctime()` extrai a modificação do tempo do arquivo do elemento `st_mtime` da estrutura `filestat`. Esse valor de tempo é mantido, utilizando a Era Unix. (Veja o Capítulo 21 para mais informações sobre programação de tempo em C.)

Ah! A declaração `printf()` não possui um `\n` (nova linha) porque a saída da função `ctime()` fornece um.

Fiz o typecast da variável `filestat.st_size`, na Linha 24, para um valor `long int`. Caso contrário, a função `printf()` se recusaria a exibir o valor de `st_size`, alegando que é do tipo de variável `off_t`. A função `printf()` não possui um conversor de caractere para o tipo `off_t`; então, fiz o typecast para prevenir o aviso de erro. Essa é uma grande suposição da minha parte, considerando que `off_t` poderia ser outro tipo de variável no futuro ou até mesmo em outro sistema.

Exercício 23-3: Digite o código-fonte da Listagem 23-2 em seu editor ou apenas modifique a solução do Exercício 23-2. Monte e execute para ver uma lista de diretório melhor.

Separando arquivos de diretórios

Cada arquivo armazenado em um diretório é classificado pelo tipo de arquivo. Por exemplo, algumas entradas em uma lista de diretório são subdiretórios. Outras entradas podem ser links simbólicos ou *sockets*. Para determinar qual arquivo é de que tipo, utilize a função `stat()`. O elemento `st_mode` na estrutura `stat` pode ser examinado para determinar o tipo de arquivo. Essas são boas notícias.

O elemento `st_mode` é um *campo de bits* — vários bits nesse valor são configurados, dependendo dos vários tipos de atributos de arquivo aplicados a um arquivo. Isso, porém, não é totalmente ruim porque C apresenta macros que podem lhe ajudar a determinar rapidamente um tipo de arquivo.

Por exemplo, o macro `S_ISDIR` retorna VERDADEIRO quando o elemento `st_mode` de um arquivo indica um diretório e não um arquivo regular. Use o macro `S_ISDIR` assim:

```
S_ISDIR(filestat.st_mode)
```

Essa condição é avaliada como VERDADEIRA para um diretório e FALSA de modo contrário.

Exercício 23-4: Modifique sua solução para o Exercício 23-3 para que qualquer subdiretório listado seja marcado como tal. Já que diretórios não possuem tamanhos de arquivos normalmente, especifique o texto `<DIR>` no campo de tamanho de arquivo para a saída do programa.

Se o diretório atual não possuir subdiretórios, mude o nome do diretório na Linha 13.

No Windows, use duas barras invertidas quando digitar um caminho. Por exemplo:

```
dhandle = opendir("\\Users\\Dan");
```

O Windows utiliza a barra invertida como um separador de nome do caminho. C utiliza a barra invertida como um caractere de escape em uma string. Para especificar uma única barra invertida, você deve detalhar duas delas.

Explorando a árvore de diretórios

A maioria das mídias de armazenamento apresenta mais de um diretório. O diretório principal é o raíz, mas subdiretórios frequentemente preenchem a mídia. Utilizando C, você pode criar diretórios próprios e voar por eles rapidamente como abelhas em flores. A biblioteca C apresenta várias funções para saciar seus desejos de mergulhar em diretórios. Aqui está uma amostra:

getcwd()	Recupera o diretório de trabalho atual
mkdir()	Cria um diretório novo
chdir()	Muda para o diretório especificado
rmdir()	Elimina o diretório especificado

getcwd(), chdir() e rmdir() necessitam do arquivo cabeçalho unistd.h; a função mkdir() necessita do sys/stat.h.

A Listagem 23-3 faz uso das três funções de diretório: getcwd(), mkdir() e chdir().

Listagem 23-3: Faça-me um Diretório

```
#include <stdio.h>
#include <unistd.h>
#include <sys/stat.h>

int main()
{
    char curdir[255];

    getcwd(curdir,255);
    printf("Current directory is %s\n",curdir);
    mkdir("very_temporary",755);
    puts("New directory created.");
    chdir("very_temporary");
    getcwd(curdir,255);
    printf("Current directory is %s\n",curdir);
    return(0);
}
```

A Linha 7 reserva espaço para armazenar o nome do caminho do diretório atual. Estou utilizando o valor 255 do nada; deve ser grande o suficiente. Programadores sérios devem utilizar uma constante definida para seus sistemas. Por exemplo, `PATH_MAX`, definida no arquivo cabeçalho `sys/syslimit.h`, seria perfeita, mas não está disponível em todos os sistemas. Você pode utilizar a constante `FILENAME_MAX` (definida em `stdio.h`), mas ela estabelece o tamanho para um nome de arquivo, não para um nome de caminho completo. Como um acordo, escolho 255.

A função `getcwd()`, na Linha 9, captura o nome do diretório atual e o salva no array `curdir`. Esse nome do diretório — um caminho completo — é exibido na Linha 10.

A Linha 11 cria um diretório, `very_temporary`. O valor 755 é o modo de criação do arquivo, utilizado nos sistemas Mac e Unix para estabelecer permissões (à la comando `chmod`). Se você tem um sistema Windows, precisa omitir esse argumento e utilizar o seguinte para a Linha 11:

```
mkdir("very_temporary");
```

Depois que o diretório é criado, a função `chdir()`, na Linha 13, muda para esse diretório, seguida pela função `getcwd()`, na Linha 14, capturando seu nome de caminho completo.

Exercício 23-5: Copie o código-fonte da Listagem 23-3 em seu editor. Lembre-se de omitir o segundo argumento para `mkdir()` na Linha 11, se estiver compilando no Windows. Monte e execute o programa.

O resultado final do Exercício 23-5 é um novo diretório, `very_temporary`, criado em qualquer diretório que o programa tenha sido executado. Sinta-se à vontade para remover esse diretório, utilizando o comando de eliminação de diretório do sistema operacional do seu computador.

Ambas, `chdir()` e `mkdir()`, possuem um valor de retorno, um `int`. Quando o valor é 0, significa que a função completou sua operação com sucesso. Caso contrário, o valor de -1 é retornado.

Exercício 23-6: Modifique o código-fonte da Listagem 23-3 para que a verificação de erros seja executada nas funções `chdir()` e `mkdir()`. Se um erro ocorre, as funções retornam o valor -1. Baseado nisso, o código deve exibir uma mensagem apropriada e finalizar o programa.

Diversão com Arquivos

A biblioteca C oferece funções para fazer um novo arquivo, escrever nesse arquivo e ler dados de qualquer arquivo. Para reforçar essas funções de arquivo básicas, existe um conjunto de funções de manipulação de arquivos. Elas permitem que seus programas renomeiem, copiem e deletem arquivos. As funções funcionam em qualquer arquivo, não apenas naqueles que você cria. Então, tenha cuidado!

Renomeando um arquivo

A função `rename()` não é apenas apropriadamente nomeada, mas também bem simples de entender:

```
x = rename(oldname,newname);
```

`oldname` é o nome que o arquivo já apresenta; `newname` é o novo nome do arquivo. Ambos os valores podem ser imediatos ou variáveis. O valor de retorno é `0`, se for bem-sucedido; caso contrário, é `-1`.

A função `rename()` é prototipada no arquivo cabeçalho `stdio.h`.

O código-fonte mostrado na Listagem 23-4 cria um arquivo chamado `blorfus` e então o renomeia para `wambooli`.

Listagem 23-4:   Criando e Renomeando um Arquivo.

```
#include <stdio.h>
#include <stdlib.h>

int main()
{
    FILE *test;

    test=fopen("blorfus","w");
    if(!test)
    {
        puts("Unable to create file");
        exit(1);
    }
    fclose(test);
    puts("File created");
    if(rename("blorfus","wambooli") == -1)
    {
        puts("Unable to rename file");
        exit(1);
    }
    puts("File renamed");
    return(0);
}
```

As Linhas 9 até 15 criam o arquivo `blorfus`. O arquivo está vazio; nada é escrito nele.

A função `rename()`, na Linha 17, renomeia o arquivo. O valor de retorno é comparado com -1, na Linha 18, para ver se a operação foi bem-sucedida.

Exercício 23-7: Crie um programa, utilizando o código-fonte mostrado na Listagem 23-4. Monte e execute.

O arquivo renomeado, `wambooli`, será utilizado em uma seção posterior, como um exemplo.

Copiando um arquivo

A biblioteca C não apresenta funções que dupliquem um arquivo. Por isso, você deve criar sua própria: escreva um código que leia um arquivo, um pedaço de cada vez, e, então, escreva esse pedaço, em um arquivo duplicado. É assim que arquivos são copiados.

A Listagem 23-5 demonstra como um arquivo pode ser duplicado ou copiado. Os dois arquivos são especificados nas Linhas 9 e 10. Na verdade, a Linha 9 usa o nome do arquivo de Exercício, o código-fonte da listagem 23-5. O arquivo de destino, que contém a cópia, é simplesmente o mesmo nome de arquivo, mas com uma extensão `bak`.

Listagem 23-5:   Duplique Esse Arquivo

```
#include <stdio.h>
#include <stdlib.h>

int main()
{
    FILE *original,*copy;
    int c;

    original=fopen("ex2308.c","r");
    copy=fopen("ex2308.bak","w");
    if( !original || !copy)
    {
        puts("File error!");
        exit(1);
    }
    while( (c=fgetc(original)) != EOF)
        fputc(c,copy);
    puts("File duplicated");
    return(0);
}
```

O trabalho de cópia é feito pelo loop `while` na Linha 16. Um caractere é lido pela função `fgetc()` e imediatamente é copiado para o destino pela função `fputc()` na Linha 17. O loop continua rodando até que o EOF, ou final do arquivo, seja encontrado.

Exercício 23-8: Copie o código-fonte da Listagem 23-5 em seu editor. Salve o arquivo como `ex2308.c` (que é a convenção de nomeação de arquivos do livro), monte e execute. Você precisará usar o sistema operacional do seu computador para visualizar o arquivo resultante em uma janela de pastas. Para ganhar pontos de bônus *Para Leigos* extras, você pode visualizar os resultados em uma janela terminal ou de prompt de comando.

Deletando um arquivo

Programas deletam arquivos o tempo todo, embora os arquivos sejam, em sua maioria, temporários de qualquer maneira. Nos velhos tempos ruins, lembro de reclamar sobre programas que não "limpavam sua bagunça". Se seu código cria arquivos temporários, lembre-se de removê-los antes que o programa finalize. A maneira de fazer isso é através da função `unlink()`.

Sim, a função é chamada `unlink` e não `delete` ou `remove` ou `erase` ou qualquer comando de sistema operacional que você já tenha utilizado de outra maneira. Em Unix, o comando `unlink` pode ser usado em uma janela de terminal para apagar arquivos, embora o comando `rm` seja mais popular.

A função `unlink()` necessita da presença do arquivo cabeçalho `unistd.h`, que você vê na Linha 3 da Listagem 23-6.

Listagem 23-6: Arquivo, Vá Embora!

```
#include <stdio.h>
#include <stdlib.h>
#include <unistd.h>

int main()
{
    if(unlink("wambooli") == -1)
    {
        puts("I just can't kill that file");
        exit(1);
    }
    puts("File killed");
    return(0);
}
```

O arquivo programado para morrer está listado na Linha 9 como o único argumento da função `unlink()`. É o arquivo `wambooli`, criado lá no Exercício 23-7! Então, se você ainda não tem esse arquivo, volte e trabalhe no Exercício 23-7. (No Code::Blocks, você também precisará copiar esse arquivo na pasta adequada para sua solução do Exercício 23-9.)

Exercício 23-9: Digite o código-fonte da Listagem 23-6 em seu editor. Monte e execute.

Capítulo 24

Além de Projetos de Meros Mortais

Neste Capítulo
- Montando programas grandes
- Combinando múltiplos arquivos de código-fonte
- Fazendo seu próprio arquivo cabeçalho
- Vinculando bibliotecas adicionais

Nem todo programa em C que você escrever terá apenas 20 ou 30 linhas de código. A maioria dos programas, os que realmente fazem alguma coisa, são muito mais longos. Muito, muito mais longos. Alguns se tornam tão enormes, que faz sentido dividi-los em módulos menores ou arquivos de código-fonte individuais, com 20 a 60 linhas de código cada um, talvez. Esses módulos menores não só tornam mais fácil escrever e atualizar o código, como também permitem a reutilização de módulos comuns em outros projetos, reduzindo o tempo de desenvolvimento.

O Monstro Multimodular

A linguagem C não coloca nenhum limite de tamanho para um código-fonte. O arquivo pode consistir em muitas ou apenas algumas linhas — se você conseguir realizar esse truque. A determinação de usar ou não múltiplos arquivos de código-fonte — módulos — realmente depende do programador: você. O quão fácil quer tornar o processo de escrever, manter e atualizar seu código?

Vinculando dois arquivos de código-fonte

O projeto monstro multimodular mais básico tem dois arquivos de código-fonte. Cada arquivo é separado — escrito, salvo e compilado individualmente

—, mas eventualmente eles são reunidos em uma unidade pelo vinculador. O *vinculador*, que é parte do processo de montagem no Code::Blocks, cria um único programa de vários módulos diferentes.

O que é um módulo?

Um *módulo* é um arquivo de código-fonte e seu arquivo objeto compilado. Juntos, o código-fonte e os arquivos objetos são o que chamo de módulo. Então, os vários arquivos objetos são vinculados para montar um programa. A operação completa começa com arquivos de código-fonte separados. Veja a Listagem 24-1.

Listagem 24-1:   O Arquivo de Código-fonte main.c

```
#include <stdio.h>
#include <stdlib.h>

void second(void);

int main()
{
    printf("Second module, I send you greetings!\n");
    second();
    return 0;
}
```

Exercício 24-1: Comece um novo projeto no Code::Blocks chamado ex2401. Crie o projeto como faria normalmente: Digite o código-fonte da Listagem 24-1 no editor como o conteúdo do arquivo `main.c`. Salve o arquivo.

Não monte ainda! Depois de tudo, o código referencia a função `second()`, que parece não existir em lugar algum. Ela é prototipada, como é necessário para qualquer função utilizada em seu código, mas a função `second()` é encontrada em outro módulo. Para criar esse módulo no Code::Blocks, siga esses passos:

1. **Salve o projeto atual, ex2401.**

2. **Selecione File ➪ New ➪ Empty File.**

3. **Clique no botão Yes quando for pedido para que adicione o arquivo ao projeto ativo.**

    A caixa de diálogo Save File aparece.

4. **Digite alpha.c como o nome do arquivo e, então, clique no botão Save.**

   O novo arquivo é listado do lado esquerdo da janela do Code::Blocks, abaixo do título Sources, onde o arquivo `main.c` está listado. Uma nova aba aparece na janela do editor, com o arquivo `alpha.c` pronto para edição, como mostrado na Figura 24-1.

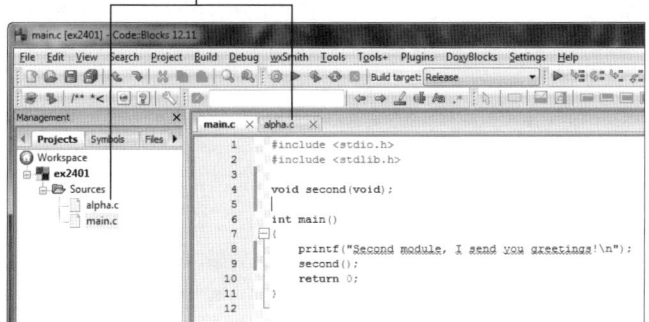

Figura 24-1: Dois arquivos de código-fonte.

5. **Clique na aba alpha.c para começar a editar esse arquivo.**

6. **Digite o código-fonte da Listagem 24-2 no arquivo `alpha.c` no Code::Blocks.**

7. **Salve o projeto ex2401.**

8. **Monte e execute.**

Listagem 24-2: O Arquivo de Código-fonte alpha.c

```
#include <stdio.h>

void second(void)
{
    puts("Glad to be here!");
}
```

Aqui está a saída que vi na janela de teste no meu computador:

```
Second module, I send you greetings!
Glad to be here!
```

Os dois arquivos de código-fonte não são "grudados" pelo compilador; cada arquivo de código-fonte é compilado individualmente. Um arquivo de código objeto separado é criado para cada um: `main.o` e `alpha.o`. Esses dois arquivos de código objeto são então vinculados, combinados, com a biblioteca C padrão, para formar o programa final.

- O módulo principal para um programa C multimodular é tradicionalmente chamado de `main.c`. É provavelmente por isso que o Code::Blocks nomeia o primeiro (e frequentemente único) projeto de arquivo de código-fonte como `main.c`.
- Apenas arquivos de código-fonte contidos no mesmo projeto — encontrados abaixo da ramificação Sources, como mostrado na Figura 24-1 — são vinculados.
- Para compilar e vincular arquivos de código-fonte em uma janela de terminal, utilize o seguinte comando:

```
gcc main.c alpha.c -o ex2401
```

Este comando compila os arquivos de código-fonte `main.c` e `alpha.c`, vincula seus arquivos objetos e, então, cria como saída (`-o`) o arquivo de programa `ex2401`.

Compartilhando variáveis entre módulos

A melhor maneira de compartilhar uma variável entre diversas funções em um projeto enorme é tornar esta variável global. (As especificidades dessa operação são encontradas no Capítulo 16.) A variável global precisa ser declarada em apenas um módulo, normalmente o módulo principal. Para os outros módulos acessarem essa variável, eles devem empregar a palavra-chave `extern`.

A palavra-chave `extern` não declara uma variável global. Ela simplesmente diz ao compilador que, em algum lugar e *outro* módulo, existe uma variável global. Dessa maneira, o compilador não se apavora. Aqui está o formato da palavra-chave `extern`:

```
extern type name
```

`type` é um tipo de variável; o mesmo tipo que a variável global sendo referenciada. `name` é o nome da variável global. Acertar o `type` e o `name` é o que mantém o compilador feliz.

Como uma variável global, a declaração `extern` é geralmente encontrada no topo do código-fonte e não dentro de nenhuma função específica. As Listagens 24-3 e 24-4 fornecem exemplos.

A Listagem 24-3 mostra o módulo principal, com a função `second()` prototipada na Linha 4. O protótipo é necessário, pois a função `second()` é chamada na Linha 11. Você não precisa prototipar todas as funções em outro módulo. Somente aquelas referenciadas ou chamadas.

Listagem 24-3: Código para main.c e uma Variável Global

```c
#include <stdio.h>
#include <stdlib.h>

void second(void);

int count;

int main()
{
    for(count=0;count<5;count++)
        second();
    return 0;
}
```

A variável global `count` é declarada na Linha 6. Ela é utilizada no loop `for` na Linha 10, mas também é utilizada no arquivo de código-fonte `second.c`, mostrado na Listagem 24-4.

Listagem 24-4: Código para second.c Utilizando a Variável Global

```c
#include <stdio.h>

extern int count;

void second(void)
{
    printf("%d\n",count+1);
}
```

O arquivo de código-fonte `second.c` é ilustrado na Listagem 24-4. Ele utiliza a variável global `count`, que é declarada no arquivo `main.c`. Para acessar adequadamente essa variável global, a Linha 3 na Listagem 24-2 identifica a variável como um `int` externo. A variável `count` é então utilizada na função `second()` - especificamente na Linha 7.

Exercício 24-2: Crie um projeto no Code::Blocks que incorpore ambos os arquivos de código-fonte mostrados nas Listagens 24-3 e 24-4. Monte e execute.

Criando um arquivo cabeçalho customizado

À medida que os projetos multimodulares vão ficando mais complexos, você vai vendo a primeira parte de cada arquivo de código-fonte ficando mais e mais longa: mais protótipos, mais constantes e mais variáveis globais e estruturas são necessárias para cada módulo. Em vez de sobrecarregar seu código com redundâncias, você pode criar um arquivo cabeçalho para o projeto.

Um arquivo cabeçalho contém praticamente tudo o que se pode colocar em um arquivo de código-fonte. Você deveria colocar no arquivo cabeçalho itens que iriam, provavelmente, em todos os módulos de código-fonte. A Listagem 24-5 exibe uma amostra de arquivo cabeçalho.

Listagem 24-5:   Arquivo Cabeçalho ex2403.h

```
#include <stdio.h>
#include <stdlib.h>

/* protótipos */

void fillstructure(void);
void printstructure(void);

/* constantes */

/* variáveis */

struct thing {
    char name[32];
    int age;
    };

typedef struct thing human;
```

O arquivo cabeçalho mostrado na Listagem 24-5 começa com algumas diretivas `include`, o que é bom; desde que esses arquivos cabeçalho sejam necessários para cada módulo no programa, você pode especificá-los em seu próprio arquivo cabeçalho. Alguns programadores escolhem fazer assim; outros não.

Dois protótipos são especificados nas Linhas 6 e 7. Novamente, uma razão para ter um arquivo cabeçalho é prototipar, especialmente em vários módulos.

O arquivo cabeçalho na Listagem 24-5 não possui constantes, embora colocá-las em um arquivo cabeçalho seja muito comum. Adicionei o comentário na Linha 9, caso o programa desenvolva constantes mais tarde.

Finalmente, a estrutura `thing` é definida na Linha 13. Então, a Linha 18 utiliza `typedef` para que a palavra *human* (em vez de `struct thing`) possa ser utilizada no código. Não sou um fã de `typedef`, embora tenha colocado o código na Listagem 24-5 como um exemplo.

Outros itens populares a serem incluídos no arquivo cabeçalho são os macros. Essas são diretivas de pré-processamento, que podem também ajudar a simplificar seu código. Você pode ler sobre elas no meu blog (em inglês):

`www.c-for-dummies.com/blog/?page_id=2`

Para usar um arquivo cabeçalho local em seu código, você deve especificá-lo em uma linha, assim como qualquer outro arquivo cabeçalho. A grande diferença é que são usadas aspas em vez de colchetes. Por exemplo:

```
#include "ex2403.h"
```

O compilador procura pelo nome do arquivo cabeçalho entre aspas duplas no diretório atual, junto com o(s) arquivo(s) de código-fonte. Se o arquivo não estiver naquele diretório, você precisará especificar o nome do caminho, como em:

```
#include "headers/ex2403.h"
```

Listagem 24-6:   Código-fonte do Projeto ex2403 main.c

```
#include "ex2403.h"

human person;

int main()
{
    fillstructure();
    printstructure();
    return 0;
}

void fillstructure(void)
{
    printf("Enter your name: ");
    fgets(person.name,31,stdin);
    printf("Enter your age: ");
    scanf("%d",&person.age);
}

void printstructure(void)
{
    printf("You are %s\n",person.name);
    printf("And you are %d years old.\n",person.age);
}
```

A Linha 1 do código-fonte mostrado na Listagem 24-6 inclui o arquivo cabeçalho personalizado, ex2403.h. O typedef human é então usado na Linha 3. É isso! Nenhuma outra declaração é necessária no código-fonte porque todas elas foram entregues ao cabeçalho personalizado.

> ## Pensamentos sobre dividir o código
>
> De modo geral, divido um programa grande por função. Por exemplo: todas as funções de saída vão para o módulo `display.c`; as funções de entrada pertencem ao `input.c`. Crio um módulo `init.c` para rotinas de inicialização. Além disso, o número de módulos depende do que o programa faz.
>
> Colocar funções similares em um módulo é uma boa ideia, mas ter uma função em um módulo também está certo. Na verdade, quando você faz e o módulo funciona, pode basicamente colocá-lo de lado, quando se trata de retirar erros e outros detalhes.
>
> Não importa o tamanho do projeto, recomendo criar um arquivo cabeçalho do projeto. O arquivo cabeçalho não só mantém todos os protótipos de funções, variáveis globais e constantes em um lugar — ele também ajuda a mapear o projeto inteiro. Por exemplo, você pode listar os protótipos de função por módulo. Dessa maneira, pode encontrar rapidamente uma função, verificando o arquivo cabeçalho.
>
> Finalmente, os comentários da linguagem C foram desenvolvidos para projetos grandes. Claro que você pode comentar código de qualquer tamanho, mas, quando se trata de um projeto grande, precisa descrever o que está acontecendo e especificar que módulos fazem o quê, quais funções em quais módulos são impactadas e quais variáveis ou constantes estão sendo utilizadas e como.
>
> Aqui vai uma dica: olhe o seu código e tente imaginar uma explicação de como ele funciona para dar a um amigo programador. O processo de falar sobre o seu código ajuda tremendamente a identificar quais partes realmente precisam de comentários.

Exercício 24-3: Crie um projeto no Code::Blocks. Crie um arquivo cabeçalho, `ex2403.h`, para o projeto e copie o código da Listagem 24-5 nesse arquivo. (Use os passos da seção anterior "Vinculando dois arquivos de código-fonte" para criar um arquivo, chame-o de `ex2403.h` e o adicione ao projeto atual.) Copie o código-fonte da Listagem 24-6 dentro do arquivo `main.c`. Monte e execute.

Exercício 24-4: Divida as funções `fillstructure()` e `printstructure()` da Listagem 24-6 para que cada uma apareça em seu próprio arquivo de código-fonte, `input.c` e `output.c`, respectivamente. Monte o programa multimodular.

Outras Bibliotecas para Vincular

No decorrer deste livro, seus programas vincularam a biblioteca padrão C. Esse processo funciona bem para a maioria dos propósitos, como as aplicações básicas de console neste livro. Entretanto, quando seus programas necessitarem de mais sofisticação, eles precisarão utilizar outras bibliotecas.

Se você estiver codificando algo gráfico, vai querer vincular uma biblioteca gráfica; se estiver fazendo a programação de um console (texto) chique, vai querer vincular a biblioteca Ncurses. Essas bibliotecas, e as funções que elas incluem, aumentam bem as capacidades do programa.

As funções utilizadas em seu código são a chave para determinar quais bibliotecas utilizar. Assim como a página do manual de uma função documenta o arquivo cabeçalho a ser incluído, você também pode ver uma biblioteca listada.

Por exemplo: a página do manual da função `printf()` tem essas duas entradas já no início:

```
LIBRARY
     Standard C Library (libc, -lc)

SYNOPSIS
     #include <stdio.h>
```

A primeira entrada diz que a função necessita da biblioteca padrão C, chamada `libc`. O item `-lc` mostra a opção necessária, se você estiver vinculando código em uma janela de terminal. A próxima entrada explica que a função necessita da inclusão do arquivo cabeçalho `stdio.h`.

Lamentavelmente, nem toda página de manual é tão clara sobre qual biblioteca é necessária. Em alguns casos, você precisará cavar a documentação para determinar se uma biblioteca precisa ser vinculada. Uma mensagem de erro de vinculação também é uma pista, embora não uma pista descritiva.

A maioria dos compiladores é configurada para vincular a biblioteca padrão C. Se outra biblioteca precisa ser vinculada, ela deve ser diretamente especificada. Siga esses passos no Code::Blocks:

1. **Comece um novo projeto ou salve o projeto atual.**

2. **Selecione Project ⇨ Build Options.**

    A caixa de diálogo Project Build Options vai aparecer.

3. **Clique na aba Linker Settings.**

    A aba é encontrada perto do topo da parte central da caixa de diálogo.

4. **Clique no botão Add para trazer outra biblioteca.**

5. **Na caixa de diálogo Add Library, clique no botão Ellipsis (...) para procurar por uma biblioteca.**

    Agora vem a parte difícil: você precisa localizar onde o compilador mantém as bibliotecas da linguagem C. Em um sistema Unix, o diretório tradicional é `/usr/lib/`. Em um sistema Windows, a localização é relativa onde o compilador está instalado.

Por exemplo, no meu PC, o Code::Blocks instalou as bibliotecas nesta pasta:

```
C:\Program Files (x86)\CodeBlocks\MinGW\lib\
```

Se você está utilizando uma biblioteca que acabou de instalar, precisará procurar sua pasta, presumindo que o programa de instalação não colocou a biblioteca com o restante delas.

6. **Procure pela pasta que contém as bibliotecas C.**

7. **Escolha a biblioteca necessária.**

   Por exemplo: seu código pode usar uma função matemática que necessite da biblioteca `libm` (matemática) vinculada. Neste caso, escolha o arquivo `libm.a` da lista. (A extensão do nome do arquivo pode não ser `.a` no seu computador, mas o nome do arquivo será `libm`.)

8. **Clique no botão Open.**

9. **Se lhe for pedido que mantenha a biblioteca como um caminho relativo, clique no botão No.**

   Eu prefiro caminhos absolutos para arquivos de biblioteca. Se você resolver mover o projeto para outra pasta no futuro, depois irá me agradecer.

10. **Clique no botão OK na caixa de diálogo Add Library.**

    A biblioteca agora está listada na área Link Libraries da janela.

11. **Clique no botão OK para voltar ao seu projeto.**

A essa altura, montar o projeto inclui a nova biblioteca automaticamente. Se você tiver um olhar aguçado, verá a biblioteca vinculada no registro de montagem, encontrado no fim da janela do Code::Blocks.

> ✔ A variedade e propósito das várias bibliotecas disponíveis para um compilador C depende do que você planeja fazer. De modo geral, pacotes de biblioteca podem ser encontrados e baixados da internet ou obtidos de outras fontes. Por exemplo: um fabricante de hardware pode fornecer uma biblioteca que você pode utilizar para programar seu dispositivo específico.
>
> ✔ Adicionar uma ou duas bibliotecas ao seu código-fonte faz o programa final crescer. Tudo bem: se você precisar das funções da biblioteca, seu programa ficará mais volumoso como resultado.
>
> ✔ Nos velhos tempos, a biblioteca padrão C vinha em vários tamanhos, algumas projetadas para manter o código pequeno por causa da memória limitada na maioria dos computadores.

Capítulo 25

Fora, Bugs!

Neste Capítulo
- Configurando um projeto para depuração
- Utilizando o depurador GNU do Code::Blocks
- Percorrendo um programa
- Verificando os valores de variáveis
- Inserindo código para ajudá-lo a depurar
- Escrevendo melhores mensagens de erros

*T*odo mundo escreve código com erros. Não intencionalmente, claro. Até os melhores programadores ficam com preguiça, são descuidados ou fazem coisas bobas. Ponto e vírgula perdido, vírgulas em lugares errados e falta de chaves acontecem com todo mundo. Felizmente, o compilador pega muito desse código sujo. Conserte o código-fonte e recompile para lidar com esses erros típicos e chatos.

Para problemas maiores, falhas de lógica ou escorregões no código que não são fáceis de encontrar, ajuda ter um pouco de assistência. Essa assistência vem na forma de um depurador, que pode tanto ser uma utilidade separada, através da qual você executa seu código, ou seus próprios acréscimos ao código, que lhe ajudam a ver o que está errado.

O Depurador do Code::Blocks

O Code::Blocks integra o depurador GNU, que é um dos depuradores mais populares disponíveis. Desde que crie um projeto que inclua informação de depuração, você pode utilizar o depurador de dentro do Code::Blocks para espiar dentro do seu código e, com sorte, discernir os males que o afligem.

Configurando a depuração

Para depurar um projeto, você precisa estabelecer que o alvo — o programa resultante — tenha informação de depuração incluída. O depurador utiliza essa informação para ajudá-lo a localizar falhas em seu código e geralmente ver como as coisas funcionam. Este processo funciona quando você cria um alvo de depuração para seu código. Siga esses passos:

1. **Comece um novo projeto no Code::Blocks.**

   Selecione File ➪ New ➪ Project.

2. **Selecione Console Application e clique em Go.**

3. **Selecione C e clique em Next.**

4. **Digite o título do projeto, como em ex2501 para Exercício 25-1.**

5. **Clique no botão Next.**

   Até agora, esses primeiros passos são os mesmos utilizados para criar qualquer programa de console de linguagem C no Code::Blocks.

6. **Coloque uma marca de verificação do lado de Create "Debug" Configuration.**

   A configuração de depuração permite que um programa seja criado com informação de depuração especial incluída.

7. **Garanta que o item Create "Release" Configuration também esteja selecionado.**

8. **Clique no botão Finish.**

   O novo projeto aparece no Code::Blocks.

Quando você ativa a depuração para um projeto, assim como mantém a configuração de liberação (veja Passo 7), você pode utilizar a barra de ferramentas do Compilador para escolher qual versão do código está sendo criada, como mostrado na Figura 25-1. Use View ➪ Toolbars ➪ Compiler command para exibir ou esconder essa barra de ferramentas.

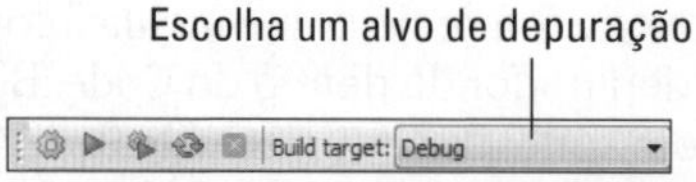

Figura 25-1: A barra de ferramentas do Compilador.

Escolha um alvo de depuração

Quando estiver depurando, certifique-se que o comando Debug esteja selecionado como o alvo de depuração. Você não poderá depurar o código sem que a informação de depuração esteja incluída no final do programa.

Para criar o programa final, quando terminar de depurar, escolha o comando Release do menu Build Target. Embora você possa liberar uma versão depurada de seu programa, essa informação torna o programa final maior. Também inclui seu código-fonte para que qualquer um possa "depurar" seu programa e ver como ele funciona.

Trabalhando o depurador

O depurador opera examinando seu código enquanto ele executa, mostrando a você o que está acontecendo, tanto internamente ao programa como a saída. Se você criou um programa Code::Blocks com informação de depuração (veja a seção anterior) e tem código para depurar, está pronto para começar.

Confesso que o código mostrado na Listagem 25-1 é propositalmente saturado de erros.

Listagem 25-1:   Depure-me!

```
#include <stdio.h>
#include <stdlib.h>

int main()
{
    char loop;

    puts("Presenting the alphabet:");
    for(loop='A';loop<='Z';loop++);
        putchar(loop);
    return 0;
}
```

Exercício 25-1: Crie um projeto no Code::Blocks, que tenha um alvo de depuração incluído. Copie o código-fonte da Listagem 25-1 no arquivo `main.c`. Certifique-se de copiar o texto exatamente como está, incluindo um erro que você pode ter visto no final da Linha 9. Monte e execute.

O editor do Code::Blocks é esperto, assim como outros editores de programação; você pode pegar o ponto e vírgula errado no final da Linha 9, pois a linha seguinte não tabulou automaticamente. Essa é uma grande pista, mas é algo que você talvez não note, especialmente quando tem 200 linhas de código para olhar. Independentemente, a saída do programa lhe diz que há algo de errado. Aqui está o que vejo:

```
Presenting the alphabet:
[
```

O alfabeto não aparece, claro. Não apenas isso: para que serve o caractere "["? É hora de depurar!

Use a barra de ferramentas do Depurador no Code::Blocks para ajudá-lo a vasculhar o código, procurando o que está ruim. A barra de ferramentas do Depurador é mostrada na Figura 25-2. Para exibir ou esconder essa barra de ferramentas, selecione View ⇨ Toolbars ⇨ Debugger.

Figura 25-2: A barra de ferramentas do Depurador.

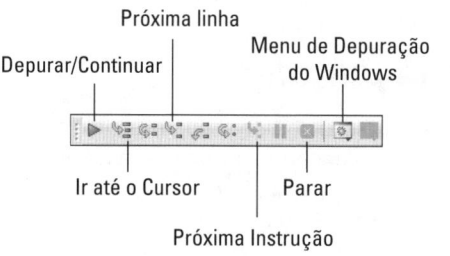

- Próxima linha
- Depurar/Continuar
- Menu de Depuração do Windows
- Ir até o Cursor
- Parar
- Próxima Instrução

Siga esses passos para ver o que está errado no seu código:

1. **Clique o cursor em seu código logo antes da declaração `puts()`.**

   Ou seja, na Linha 8.

2. **Clique no botão Run to Cursor na barra de ferramentas do Depurador.**

   Veja a figura 25-2 para identificar qual botão representa o comando Run to Cursor.

   O programa executa, mas só até a posição do cursor. A janela de saída aparece e a informação de depuração também, no painel de registro no fim da janela do Code::Blocks.

3. **Clique no botão Next Line.**

   A declaração `puts()` executa; sua saída aparece.

4. **Clique novamente no botão Next Line.**

   O loop `for` faz seu trabalho; sem saída.

5. **Clique novamente no botão Next Line.**

   A função `putchar()` exibe um caractere aleatório na tela.

   Com sorte, a essa altura, você olhou seu código mais de perto e achou o ponto e vírgula perdido no final da Linha 9. Não é preciso sair ou parar a depuração para arrumar isso.

6. **Remova o ponto e vírgula no final da Linha 9.**

7. **Clique no botão Stop para parar o depurador.**

   Veja a Figura 25-2 para a localização do botão Stop.

   Agora, tente ver se você consertou o problema, percorrendo o código novamente:

8. **Clique o ponteiro do mouse para posicionar o cursor logo antes da declaração `for` na Linha 9.**

9. **Salve e remonte seu código.**

10. **Clique no botão Run to Cursor.**

11. **Clique no botão Next Line duas vezes.**

    Um *A* aparece como saída. Bom.

12. **Continue clicando no botão Next Line para passar por todo o loop `for`.**

    Ou, se estiver satisfeito, o código foi depurado.

13. **Clique no botão Stop.**

O programa executa bem, depois que você consertou o ponto e vírgula perdido. O caractere aleatório da saída era devido à execução da função `putchar()` na Linha 10 sem que a variável `loop` estivesse inicializada. O caractere que você vê é qualquer lixo aleatório existente na posição de memória da variável. A seção posterior "Observando variáveis" oferecerá conhecimento sobre como valores de variáveis podem ser examinados pelo depurador.

Estabelecendo um breakpoint

Ninguém quer percorrer 200 linhas de código-fonte para achar um erro. A probabilidade é que você tenha uma boa ideia de onde o erro está, tanto pela saída do programa quanto por ele ter executado há apenas cinco minutos, antes de você ter editado uma seção em particular. Se sim, você sabe onde quer espiar as operações. É nesse ponto do seu código que você estabelece um *breakpoint* de depuração.

Um breakpoint é como um sinal de pare no seu texto. Na verdade, é exatamente o ícone utilizado pelo Code::Blocks, como mostrado na Figura 25-3. Para estabelecer um breakpoint, clique o mouse entre o número da linha e a linha verde (ou amarela, se você ainda não salvou). O ícone Breakpoint aparece.

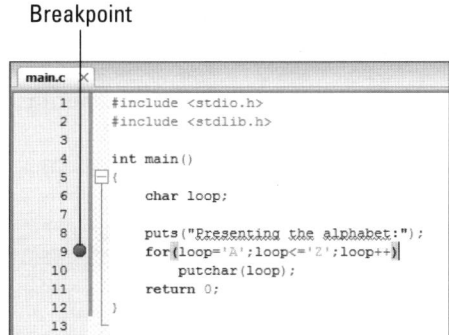

Figura 25-3: Um breakpoint no código.

Para executar seu código até o breakpoint, clique no botão Debug/Continue na barra de ferramentas de Depuração (veja a Figura 25-2). O programa funciona como você pretendia, mas aí vem uma parada brusca no breakpoint. Daí em diante, você pode percorrer o código ou clicar no botão Debug/Continue novamente para executar o programa até o próximo breakpoint — ou o breakpoint atual, quando se tratar de um loop.

Observando variáveis

Às vezes, assistir a um programa fluir pode não ser o suficiente para determinar qual é o problema. Nestes casos, você terá que fazer o trabalho sujo na memória e olhar valores de variáveis enquanto o código executa. O Depurador do Code::Blocks permite que se assista a qualquer variável em um programa, mostrando o conteúdo dessa variável enquanto o programa executa. A Listagem 25-2 mostra como é feito:

Listagem 25-2:   Onde as Variáveis se Escondem

```
#include <stdio.h>
#include <stdlib.h>

int main()
{
    int x;
    int *px;

    px=&x;
    for(x=0;x<10;x++)
        printf("%d\n",*px);
    return 0;
}
```

Exercício 25-2: Crie um projeto no Code::Blocks com depuração ativada. Copie o código-fonte da Listagem 25-2 no arquivo `main.c`. Monte e execute. Veja se ele funciona.

Não funciona, ou não deveria, a não ser que você tenha digitado algo errado. Hora de depurar! Siga esses passos:

1. **Clique o mouse para posicioná-lo no início da Linha 6, onde uma variável inteira** *x* **é declarada.**

2. **Clique no botão Run to Cursor na barra de ferramentas do Depurador.**

3. **Clique no botão Debugging Windows.**

    Veja a Figura 25-2 para a localização do botão do menu.

4. **Selecione o comando Watches.**

   A janela Watches aparece, semelhante ao mostrado na Figura 25-4, embora ainda não seja possível ver nenhuma variável.

Figura 25-4: Monitorando valores de variável.

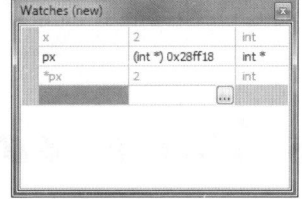

5. **Clique o mouse na primeira caixa azul na janela Watches.**

   Clique onde você vê o *x* na Figura 25-4.

6. **Digite x para variável *x* e pressione a tecla Enter.**

7. **Digite px na próxima linha para examinar a posição de memória armazenada no ponteiro px. Pressione a tecla Enter.**

8. **Digite *px na terceira linha para examinar o conteúdo da posição de memória armazenada pelo ponteiro px. Pressione a tecla Enter.**

   Você, talvez, veja valores aparecerem para essas variáveis, embora os valores não sejam inicializados. Por exemplo: na minha tela, a variável *x* mantém o valor 56, que é qualquer lixo aleatório que aparece na memória antes da variável ter seu valor atribuído.

   Até que uma variável seja inicializada, seu conteúdo é lixo. Isso explica o porquê de a saída original da Listagem 25-1 ter mostrado um caractere aleatório.

9. **Clique no botão Next Line na barra de ferramentas de Depuração até que o cursor esteja na Linha 10, o início do loop `for`.**

   Quando o valor do ponteiro px for atribuído à posição de memória da variável x, preste atenção à janela Watches. Imediatamente, você verá um endereço de memória aparecer pela variável px e verá a variável *px estabelecida como igual a qualquer valor atribuído à variável x. O ponteiro terá sido inicializado!

10. **Clique no botão Next Line novamente.**

    Quando o loop `for` começa, ele inicializa o valor da variável x. Você pode ver essa mudança de valor na janela Watches, junto ao valor de *px. O valor de px (o endereço da variável x) não muda.

11. **Continue percorrendo o código para assistir aos valores mudando.**

12. **Clique no botão Stop quando tiver acabado.**

Acho que examinar variáveis na memória é ainda outra boa maneira de ver o que está acontecendo com seu código. Se as variáveis não estão se comportando como deveriam, você precisa verificar as declarações manipulando essas variáveis.

Você também pode entender melhor como ponteiros funcionam examinando ponteiros na memória.

Resolvendo Problemas Através da Utilização de printf( ) e puts( )

Quando não consigo entender o que está acontecendo com um programa e estou com muita preguiça para passá-lo pelo depurador (ou quando não incluí a opção *debugging build*), utilizo as funções printf() e puts() como meus amigos depuradores.

Documentando problemas

Suponha que o código tenha uma função que recebe a variável x, porém, de alguma maneira, a variável x nunca aparece. Eu insiro a seguinte linha no código:

```
printf("value of 'x' at Line 125: %d\n",x);
```

Esta declaração pode realmente aparecer em diversos lugares, acompanhando o valor da variável x enquanto ela se move pelo meu código. Admito que utilizar a janela Watches com o depurador seria melhor (veja a seção anterior), contudo, às vezes, utilizar printf() é bem mais rápido.

Se não estou acompanhando uma variável e só quero saber por que um pedaço de código não está executando, insiro uma declaração puts(), algo assim:

```
puts("You got to here");
```

Quando vejo a linha anterior na saída, sei que o código está sendo abordado, mas ainda pode não ser executado. É aí que percorro o código, procurando por um sinal duplo de igual colocado onde eu queria ter utilizado um sinal único de igual e tento outros truques. (Veja o Capítulo 26.)

Embora inserir uma declaração printf() ou puts() em seu código não seja tão gracioso quanto utilizar o depurador (além de não dizer exatamente onde está o problema), não é uma maneira ruim de contornar o problema. Apenas lembre-se de retirar as declarações novamente!

Salvando comentários para o seu futuro

Outra coisa que você pode fazer para ajudar a consertar erros indevidos é simplesmente descrever o problema no código, utilizando comentários. Isso pode não consertar o problema agora, mas para o seu futuro, olhar o código posteriormente será de grande ajuda; será melhor do que tentar descobrir os estragos novamente.

Por exemplo:

```
for(y=x+a;y<c;y++)      /* isso não parece funcionar */
    manipulate(y);      /* Confirme que a está mudando   */
```

Neste exemplo, a nota lembrará a você, amanhã, que as declarações não estão fazendo o que deveriam; mais: ela oferecerá uma sugestão do que procurar em uma solução.

Você também pode utilizar comentários para oferecer sugestões, para o futuro, de como melhorar o código; coisas para firmar ou novas características que você só não tem tempo de incluir no momento.

Mensagens de Erro Melhoradas

Uma maneira de melhorar a comunicação de erros dos seus programas para usuários é apresentar mensagens de erros melhores, mais descritivas. Embora muitos detalhes possam confundir os usuários, uma mensagem de erro muito escassa pode frustrá-los. Por exemplo:

```
Unable to allocate 128K char buffer 'input' at location
      0xFE3958
```

Esta mensagem de erro pode ser ideal quando você está depurando o código, mas um usuário vai simplesmente ignorá-la ou colocá-la no Google para ver como consertar o problema.

O tipo oposto de mensagem de erro é igualmente frustrante:

```
Error 1202
```

Pelo amor de Deus, não use números como mensagens de erro! Mesmo que você tenha fornecido documentação, nenhum usuário gosta disso, especialmente quando você pode apenas escrever.

```
Not enough memory available
```

Para ajudá-lo a criar mensagens de erros melhores, muitas funções de linguagem C — especificamente as funções de acesso de arquivos — fornecem um conjunto consistente de valores de erro para quando uma função falha. O valor de erro é armazenado na variável global *errno*, que seu programa pode examinar. A Listagem 25-3 fornece uma amostra de código-fonte.

Listagem 25-3: Verificando o Valor errno

```
#include <stdio.h>
#include <stdlib.h>
#include <errno.h>

int main()
{
    int e;

    e = rename("blorfus","fragus");
    if( e != 0 )
    {
        printf("Error! ");
        switch(errno)
        {
            case EPERM:
                puts("Operation not permitted");
                break;
            case ENOENT:
                puts("File not found");
                break;
            case EACCES:
                puts("Permission denied");
                break;
            case EROFS:
                puts("Read only file");
                break;
            case ENAMETOOLONG:
                puts("Filname is too long");
                break;
            default:
                puts("Too ugly to describe");
        }
        exit(1);
    }
    puts("File renamed");
    return 0;
}
```

Para utilizar a variável global *errno*, seu código deve incluir o arquivo cabeçalho *errno.h*, como mostrado na Linha 3 da Listagem 25-3. Esse arquivo cabeçalho também contém as definições para todas as constantes utilizadas no código; definições diferentes para praticamente todo erro de arquivo possível ou com que você possa sonhar.

A função `rename()`, na Linha 9, tenta renomear um arquivo. Estou supondo que você não tem um arquivo `blorfus` em seu computador; então, a função está projetada para gerar um erro.

O valor de retorno da função `rename()` é ou 0 ou -1, dependendo do sucesso ou fracasso da operação, respectivamente. Quando o valor é -1, a variável global `errno` é ativada. A estrutura `switch`, na Linha 13 da Listagem 25-3, trabalha determinadamente por alguns erros que são possíveis quando renomeamos um arquivo. Os códigos de erro são definidos como constantes no arquivo cabeçalho `errno.h`. Mensagens específicas de erro são então exibidas, baseadas nos valores constantes que são definidos.

Exercício 25-3: Digite o código-fonte da Listagem 25-3 em um novo projeto. Monte e execute para ver as mensagens de erro.

Você pode refinar as mensagens de erro posteriormente, se quiser. Mantive as mensagens de erro curtas na Listagem 25-3 para que o texto não quebrasse neste livro. Por exemplo: uma mensagem melhor que "Permission denied" (Permissão negada) é "The permission for the file you're trying to rename do not allow renaming. Consider resetting the file's permissions and trying again" (A permissão para o arquivo que você está tentando renomear não permite que ele seja renomeado. Considere resetar as permissões do arquivo e tentar novamente). É esse tipo de mensagem de erro que os usuários gostam: ela explica o problema e também oferece uma solução.

- Veja o Capítulo 23 para mais informações sobre a função `rename()`.

- Se o arquivo cabeçalho `errno.h` não listar todas as definições constantes, procure por uma declaração `#include` nesse arquivo, que referencia o segundo arquivo, que possivelmente contém as definições.

- Arquivos cabeçalho para o compilador MinGW são mantidos no diretório `MinGW/include` no Windows. Você precisa localizar MinGW, que está normalmente na pasta `Program Files` no dispositivo de armazenamento principal, `C:`. Em um sistema Unix, arquivos cabeçalho são normalmente encontrados no diretório `/usr/include`.

Parte VI

a parte dos dez

Nesta parte...

✔ Veja como evitar dez bugs comuns e erros de codificação

✔ Reveja dez sugestões, lembretes e conselhos úteis

Capítulo 26
Dez Errinhos Comuns

Neste Capítulo
- Estragos condicionais
- ==v. =
- Perigosos pontos e vírgulas em loop
- Vírgulas em loops `for`
- Esquecendo o break em uma estrutura switch
- Esquecendo parênteses e chaves
- Preste atenção àquele aviso
- Loops infinitos
- Mancadas de `scanf()`
- Restrições de entrada em tempo real

A aventura da programação tem suas armadilhas. Muitas delas são comuns; os mesmos erros repetidamente. Mesmo depois de décadas de codificação, eu ainda me vejo fazendo coisas bobas e estúpidas. Frequentemente, elas são feitas com pressa — coisas simples que não estou prestando atenção. Enfim, mas não é assim com tudo?

Estragos Condicionais

Quando você emprega uma declaração `if` ou inicializa um loop `while` ou `for`, está usando uma *comparação*. Expressar de maneira adequada essa comparação é uma forma de arte, especialmente quando se tenta fazer várias coisas ao mesmo tempo.

Meu conselho é que, primeiro, você divida o código, antes de carregar tudo nos parênteses. Por exemplo:

```
while((c=fgetc(dumpme)) != EOF)
```

O código da linha anterior funciona. Todavia, antes de chegar lá, tente isso:

```
c = 1;                /* inicialize c */
while(c != EOF)
    c=fgetc(dumpme);
```

Depois de confirmar que o código faz o que deveria, coloque-o de volta entre parênteses.

A situação fica mais cabeluda, quando você combina condições utilizando operadores lógicos. Recomendo que limite sua seleção somente a duas escolhas:

```
if( a==b || a==c)
```

As declarações pertencentes à if são executadas quando o valor da variável a é igual tanto ao valor da variável b quanto ao da variável c. Simples, mas e quanto a isso?

```
if( a==b || a==c && a==d)
```

Ops. Agora, a ordem de precedência assume o controle e, para a declaração if ser verdadeira, a deve ser igual a b ou a deve ser igual a ambas, c e d. A situação também pode ser deixada mais clara, utilizando-se parênteses:

```
if( a==b || (a==c && a==d))
```

LEMBRE-SE Quando você não conseguir lembrar da ordem de precedência, utilize parênteses.

= = v. =

Um único sinal de igual é um operador de atribuição:

```
a=65;
```

Um sinal de igual duplo é utilizado para comparações:

```
a==65
```

Para que meu cérebro entenda a diferença, falo na minha cabeça "é igual a", quando digito os dois sinais de igual. Apesar disso, ainda erro, especialmente em uma declaração condicional.

Quando você atribui um valor em uma declaração condicional, geralmente cria uma condição VERDADEIRA:

```
if(here=there)
```

A declaração if é sempre avaliada como VERDADEIRA, a não ser que o valor da variável there seja 0. Nesse caso, a condição if é avaliada como FALSA. De qualquer maneira, provavelmente não seria o que você pretendia.

Perigosos Ponto e Vírgulas em Loop

Você pode entrar em uma situação chata, quando estiver digitando código, utilizando ponto e vírgulas como um prefixo para pressionar a tecla Enter no final de uma linha. Isso é perigoso! É especialmente tóxico, quando você está codificando loops:

```
for(x=0;x<10;x++);
```

Esse loop muda o valor da variável x para 10. É isso. Qualquer declaração que seguir, que normalmente pertenceria ao loop for, será executada em ordem. Idem para o loop while:

```
while(c<255);
```

Este loop pode rodar infinitamente, dependendo do valor da variável c. Se o valor for maior ou igual a 255, o loop não executa. Caso contrário, ele executa para sempre.

Esses ponto e vírgulas não são intencionais e nem desejados. Eles também são perfeitamente legítimos; o compilador não os marca como erros. Seu editor pode lhe avisar inadvertidamente não fazendo a tabulação na próxima linha, mas é isso — e você terá sorte se pegar essa dica. Eu frequentemente não pego; apenas culpo o editor por ser idiota.

Quando você precisar ter um loop while ou for legítimo sem declarações, coloque o ponto e vírgula na próxima linha:

```
while(putchar(*(ps++)))
    ;
```

Esse ponto e vírgula solitário em uma linha grita para qualquer programador lendo o código que o loop `while` está vazio intencionalmente.

Vírgulas em Loops for

Os três itens em um loop `for` são separados por ponto e vírgulas. Ambos os ponto e vírgulas são necessários e eles não são vírgulas. O compilador não gostará dessa declaração:

```
for(a=0,a<10,a++)
```

Vírgulas são permitidas em uma declaração `for`; por isso, o compilador apenas acha que você omitiu os dois itens necessários. Na verdade, a seguinte declaração é uma declaração `for` legítima:

```
for(a=0,a<10,a++;;)
```

Você pode escrever essa declaração, que atribui o valor 0 para a variável a, gerar uma comparação VERDADEIRA (que é ignorada) e, então, incrementar o valor de a para 1. Então, o loop se repetirá infinitamente, pois o segundo e o terceiro itens estão vazios. (Bem, isto se uma declaração `break` não estiver no loop.)

Esquecendo o break em uma Estrutura Switch

É perfeitamente legítimo escrever uma estrutura `switch`, quando a execução cai de uma declaração `case` para outra:

```
switch(letter)
{
    case 'A':
    case 'E':
    case 'I':
    case 'O':
    case 'U':
        printf("Vowel");
        break;
    default:
        printf("Not a vowel");
}
```

Neste exemplo, as primeiras cinco condições `case` capturam o mesmo grupo de declarações. Tudo bem. Entretanto, quando você esquece o `break`, a execução continua passando por mais testes e, eventualmente, pelo `default`. A não ser que isso seja o que você quer, lembre-se de adicionar a declaração `break`.

Suponha que você tenha uma estrutura `switch`, que tem dúzias de linhas de altura. Uma condição `case` tem várias linhas de declarações, tantas que ela rola para cima e para baixo da tela. Nessa configuração, é fácil de se esquecer o `break` enquanto se concentra na confecção das declarações adequadas. Eu sei — eu já fiz isso.

Outra situação acontece, quando você codifica um loop dentro de uma estrutura `switch` e utiliza o `break` para sair desse loop. Nessa situação, você ainda precisará de um segundo `break` para sair da estrutura `switch`.

O editor do Code::Blocks permite que se destrua e expanda partes do código, mas você precisará colocar as declarações case entre chaves. Clique no botão — (Menos) à esquerda do seu código para destruir declarações entre chaves.

Esquecendo Parênteses e Chaves

Esquecer um ou dois parênteses é um dos erros mais comuns em codificação C. O compilador vai pegar esses erros, mas normalmente o erro não é marcado até o final da função.

Por exemplo: um parêntese faltando na função `main()` faz o erro ser marcado na última linha da função. Isso é uma boa dica para quando faltar um parêntese ou uma chave, mas não o ajuda a localizar o erro.

Os editores atuais são bons em combinar parênteses e colchetes. O editor do Code::Blocks realmente insere ambos os caracteres, quando você digita o primeiro, à esquerda. Isso ajuda a manter tudo organizado. Outros editores, como o `vim`, destacam os pares de colchetes, quando o cursor passa por cima de um deles. Essas características especiais podem não ser o suficiente para prevenir erros de falta de colchetes.

Outra dica do editor é a formatação, cor de texto e erros de tabulação, quando você esquece um parêntese ou colchete. O problema em reconhecer esse lembrete é que o cérebro humano automaticamente supõe que o editor fez algo errado. Então, você precisa se treinar para reconhecer tabulações inadequadas pelo editor, como um sinal de falta de parêntese ou chave.

Preste Atenção Àquele Aviso

Quando o compilador gera um aviso, o programa (ou código objeto) ainda é criado. Isso pode ser perigoso, especialmente quando lidamos com erros de ponteiros. O problema é que alguns avisos podem ser ignorados.

Por exemplo, você pode estar utilizando `printf()` para exibir um valor que sabe que é um `int`, porém, de algum modo, o compilador insiste que é qualquer outro valor. Se for assim, você pode fazer um typecast da variável como um `int`. Por exemplo:

```
printf("%-14s %5ld %s",
    file->d_name,
    (long)filestat.st_size,
    ctime(&filestat.st_mtime));
```

Neste exemplo, a variável `filestate.st_size` é do tipo de variável `off_t`. A função `printf()` não possui um conversor de caractere para `off_t`; então, ela tem que fazer o typecast para um `long int`. (Veja o Capítulo 23.) Typecasts similares podem ser feitos com outros tipos de variáveis para as quais o `printf()` não possua conversor de caractere. No entanto, antes que você enlouqueça com esse truque, verifique a página do manual para `printf()` para assegurar que a variável específica não possui um conversor de caractere.

- Um aviso comum acontece, quando você tenta exibir um valor `long int` utilizando o marcador de posição `%d`. Quando isso acontecer, apenas edite o `%d` para `%ld`.

- Um aviso "lvalue required" indica que você escreveu uma equação malformada. O `lvalue` é o valor da esquerda ou do item do lado esquerdo da equação. Deve estar presente e ser do tipo adequado para que a equação seja manipulada adequadamente.

- O grau com o qual o compilador marca seu código com avisos pode ser ajustado. Vários *marcadores* são utilizados para ajustar o nível de avisos do compilador. Esses avisos são configurados no Code::Blocks, selecionando comando Project ⇨ Build Options. A aba Compiler Flags na caixa de diálogo Projects Build Options lhe permite configurar e ressetar os diversos avisos.

- De modo geral, a opção "turn on all warnings" para um compilador C é o switch `-Wall`. Na linha de comando, ela se parece com isso:

```
gcc -Wall source.c
```

Wall significa "warnings, all."

Loops Infinitos

Tem que existir um caminho para fora daqui, o que é verdadeiro para praticamente todos os loops. A condição de saída deve existir. Na verdade, recomendo que, quando você resolver codificar um loop, providencie para que a *primeira coisa* a ser codificada seja a condição de saída. Desde que ela funcione, você pode continuar e codificar o resto de coisas legais que um loop faz.

Loops infinitos não intencionais acontecem. Já executei códigos muitas vezes só para ver uma tela branca por alguns minutos. Ops.

Aplicativos de console, como o tipo criado no decorrer deste livro, podem ser parados, pressionando-se a combinação de teclas Ctrl+C em uma janela de terminal. Este truque pode não funcionar sempre; então, você poderá tentar fechar a janela. Poderá também finalizar a tarefa, que é um processo tratado de maneira diferente por cada sistema operacional.

Mancadas de scanf()

A função `scanf()` é útil para ler informações específicas da entrada padrão. Entretanto, não é ideal para todas as formas de entrada.

Por exemplo, `scanf()` não entende quando um usuário digita alguma coisa diferente do formato solicitado. Especificamente, você não pode ler uma string de texto completa, utilizando `%s` com `scanf()`. Isso porque `scanf()` descarta qualquer parte da string depois do primeiro caractere de espaço em branco.

Embora a função `fgets()` seja uma ótima alternativa para capturar texto, lembre-se que ela também captura a nova linha digitada no final da entrada padrão. Esse caractere, `\n`, se torna parte da entrada da string.

Outra coisa para lembrar quando utilizar `scanf()` é que seu segundo argumento é um endereço de memória, um ponteiro. Para tipos de variáveis padrão — como `int`, `float` e `double` — você precisará prefixar o nome da variável com o `&`, o operador de endereço:

```
scanf("%d",&some_int);
```

O prefixo `&` não é necessário para ler um array `char` — uma string:

```
scanf("%s",first_name);
```

Elementos individuais de array, todavia, não são posições de memória e ainda precisam do prefixo &:

```
scanf("%c",&first_name[0]);
```

Variáveis ponteiro não precisam do prefixo &, o que poderia resultar em consequências não intencionais.

Restrições de Entrada em Tempo Real

As funções básicas de entrada e saída em linguagem C não são interativas. Elas trabalham com transmissões, que são fluxos contínuos de entrada ou saída, interrompidas apenas por um marcador de final de arquivo ou, ocasionalmente, por um caractere de nova linha.

Quando você planejar ler apenas um caractere da entrada, esteja ciente que a tecla Enter, pressionada para enviar a entrada, ainda está esperando para ser lida na transmissão. Uma segunda função de entrada, como outro getchar(), pega imediatamente o pressionar da tecla Enter (o caractere \n). Ela não espera, como uma função de entrada interativa faria.

- Se você deseja programas interativos, pegue uma biblioteca com funções interativas, como a biblioteca NCurses. Você pode conferir meu livro *Programmer's Guide to NCurses*, da Wiley Publishing, para mais informações.

- O marcador de final de arquivo é representado pela constante EOF, definida no arquivo cabeçalho stdio.h.

- O caractere nova linha é representado pela sequência de escape \n.

- O valor ASCII do caractere da nova linha pode ser diferente de máquina para máquina; então, sempre especifique a sequência de escape \n para a nova linha.

Capítulo 27

Dez Lembretes e Sugestões

Neste Capítulo

- Mantenha uma boa postura
- Use nomes criativos
- Não tenha medo de escrever uma função
- Trabalhe no seu código um pouquinho de cada vez
- Divida projetos grandes em vários módulos
- Saiba o que é um ponteiro
- Use espaço em branco antes de resumir
- Saiba quando `if-else` se torna switch-case
- Não esqueça dos operadores de atribuição
- Quando estiver travado, leia seu código em voz alta

É difícil diminuir a lista de lembretes e sugestões, especialmente para um tópico tão rico e diversificado quanto programação. Por exemplo, eu poderia sugerir maneiras de se enturmar com outros programadores, quais filmes citar, quais jogos jogar e até quais comidas comer. Existe uma subcultura da programação — mesmo hoje, com legiões de administradores tentando colocar coroas da programação em vestimentas próprias para os negócios.

Além das sugestões sociais, tenho algumas coisas para lembrá-lo — e mais algumas recomendações de linguagem C para propósitos gerais. Acredite se quiser, todo programador já passou pelas mesmas coisas que você. É bom ouvir conselhos dos mais velhos.

Mantendo uma Boa Postura

Estou certo que alguma figura de autoridade, no início da sua vida, exercitou em você a importância de ter uma postura adequada. Ignore-a por sua própria conta e risco, especialmente quando você é jovem, assim, sairá da cama e já estará dizendo "Ai."

Para muitos programadores, codificar torna-se uma obsessão. É muito fácil para mim, como um exemplo, sentar e escrever código por muitas horas seguidas. Isso é muito difícil para o corpo. Então, a cada poucos minutos, faça uma pausa. Se você não consegue administrar isso, programe uma pausa. Sério. A próxima vez que você for compilar, levante! Olhe para fora! Ande um pouco!

Enquanto você está trabalhando, tente ao máximo manter seus ombros para trás e seus pulsos elevados. Não entorte o pescoço quando olhar para o monitor. Não se curve sobre o teclado. Olhe por uma janela para mudar seu foco.

Eu poderia adicionar também que é muito gratificante agradecer aos outros. Verdade! É fácil grunhir ou rosnar para alguém, quando você está no meio de um projeto. Lembre-se que outros humanos podem não gostar da profundidade de pensamento e euforia que você sente quando codifica. Se não pode ser agradável agora, desculpe-se mais tarde.

Use Nomes Criativos

O melhor código que já vi é lido como uma linguagem humana. É difícil fazer todo o código-fonte ser lido dessa maneira, mas para pequenos fragmentos, ter nomes adequados de variáveis e funções é uma vantagem para escrever códigos claros.

O seguinte exemplo é um dos meus favoritos:

```
while(!done)
```

Leio esta declaração como "while not done." (enquanto não terminado). Faz sentido. Até o valor da variável done ser VERDADEIRO, o loop roda, porém, em algum lugar dentro do loop, quando a condição de saída é encontrada, o valor de done é estabelecido como VERDADEIRO e o loop para. É claro.

Também ajuda oferecer nomes descritivos para suas funções. Um nome como setringervolume() é ótimo, mas o nome set_ringer_volume() é melhor. Considerar a função no contexto também é bom. Por exemplo:

```
ch=read_next_character();
```

Na linha anterior, a função read_next_character() não precisa de explicações — a não ser que, realmente, não retorne um novo caractere.

Escreva uma Função

Sempre que utilizar código mais de uma vez, considere jogá-lo em uma função. Mesmo que o código tenha apenas uma linha de tamanho. Mesmo que o código apareça em vários pontos e não seja mesmo digno de uma função.

Suponha que você use a função `fgets()` para ler uma string, mas depois siga `fgets()` com outra função que remova o caractere nova linha final do buffer de entrada. Por que não fazer ambos os itens como suas próprias funções, algo como `get_input()`?

Trabalhe no Seu Código Pouco a Pouco

A maior parte do tempo que você passa codificando é para consertar problemas, corrigir falhas em lógica ou refinar. Quando estiver fazendo tais ajustes, evite a tentação de fazer três ou quatro edições de uma só vez. Resolva o problema e então adicione o novo código.

A razão para eu mencionar isso é pelo fato de ser tentador saltar pelo código e trabalhar em várias coisas ao mesmo tempo. Por exemplo: você precisa consertar o espaçamento em uma saída de uma declaração `printf()`, ajustar um timing loop e estabelecer um novo valor de entrada. Faça uma coisa de cada vez!

Quando você tenta fazer várias coisas de uma vez só, pode acabar fazendo besteira e aí ficará a dúvida: qual delas você estragou? Você terá que voltar e verificar tudo, incluindo as declarações e funções relacionadas, para garantir que elas funcionam. Em situações como essa, você vai desejar seriamente ter uma máquina do tempo. Para evitar isso, apenas trabalhe em seu código um pouquinho de cada vez.

Divida Projetos Grandes em Vários Módulos

Ninguém gosta de rolar por 500 linhas de código. Ninguém gosta de ler páginas de impressão. A não ser que você esteja totalmente imerso em seu projeto e possa manter tudo armazenado na cabeça, divida as funções em módulos.

Prefiro agrupar funções relacionadas em arquivos similares. Normalmente, tenho um arquivo de saída, um arquivo de entrada, um arquivo de inicialização e assim por diante. Cada arquivo, ou *módulo*, é compilado e vinculado separadamente para formar o código. Os benefícios são que os arquivos são menores e, se eles compilam e funcionam, você não precisa mais mexer com eles.

Saiba o que É um Ponteiro

Um ponteiro é uma variável que armazena uma posição de memória. Não é mágico e não será confuso enquanto você mantiver o mantra básico na sua cabeça:

Um ponteiro é uma variável que armazena uma posição de memória.

Uma posição de memória armazenada em um ponteiro referencia outra variável. Portanto, o ponteiro deve ser inicializado antes de ser utilizado:

Um ponteiro deve ser inicializado antes de ser utilizado.

Quando a variável ponteiro é prefixada com o operador * (asterisco), ela referencia o conteúdo da variável na posição de memória. Isso é estranho, claro, mas é muito útil, como demonstrado nos Capítulos 18 e 19.

- Declare uma variável ponteiro, utilizando o prefixo *.
- Use o operador & para pegar o endereço de qualquer variável em C.
- Arrays são automaticamente referenciados por suas posições de memória; então, você pode utilizar um nome de array sem o prefixo & para pegar seu endereço.
- "Endereço" e "posição de memória" são a mesma coisa.
- Uma boa maneira de explorar ponteiros é utilizar o depurador do Code::Blocks; especificamente a janela Watches. Veja o Capítulo 25.

Adicione Espaço em Branco ao invés de Condensar

Programadores C adoram agrupar declarações, comprimindo o máximo possível delas em uma só linha. Até mesmo eu, sou culpado por esse prazer, como mostrado em alguns exemplos deste livro, como

```
while(putchar(*(sample++)))
```

Admita: essa construção parece legal. Ela leva a crer que você *realmente* sabe codificar em C. Pode, porém, também ser uma fonte de problemas.

Meu conselho: divida o código antes de condensá-lo. Faça uso liberal de espaços em branco, especialmente quando escrever o código pela primeira vez. Por exemplo, a linha

```
if( c != '\0' )
```

é mais fácil de ler do que a linha

```
if(c!='\0')
```

Depois que escrever seu código com espaços em branco — ou utilizar várias declarações para expressar alguma coisa — você poderá condensar, retirar os espaços ou fazer o que quiser.

LEMBRE-SE Em código-fonte de linguagem C, o espaço em branco é para o benefício dos olhos humanos. Admiro programadores que preferem usar esses espaços em branco, em vez de comprimir seus códigos em uma linha, apesar do quão interessante isso pareça.

Saiba Quando if-else Se Torna um switch-case

Sou um grande fã da árvore de decisão if-else, mas geralmente evito empilhar várias declarações if. Para mim, isso normalmente significa que a minha lógica de programação é falha. Por exemplo:

```
if(something)
    ;
else if(something_else)
    ;
else(finally)
    ;
```

Esta estrutura está correta e é frequentemente necessário lidar com uma decisão de três partes. A estrutura seguinte, porém, que já vi montada por muitos amigos programadores de C, provavelmente não é a melhor maneira de codificar uma árvore de decisão:

```
if(something)
    ;
else if(something_else_1)
    ;
else if(something_else_2)
    ;
else if(something_else_3)
    ;
else if(something_else_4)
    ;
else(finally)
    ;
```

De modo geral, sempre que tiver muitas declarações `if-else`, você precisará empregar a estrutura `switch-case` no lugar. Na verdade, acho que este exemplo é o que provavelmente inspirou a estrutura `switch-case` pela primeira vez.

Veja o Capítulo 8 para mais informações sobre `switch-case`.

Lembre-se dos Operadores de Atribuição

Embora seja bom escrever código legível, uma base da linguagem C são seus operadores de atribuição. Mesmo que você não os utilize, precisa reconhecê-los.

A seguinte equação é muito comum em programação:

```
a = a + n;
```

Em C, você pode abreviar esta declaração, utilizando um operador de atribuição:

```
a += n;
```

O operador vai antes do sinal de igual. Se fosse depois, ele mudaria para um operador unário, o que pareceria estranho:

```
a =+ n;
```

Então, o valor da variável a é igual a um n positivo? O compilador pode comprar esse argumento, mas não é o que você pretenda.

Não esqueça também dos operadores de incrementação e decrementação, `++` e `--`, que são muito populares em loops.

Quando Estiver Travado, Leia Seu Código em Voz Alta

Para ajudá-lo a rastrear aquele erro, comece a ler seu código em voz alta. Imagine que um amigo programador está sentado ao seu lado. Explique o que seu código está fazendo e como ele funciona. Você achará o problema, enquanto estiver lendo seu código em voz alta. Se não achar, faça com que seu amigo imaginário lhe faça perguntas durante sua explicação.

Não se preocupe em parecer louco. Você é um programador. Você já é louco.

Como um bônus, falar seu código em voz alta ajuda a identificar quais partes devem ser comentadas e quais devem ser os comentários. Por exemplo:

```
a++;      /* incrementa a */
```

Na linha anterior, você vê um exemplo horrível de comentário. Dã! Claro, a é incrementado. Aqui está uma versão melhor desse comentário.

```
a++;      /* pule o próximo item para alinhar a output *
```

Não comente apenas o que o código está fazendo — comente o *porquê*. Novamente, imagine que você está explicando o código para outro programador — ou para você mesmo no futuro. Você agradecerá a si mesmo pelo esforço no presente.

Posfácio

A pergunta mais comum feita por leitores que terminam meus livros de programação é: "O que posso fazer a seguir com a minha carreira de programação?"

A melhor resposta é: "O que quiser!" Não é específica, mas é verdade.

Minha primeira sugestão é continuar programando. Meu site apresenta um blog, que oferece dicas, indicações, sugestões e exercícios de programação semanais. Confira frequentemente para manter seu conhecimento em C fresco: c-for-dummies.com.

Outra coisa que você pode fazer é continuar a se desafiar com C. Imagine seus próprios enigmas de programação – especialmente programas pequenos e concisos. Quanto mais você praticar C, melhor vai ficar. Pratique, especialmente, coisas em que sente dificuldade, como, talvez, ponteiros ou estruturas.

A biblioteca C possui dúzias, se não centenas, de funções. Tente explorar algumas delas, para ver o que você pode fazê-las realizar ou para tentar entender como elas funcionam.

Outras áreas de programação a serem exploradas em linguagem C incluem:

- Gráficos
- Jogos
- Redes
- Utilidades
- Internet
- GUIs (sistemas operacionais)

Escolha um tópico e explore. Lamentavelmente, nesta era da internet, é provável, que você não encontrará muitos livros específicos para esses assuntos, nem mesmo uma variedade da qual possa escolher.

Olhando além de C, você pode escolher outra linguagem de programação. Para programar iOS, tente Objective-C (que não é a mesma coisa que C); para dispositivos Android, escolha Java; e, claro, muitos programadores C seguem para C++.

O que quer que você faça, divirta-se!

Apêndice A

Códigos ASCII

Decimal	Hex	Caractere	Comentário
0	0x00	^@	Null, \0
1	0x01	^A	
2	0x02	^B	
3	0x03	^C	
4	0x04	^D	
5	0x05	^E	
6	0x06	^F	
7	0x07	^G	Bell, \a
8	0x08	^H	Backspace, \b
9	0x09	^I	Tab, \t
10	0x0A	^J	
11	0x0B	^K	Tab vertical, \v
12	0x0C	^L	Feed de formulário, \f
13	0x0D	^M	Retorno de carro, \r
14	0x0E	^N	
15	0x0F	^O	
16	0x10	^P	
17	0x11	^Q	
18	0x12	^R	
19	0x13	^S	
20	0x14	^T	
21	0x15	^U	
22	0x16	^V	
23	0x17	^W	
24	0x18	^X	
25	0x19	^Y	

(continua)

Decimal	Hex	Caractere	Comentário
26	0x1A	^Z	
27	0x1B	^[	Escape
28	0x1C	^\	
29	0x1D	^]	
30	0x1E	^^	
31	0x1F	^_	
32	0x20		Espaço, começo de caracteres visíveis
33	0x21	!	Ponto de exclamação
34	0x22	"	Aspas duplas
35	0x23	#	Cerquilha
36	0x24	$	Símbolo de dólar
37	0x25	%	Símbolo de porcentagem
38	0x26	&	E comercial
39	0x27	'	Apóstrofo
40	0x28	(	Parêntese esquerdo
41	0x29	)	Parêntese direito
42	0x2A	*	Asterisco
43	0x2B	+	Mais
44	0x2C	,	Vírgula
45	0x2D	-	Hífen, menos
46	0x2E	.	Ponto final
47	0x2F	/	Barra
48	0x30	0	Números
49	0x31	1	
50	0x32	2	
51	0x33	3	
52	0x34	4	
53	0x35	5	
54	0x36	6	
55	0x37	7	
56	0x38	8	
57	0x39	9	
58	0x3A	:	Dois pontos
59	0x3B	;	Ponto e vírgula

(continua)

Decimal	Hex	Caractere	Comentário
60	0x3C	<	Menor que, chevron esquerdo
61	0x3D	=	Igual
62	0x3E	>	Maior que, chevron direito
63	0x3F	?	Ponto de interrogação
64	0x40	@	Arroba
65	0x41	A	Alfabeto em caixa alta
66	0x42	B	
67	0x43	C	
68	0x44	D	
69	0x45	E	
70	0x46	F	
71	0x47	G	
72	0x48	H	
73	0x49	I	
74	0x4A	J	
75	0x4B	K	
76	0x4C	L	
77	0x4D	M	
78	0x4E	N	
79	0x4F	O	
80	0x50	P	
81	0x51	Q	
82	0x52	R	
83	0x53	S	
84	0x54	T	
85	0x55	U	
86	0x56	V	
87	0x57	W	
88	0x58	X	
89	0x59	Y	
90	0x5A	Z	
91	0x5B	[	Colchete esquerdo

(continua)

Decimal	Hex	Caractere	Comentário
92	0x5C	\	Barra invertida
93	0x5D	]	Colchete direito
94	0x5E	^	Circunflexo
95	0x5F	_	Traço inferior
96	0x60	`	Crase, acento grave
97	0x61	a	Alfabeto em caixa baixa
98	0x62	b	
99	0x63	c	
100	0x64	d	
101	0x65	e	
102	0x66	f	
103	0x67	g	
104	0x68	h	
105	0x69	i	
106	0x6A	j	
107	0x6B	k	
108	0x6C	l	
109	0x6D	m	
110	0x6E	n	
111	0x6F	o	
112	0x70	p	
113	0x71	q	
114	0x72	r	
115	0x73	s	
116	0x74	t	
117	0x75	u	
118	0x76	v	
119	0x77	w	
120	0x78	x	
121	0x79	y	
122	0x7A	z	
123	0x7B	{	Chave esquerda
124	0x7C	|	Barra vertical
125	0x7D	}	Chave direita
126	0x7E	~	Til
127	0x7F		Delete

Apêndice A: Códigos ASCII

- O ASCII 0 até o ASCII 31 representam valores de código de controle. Esses caracteres são acessados pressionando a tecla Ctrl no teclado e digitando o símbolo correspondente ou tecla da letra.

- O Código 32 é o código para o caractere de espaço.

- O Código 127 é o caractere Delete, que é diferente do Código 8, frequentemente, chamado de Backspace. Isso porque o Código 8 é definido como *não destrutivo*, o que significa que ele apenas move o cursor um espaço para trás.

- Muitos dos códigos de controle manipulam texto na tela, como o Ctrl+I para a tecla Tab.

- Um olhar aguçado vê três repetições na lista de código ASCII. Olhe os códigos 0 a 26 e então 64 a 90. Veja também os códigos 97 a 122.

- A diferença entre caracteres de caixa alta e de caixa baixa na tabela é 32, um número sagrado de computador. A diferença hexadecimal é 0x20. Portanto, utilizando matemática simples, ou *lógica bitwise*, você pode converter entre caixa alta e caixa baixa.

- Os dígitos 0 a 9 são iguais aos valores 0 a 9, quando você subtrai 48 (0x30) dos valores de código ASCII. Da mesma maneira, para converter valores de 0 a 9 em seus caracteres ASCII correspondentes, adicione 48 ou 0x30.

- Qualquer caractere ASCII pode ser representado em uma sequência de escape. Siga a barra invertida com o valor de código do caractere, como em \33 para o caractere de ponto de exclamação (!). O valor hexadecimal também pode ser utilizado, como em \x68 para o H minúsculo.

Apêndice B
Palavras-chave

Palavras-chave em Linguagem C, Padrão C11

_Alignas	break	float	signed
_Alignof	case	for	sizeof
_Atomic	char	goto	static
_Bool	const	if	struct
_Complex	continue	inline	switch
_Generic	default	int	typedef
_Imaginary	do	long	union
_Noreturn	double	register	unsigned
_Static_assert	else	restrict	void
_Thread_local	enum	return	volatile
auto	extern	short	while

Palavras-chave Obsoletas em Linguagem C, Não Mais Padrão

asm	entry	fortran

Palavras-chave em Linguagem C++

asm	false	private	throw
bool	friend	protected	true
catch	inline	public	try
class	mutable	reinterpret_cast	typeid
const_cast	namespace	static_cast	using
delete	new	template	virtual
dynamic_cast	operator	this	

- O padrão C11 é o padrão atual de linguagem C, pelo menos até a data de produção deste livro. O padrão foi estabelecido em 2011.
- Você não precisa memorizar as palavras-chave em C++, mas precisa estar ciente delas. Recomendo que você não utilize nenhuma delas como nome de função ou variável em seu código.
- A palavra reservada em C++ que os programadores C usam mais frequentemente é new. Só não use ela; use outra coisa, como new_item ou newSomething no lugar.
- A palavra-chave bool em C++ é exatamente a mesma coisa que a palavra-chave _Bool em C.

Apêndice C

Operadores

*V*eja também o Apêndice G para a ordem de precedência.

Operador	Tipo	Função
+	Matemático	Adição
-	Matemático	Subtração
*	Matemático	Multiplicação
/	Matemático	Divisão
%	Matemático	Módulo
++	Matemático	Incremento
--	Matemático	Decremento
+	Matemático	Mais unário
-	Matemático	Menos unário
=	Atribuição	Atribui um valor a uma variável
+=	Atribuição	Adição
-=	Atribuição	Subtração
*=	Atribuição	Multiplicação
/=	Atribuição	Divisão
%=	Atribuição	Módulo
!=	Comparação	Não é igual a
<	Comparação	Menor que
<=	Comparação	Menor ou igual a
==	Comparação	É igual a
>	Comparação	Maior que
>=	Comparação	Maior ou igual a
&&	Lógico	Ambas as comparações são verdadeiras
||	Lógico	Qualquer comparação é verdadeira

(continua)

!	Lógico	O item é falso
&	Bitwise	Mascara bits
|	Bitwise	Seta bits
^	Bitwise	Ou - exclusivo (XOR)
~	Unário	Complemento de
!	Unário	NOT
*	Unário	Ponteiro

Apêndice D
Tipos de Variáveis

Tipo	Gama de Valor	Conversor de Caractere
_Bool	0 a 1	%d
char	-128 a 127	%c
unsigned char	0 a 255	%u
short int	-32,768 a 32,767	%d
unsigned short int	0 a 65,535	%u
int	-2,147,483,648 a 2,147,483,647	%d
unsigned int	0 a 4,294,967,295	%u
long int	-2,147,483,648 a 2,147,483,647	%ld
unsigned long int	0 a 4,294,967,295	%lu
float	1.17×10^{-38} a 3.40×10^{38}	%f
double	2.22×10^{-308} a 1.79×10^{308}	%f

Apêndice E

Sequências de Escape

Caracteres	O que Representa ou Exibe
\a	Alarme ("beep!")
\b	Backspace, não destrutivo
\f	Feed de formulário ou limpa a tela
\n	Newline
\r	Retorno do carro
\t	Tab
\v	Tab vertical
\\	Caractere de barra invertida
\?	Ponto de interrogação
\'	Apóstrofo
\"	Aspas duplas
\xnn	Código de caractere hexadecimal nn
\onn	Código de caractere octal nn
\nn	Código de caractere octal nn

Apêndice F
Conversão de Caracteres

Conversão de Caractere	O que Exibe
%%	Caractere de porcentagem (%)
%c	Caractere único (char)
%d	Valor inteiro (short, int)
%e	Valor com ponto flutuante em notação científica, utilizando um E minúsculo (float, double)
%E	Valor com ponto flutuante em notação científica, utilizando um E maiúsculo (float, double)
%f	Valor com ponto flutuante em notação decimal (float, double)
%g	Substituição de %f ou %e, o que for mais curto (float, double)
%G	Substituição de %f ou %E, o que for mais curto (float, double)
%i	Valor inteiro (short, int)
%ld	Valor long inteiro (long int)
%o	Valor octal unsigned; não levando a zero
%p	Posição de memória em hexadecimal (*ponteiro)
%s	String (char*)
%u	Unsigned inteiro (unsigned short, unsigned int, unsigned long)
%x	Valor hexadecimal unsigned, caixa baixa (short, int, long)
%X	Valor hexadecimal unsigned, caixa alta (short, int, long)

Formatação de Conversão de Caracteres

As opções disponíveis para conversão de caracteres em C são extensas. As páginas man de `printf()` listam muitas delas, sendo que algumas exigem um pouco de experiência para serem feitas corretamente. De modo geral, aqui está o formato para a conversão de caractere típica:

```
%-pw.dn
```

Apenas o primeiro e o último caracteres são necessários: % é o sinal de porcentagem, que prefixa todas as conversões de caracteres, e n é o caractere de conversão.

- O sinal de menos funciona com a opção *w* para justificar a saída à direita.

p O caractere de preenchimento, que é ou zero ou um espaço, quando a opção *w* é utilizada. O caractere de preenchimento é normalmente um espaço; nesse caso, o p não precisa ser especificado. Entretanto, quando *p* é 0, o valor é preenchido à esquerda com zeros para combinar com a largura estabelecida pela opção *w*.

w É a opção de largura; estabelece o número mínimo de posições nas quais a informação é exibida. A saída é justificada à direita, a não ser que o prefixo – seja utilizado. Espaços preenchem à esquerda, a não ser que o valor de *p* especifique o caractere 0 (um zero).

.d O ponto, seguido por um valor, *d*, descreve quantos dígitos exibir, depois do decimal, em um valor com ponto flutuante. Se *d* não é especificado, apenas a parte do número inteiro do valor aparece.

n É um caractere de conversão, como mostrado na tabela desse apêndice, ou pode ser o sinal de porcentagem (%); neste caso, um % aparece na saída.

Apêndice G

Ordem de Precedência

Tabela G-1   Precedência Padrão de Operador

Operador(es)	Categoria	Descrição
!	Unária	Não lógico; associatividade se move da direita para a esquerda
++ --	Unária	Incremento, decremento, lido da direita para a esquerda
*/%	Matemática	Multiplicação, divisão, módulo
+-	Matemática	Adição, subtração
<<>>	Binária	Move para esquerda, move para direita
<><=>=	Comparação	Menor que, maior que, menor ou igual a, maior ou igual a
==!=	Comparação	É igual a, não é igual a
&	Binária	And
^	Binária	Or exclusivo (XOR)
|	Binária	Or
&&	Lógica	And
||	Lógica	Or
?:	Comparação	Outra forma de `if`; associatividade vai da direita para a esquerda
=	Atribuição	Operador de atribuição de variável, incluindo += e *= e todos os operadores de atribuição
,	(Nenhuma)	Separa itens em uma declaração `for`; a precedência vai da esquerda para a direita

- A ordem de precedência pode ser enganada pela utilização de parênteses. C sempre executa a parte de uma equação antes de qualquer outra coisa.

- Variáveis manipuladas por ++ e -- à direita ganham a ordem de precedência sobre as variáveis com esses operadores à esquerda. Então, `var++` tem maior precedência que `++var`.

- A associatividade para os operadores de atribuição se move da direita para a esquerda. Por exemplo, a operação do lado direito de += acontece primeiro.

Tabela G-2	Ponteiros e Precedência	
Expressão	*Endereço p*	*Valor *p*
p	Sim	Não
*p	Não	Sim
*p++	Incrementado após leitura do valor	Não muda
*(p++)	Incrementado após leitura do valor	Não muda
(*p)++	Não muda	Incrementado depois de ser lido
*++p	Incrementado antes da leitura do valor	Não muda
*(+pp)	Incrementado antes da leitura do valor	Não muda
++*p	Não muda	Incrementado antes de ser lido
++(*p)	Não muda	Incrementado antes de ser lido

Índice

• Símbolos •

-> (operador de ponteiro de estrutura), 293-194, 300

?: (operador ternário), 111-112

. (operador de membro), 202

[ ] (colchetes), quando passando arrays para funções, 178-179

* (asterisco), ponteiros, 262, 380

\0 (caractere NULL), 92, 94

& (e comercial), 93

& (operador bitwise AND), 237-238, 240

    & (operador de posição de memória)
       arrays, pegando endereço de, 268
       função `malloc()`, 289
       ponteiros, 380
       posição variável, verificando, 257, 258, 259
       mancadas de função `scanf()`, 375

^ (operador XOR), 238-240, 241

    ++ (operador de incremento)
       discussão geral, 146-147
       em um array, 269, 272
       prefixando, 148-149
       visão geral, 146

= (operador de atribuição), 101-102, 146, 370-371

| (operador bitwise OR), 235-237, 240

• A •

aba Build Log, IDE do Code::Blocks, 18

aba de Linker Settings, caixa de diálogo Project Build Options, 353

aba tabulação, no IDE do Code::Blocks, 17

    acesso aleatório a arquivos
       escrevendo estruturas em arquivos, 327-330
       lendo, 330-332
       registro específico, encontrando, 332-333
       salvando listas ligadas em arquivos, 333-334
       visão geral, 327
       voltando, 330-332

    acesso sequencial a arquivos
       acesso de arquivo em C, 317-318
       anexando texto a arquivos, 322
       arquivos de dados binários, trabalhando com, 324-327
       dados binários, escrevendo, 323-324
       escrevendo texto em arquivos, 318-319
       lendo texto de arquivos, 319-321
       visão geral, 317

    acesso a arquivos, aleatório
       escrevendo estruturas em arquivos, 327-330
       lendo, 330-332
       registro específico, encontrando, 332-333
       salvando listas ligadas em arquivo, 333-334
       visão geral, 327
       voltando, 330-332

acesso a arquivos, em C, 317-318

    acesso de arquivos, sequencial
       acesso de arquivos em C, 317-318
       anexando texto a arquivos, 322
       arquivos de dados binários, trabalhando com, 324-327
       dados binários, escrevendo, 323-324
       escrevendo texto em arquivos, 318-319
       lendo texto de arquivos, 319-321

    administração de arquivos
       copiando, 343-344
       deletando, 344
       diretórios, 335-341
       renomeando, 342-343
       visão geral, 335

administração, arquivo

copiando, 343-344
deletando, 344
diretórios, 335-341
renomeando, 342-343
visão geral, 335

alinhando saída, função `printf()`, 193-194

alocação de memória
armazenamento de string, criando, 289-290
função `malloc()`, 288-289
liberando memória, 290-293
visão geral, 287

alocação, memória
armazenamento de string, criando, 289-290
função `malloc()`, 288-289
liberando memória, 290-293
visão geral, 287

[alocando espaço para estruturas, 293-295]

armazenamento de string, criando, 289-290
criando, 295-300
editando, 300-305
função `malloc()`, 288-289
liberando memória, 290-293
salvando, 305, 333-334
visão geral de alocação de memória, 287
visão geral, 287

Ambiente de Desenvolvimento Integrado (IDE), Code::Blocks
área de trabalho, 12-13
argumentos de linha de comando, 212-213
chaves em, 373
código-fonte, 16-17, 38
configurações de detecção de erro do compilador, 53
contabilizando arquivo de programa, 29
depurando em, 355-362
estrutura de programa, 39
executando código em modo Texto, 211
executando projetos, 18-19
fechando projetos, 19
instalando, 10-12
módulos, criando, 346-347
montando projetos, 18-19
nomeação de arquivo de programa, 28

projeto, criando novo, 14-16
salvando projetos, 19
texto de Autocompletar, 40-41
vinculando a bibliotecas, 353-354
visão geral, 10
Visualizador de Páginas Man/Html, 20

amostra de código, 2, 3-4

anexando texto a arquivos, 322

aplicações de console, 14, 16

área de Logs, IDE do Code::Blocks, 12, 13

área de trabalho, IDE do Code::Blocks, 12-13

argumento `*argv[]`, função `main()`, 212, 214

argumento `argc`, função `main()`, 212, 214

argumento `mode`, função `fopen()`, 318

argumento `NULL`, função `time()`, 160

argumentos
`*argv[]`, função `main()`, 212, 214
`argc`, função `main()`, 212, 214
argumento `*argv[]`, função `main()`, 212, 214
função `fopen()`, 318
função `main()`, 132, 211-215
função, 33, 130, 136-138
linha de comando, 212-213
`mode`, função `fopen()`, 318
`NULL`, função `time()`, 160

aritmética, 63-64. *Veja também* matemática

armazenamento
função, 289-290
string, criando com `malloc()`
string, texto I/O, 88-90
variável, 252-253, 260

arquivo de código-fonte `main.c`, 16-17

arquivo de código-fonte `second.c`, 349

arquivo cabeçalho `dirent.h`, 336

arquivo cabeçalho `math.h`, 152, 155

arquivo cabeçalho personalizado, criando, 349-352

arquivo cabeçalho `stdio.h`, 49, 85, 90, 342

arquivo cabeçalho `stdlib.h`, 152

arquivo cabeçalho `sys/stat.h`, 337, 338, 340

arquivo cabeçalho `unistd.h`, 340

arquivos
anexando textos a, 322
código-fonte, vinculando dois, 345-348

Índice

copiando, 343-344
deletando, 344
diretórios, recolhendo informação de, 337-339
escrevendo estruturas em, 327-330
escrevendo texto em, 318-319
cabeçalho, criando personalizado, 349-352
lendo dados de, 330-332
lendo texto de, 319-321
registro específico em, encontrando, 332-333
renomeando, 342-343
salvando listas ligadas em, 333-334
separando de diretórios, 339-340
arquivos de biblioteca, 43
    arquivos cabeçalho
        criando personalizado, 349-352
        protótipos em, 34
        visão geral, 43, 50
    arrays
        armazenando strings em, 88-90
        char, 92, 167-170
        classificando, 170-172
        de estruturas, 204-205
        de strings, montando, 277-280, 281
        definido 164
        discussão geral, 164-166
        endereços de, pegando, 267-268
        evitando, 163-164
        inicializando, 167
        matemática de ponteiro em, 269-273
        multidimensional, 173-178
        notação, substituindo ponteiros por, 273-274
        notação, versus notação de ponteiro, 280
        operador sizeof, 254
        passando para funções, 138, 178-180
        posições de memória, 258-259
        retornando de funções, 180
        tamanho de, 172
        visão geral, 163
arrays bidimensionais, 173-175
    arrays char
        bidimensional, 174-175
        estruturas, 202
        ponteiro matemático em, 271-273
        vazio, 169-170
        visão geral, 167-168

arrays char vazios, 169-170
arrays int, ponteiros matemáticos em, 269-270
    arrays multidimensionais
        bidimensional, 173-175
        declarando inicializado, 177-178
        tridimensional, 176-177
        visão geral, 173
arrays tridimensionais, 176-177
arrays unidimensionais, 173
aspas duplas, 351
aspas, duplas, 351
Assistente de Console Application, 14-15
asterisco (*), ponteiros, 262, 380
avaliação, na declaração if, 99
aviso "lvalue required", 374
avisos, compilador, 53, 373-374

• B •

barra de ferramentas do Compilador, IDE do Code::Blocks, 356
código-fonte, 16-17, 24-26
compilando para código objeto, 26
compilando para código objeto, 26
definido, 21
executando e testando, 28
executando projetos, 18-19
fechando projetos, 19
ferramentas para, 9-10
história do, 21-23
IDE do Code::Blocks, 10-13
IDE, importância do, 10
montando projetos, 18-19
níveis de linguagem, 32
pasta para projetos, 15
processo de, 23-24
programação de computador
projeto, criando, 14-16
relevância de, 1
salvando projetos, 19
vinculando em biblioteca C, 27
visão geral, 1-5, 9
barra de ferramentas do Depurador, IDE do Code::Blocks, 358
    barra invertida
        em sequências de escape, 55-56, 79-80
        no Windows, 339-340
Barra invertida (Código 8), ASCII, 391

barras de ferramentas, IDE do Code::Blocks, 12, 3
biblioteca NCurses, 197
    bibliotecas
        linguagem C, 34
        vinculando, 352-354
    binário
        arquivos de dados, trabalhando com, 324-327
        dados, escrevendo, 323-324
        exibindo valores, 233-235
        função `binbin()`, 243, 245
        números hexadecimais, 245-247
        números negativos, 244
        operador !, 240
        operador ~, 240
        operador bitwise AND, 237-238
        operador bitwise OR, 235-237
        operadores, 240-241, 403
        trocando valores, 241-243
        visão geral, 231-233
        XOR, 238-240
bit sign, 244
bits, 231-233, 244. *Veja também* binário
bitwise (&), 237-238, 240
botão Debug/Continue, IDE do Code::Blocks, 360
botão Debugging Windows, IDE do Code::Blocks, 360
botão Run to Cursor, IDE do Code::Blocks, 358
botão Stop, IDE do Code::Blocks, 358
breakpoints, depurando, 359-360
bubble sort, 170-172
buffer de input, alocando, 289-290
buffer, input, 289-290
bytes, agrupamentos binários, 232

• C •

caixa de diálogo Add Library, 353-354
caixa de diálogo New from template, 14, 15
caixa de diálogo Project Build Options, 353
caixa de diálogo Save File, 346-347
caixa de diálogo Select Target, 212-213
calendário Gregoriano, 308
calendário Juliano, 308
calendário, 308
campo de bit, 339
caractere de conversão -, 402
caractere de conversão .d, 402
caractere de conversão %15s, função `scanf()`, 170
caractere de conversão %15s, função `scanf()`, 170
caractere de conversão n, 402
caractere de conversão p, 402
caractere de conversão w, 402
    caractere de I/O
        dispositivos de entrada e saída, 83-84
        função `getchar()`, 84-86
        função `putchar()`, 86-87
        tipo de variável `char`, 87-88
        visão geral, 83
caractere NULL (\0), 92, 94
caracteres // (barra dupla), em comentários, 37-38
caracteres de barra dupla (//), em comentários, 37-38
    caracteres de conversão
        -, 402
        .d, 402
        %15s, função `scanf()`, 170
        função `printf()`, 60, 62, 190-192
        função `scanf()`, 90
        n, 402
        p, 402
        visão geral, 401-402
        w, 402
caracteres em caixa alta, ASCII, 391
caracteres em caixa baixa, ASCII, 391
caracteres únicos, 75
chamando diretórios, 335-337
    chaves
        em declaração `if`, 98, 99
        faltando, 373
        loops `for`, 115
        no IDE do Code::Blocks, 373
        sintaxe em nível de parágrafo, 36
    chaves
        faltando, 373
        loops `for`, 115
        na declaração `if`, 98, 99
        no IDE do Code::Blocks, 373
        sintaxe em nível de parágrafo, 36
    classificando
        arrays, 170-172
        strings, 280-282
Código 127 (Delete), ASCII, 391
Código 8 (Backspace), ASCII, 391
código espaguete, 127
    código-fonte
        discussão geral, 16-17
        escrevendo, 24-26

esqueleto do IDE do Code::Blocks para, 38
vinculando dois arquivos, 345-348
código objeto, compilando para, 26
código. *Veja também* programação C;
editando módulos, 379
amostra, 2, 3-4
dividindo, 352
executando em modo texto, 210-211
lendo em voz alta, 382-383
colchetes ([ ]), quando passando arrays para funções, 178-179
colorindo, texto, no IDE do Code::Blocks, 17
Comando Activate Project, IDE do Code::Blocks, 18
comando Build and Run, IDE do Code::Blocks, 19
comando Build, IDE do Code::Blocks, 26, 27
comando cd, prompt de comando, 211
comando Compile Current File, IDE do Code::Blocks, 26
comando Release, IDE do Code::Blocks, 357
comentário multilinear, 37
comentários
em linguagem C, 36-38
depurando com, 363
desabilitando declarações com, 50-51
dicas para, 352, 383
comparação
comparação if-else, 103-104
declaração if else, 104-105
erros comuns relacionados a, 369-370
operador ternário, 111-112
operadores de comparação lógica, 105-107
operadores de comparação, 99-101
palavra-chave if, 97-99
posicionamento de ponto e vírgula, 102-103
sinal de igual único versus duplo, 101-102
comparação if
comparação if-else, 103-104, 381-382
declaração else if, 104-105
erros relacionados a, 369-370, 371
formato básico para, 99
funções CTYPE, 185
funções de comparação de string, 188

operadores de comparação lógica, 105-107
operadores de comparação, 99-101
posicionamento de ponto e vírgula, 102-103
sinal de igual único versus duplo, 101-102
visão geral, 97-98
comparação if-else, 103-104, 110, 381-382
compartilhando variáveis entre módulos, 348-349
compilador
compilando com, 26
definido, 22
pontos e vírgulas, 36
protótipos, erros relacionados à falta de, 132-133, 134
verificando erros por, 51-53, 373-374
compilador MinGW, 11, 365
componentes específicos da linguagem por nome
bibliotecas, 34
código-fonte, 16-17, 24-26
comentários, 36-38
compilando para código objeto, 26
declaração return, 40-41
declarações e estrutura, 35-36
estrutura do programa, 38-39
executando, 18-19, 28
fechando projetos, 19
ferramentas para, 9-10
função main(), 39-40
funções, 33-34, 41-43
história da programação, 21-23
IDE do Code::Blocks, 10-13
IDE, importância do, 10
montando projetos, 18-19
operadores, 34-35
palavras-chave, 32-33
pasta para projetos, 15
processo de, 23-24
programação C. *Veja também* linguagem C
projeto, criando, 14-16
referências de bibliotecas C, 34
relevância de, 1
salvando projetos, 19
testando, 28
variáveis e valores, 35
vinculando em biblioteca C, 27
visão geral, 1-5, 9
visão geral, 31

computadores Apple, prompt de comando em, 209-210
concatenando strings, 189
    condição de saída
        função `exit()`, 215-216
        loops `for`, 115, 116
        loops `while`, 121
        loops, 114
        palavra-chave `extern`, 348
condição, loops `while`, 120
constante `FILENAME_MAX`, 341
constante `PATH_MAX`, 341
    constantes
        diretórios, explorando, 340-341
        discussão geral, 67-69
        em arquivos cabeçalho, 350
    contando
        com loops `for`, 116-118
        com operador de decrementação, 147-148
conteúdo, variável, 253, 257
copiando arquivos, 343-344
core dump, 327

• D •

    declaração `break`
        estrutura `switch-case`, 109, 110, 372-373
        loops, 125-126
declaração `case`, 108-109, 110
declaração `else if`, 104-105, 382
declaração `goto`, 127
declaração `repeat_each`, loops `for`, 115
    declaração `return`
        função `convert()`, 139
        funções, 130, 141-142
        linguagem C, 40-41
        prompt de comando, 215
        retornando ponteiros de funções, 285
        saindo de funções com, 141
declarações condicionais, erros relacionados a, 369-371. *Veja também* comparação
    declarações. *Veja também* declaração `return`
        `break`, 109, 110, 125-126, 372-373
        `case`, 108-109, 110
        condicional, erros relacionados A, 369-371
        desabilitando com comentários, 50-51
        dividindo longas, 79-80
        `else if`, 104-105, 382
        em estrutura `switch_case`, 110
        em loops `for`, 115
        em loops, 113
        `goto`, 127
        linguagem C, 35-36
        loops `while`, 120
        `repeat_each`, loops `for`, 115
    declarando
        arrays multidimensionais inicializados, 177-178
        estruturas, 203-204
        ponteiros, 260-261
        strings, 276
        variáveis, 74, 76, 80
delay criando, 314
deletando arquivos, 344
Delete (Código 127), ASCII, 391
depurador GNU, 355-362
    depurando
        breakpoints, estabelecendo, 359-360
        com comentários, 363
        com `printf()`, 362
        com `puts()`, 362
        mensagens de erro, melhorando, 363-365
        no IDE do Code::Blocks, 355-362
        variáveis, assistindo a, 360-362
        visão geral, 24, 355
desabilitando declarações com comentários, 50-51
deslocamento de 8-byte, 256
deslocamentos 8-byte, 256
detecção de erro, compilador, 51-53, 132-133, 134
Dia Juliano Modificado (MJD), 308
diretiva `#define`, 67, 68
diretiva `#include`, 42, 49
diretivas de preprocessamento, 26
diretivas `include`, 50, 350
    diretórios
        chamando, 335-337
        definindo, 335
        explorando, 340-341
        recolhendo mais informação, 337-339
        separando arquivos de, 339-340
        visão geral, 335
dispositivo de entrada padrão (`stdin`), 83-84

dispositivo de saída padrão (stdout), 83-84
dump, 327
dumper de arquivos, 326-327
duplicando arquivos, 343

• E •

e comercial (&), 93
    editando
        código, 379
        listas ligadas, 300-305
Editor, IDE do Code::Blocks, 12, 13
elemento st_mode, função stat(), 339
    endereço
        array, 267-268
        variável, 257-258
Era Unix, 308, 311
    erros
        avisos, atenção, 373-374
        break na estrutura switch-case, faltando, 372-373
        chaves, faltando, 373
        comparação, 369-370
        em loops, comum, 126-127
        faltando parênteses, 373
        fazendo de propósito, 51-53, 57-58
        loop infinito, 374-375
        ponto e vírgula de loop, 371
        restrições de entrada em tempo real, 376
        scanf(), 375
        sinal de igual, 370-371
        vírgulas em loops for, 372
        visão geral, 369
    erros, encontrando (depurando)
        breakpoints, estabelecendo, 359-360
        com comentários, 363
        com printf(), 362
        com puts(), 362
        mensagens de erro, melhorando, 363-365
        no IDE do Code::Blocks, 355-362
        variáveis, assistindo a, 360-362
    erros. *Veja também* detecção de erros, compilador
        avisos, prestando atenção, 373-374
        break em estrutura switch-case, faltando, 372-373
        chaves, faltando, 373
        comparação, 369-370
        em loops, comum, 126-127
        fazendo de propósito, 51-53, 57-58
        loop infinito, 374-375
        parênteses, faltando, 373
        pontos e vírgulas de loop, 371
        restrições de entrada em tempo real, 376
        scanf(), 375
        sinal de igual, 370-371
        vírgulas em loops for, 372
        visão geral, 369
    escrevendo
        estruturas em arquivos, 327-330
        funções, 379
        texto em arquivos, 318-319
espaço em branco, 36, 380-381
    espiões (ponteiros)
        armazenamento de variável, 252-253, 260
        arrays, matemática em, 269-273
        arrays, pegando endereço de, 267-268
        definido, 260
        discussão geral, 260-263
        em funções, 282-285
        expressões, 273
        listas ligadas, 295, 297
        notação array, substituindo por, 273-274
        notação, 280
        operador sizeof, 253-256
        ordem de precedência, 404
        posição de variável, 257-259
        problemas com, 251-252
        recomendações, 380
        strings, classificando, 280-282
        strings, declarando, 276
        strings, exibindo, 275
        strings, montando array de, 277-280
        strings, visão geral de, 274
        trabalhando com, 263-265
        visão geral, 251, 267
estrutura de programa, linguagem C, 38-39
estrutura struct tm, 309, 312-313
    estrutura switch-case
        break faltando em, 372-373
        discussão geral, 107-111
        versus comparação if-else, 381-382
estrutura tm, 309, 312-313
estrutura, linguagem C, 35-36
estruturas aninhadas, 206-207

estruturas, *Veja também* listas ligadas
  alocando espaço para, 293-295
  aninhadas, 206-207
  arrays de, 204-205
  escrevendo em arquivos, 327-330
  operador `sizeof`, 255-256
  palavra-chave `typedef`, 221-223
  passando para funções, 207
  preenchendo, 203-204
  variáveis globais, 227-229
  visão geral, 199-202
executando
  programa criado, 28
  projetos, 18-19, 24
exibindo strings, 375
  exibindo texto na tela
    adicionando mais, 49-50
    desabilitando declarações com comentários, 50-51
    erros do vinculador, 57-58
    erros, fazendo de propósito, 51-53
    função `printf()`, 53-57
    função `puts()`, 48-49
    mensagem cômica, 47-48
    visão geral, 47
expressão `(*p)++`, 273
expressão `*(++p)`, 273
expressão `*(p++)`, 273
expressão `*(p++)`, 273
expressão `*++p`, 273
expressão `*p++`, 273
expressão `*p++`, 273
expressão `++(*p)`, 273
expressão `++*p`, 273

• *F* •

fazendo o download do IDE do Code::Blocks, 11
fazendo typecast, 160, 219-221, 374
fechando projetos, 19
finalizando programas com a função `exit()`, 215-216
floats (números com ponto flutuante)
  definido, 60
  fazendo typecast, 219-221
  formatação da função `printf()`, 190-192
  precisão, 61
  versus inteiros, 65-66
  zeros depois de números, 62-63
fluxo de entrada

demonstração de, 195
lidando com, 195-197
restrições em tempo real, 376
visão geral, 86, 194
forçando ordem com parênteses, 161-162, 403
  formatando string, função `printf()`
    alinhando saída, 193-194
    largura da saída, 192-193
    ponto flutuante, 190-192
    variáveis, 75
    visão geral, 61-62, 190
formato de número de base 8 (octal), 247
formato de número octal (base 8), 247
função `abs()`, 152
função `arrayinc()`, 180
função `binbin()`, 233-235, 243, 245
função `ceil()`, 152, 153
função `chdir()`, 340, 341
função `closedir()`, 336
função `convert()`, 138-140
função `cos()`, 155
função `create()`, 283
função `ctime()`, 309, 312, 338-339
função de entrada de caractere único, 197
função de saída, binário, 233-235
função `delete()`, 305
função `difftime()`, 309, 314
função `discount()`, 283
função `fclose()`, 318, 319
função `fetch()`, 197
função `fgetc()`, 319-320, 326, 343
função `fgets()`
  argumentos, 136
  arrays `char` vazios, 169-170
  discussão geral, 93-95
  lendo strings do texto com, 321, 375
função `floor()`, 152
função `fopen()`, 318, 319, 322, 324
função `fprintf()`, 319, 321, 323
função `fputc()`, 343
função `fputs()`, 320-321
função `fread()`, 324-326, 327, 329
função `free()`, 292-293
função `fseek()`, 332-333
função `ftell()`, 330-332
função `fwrite()`, 323-324, 327, 329, 333
função `getc()`, 85
função `getchar()`, 84-86, 87, 89, 196
função `getcwd()`, 340, 341
função `gets()`, 95
função `graph()`, 137

função `initialize()`, 228-229
função `isalnum(ch)`, 182
função `isalpha(ch)`, 182
função `isascii(ch)`, 182
função `isblank(ch)`, 182
função `iscntrl(ch)`, 182
função `isdigit(ch)`, 182
função `isgraph(ch)`, 182
função `ishexnumber(ch)`, 182
função `islower(ch)`, 182
função `isnumber(ch)`, 182
função `isprint(ch)`, 182
função `ispunct(ch)`, 182
função `isspace(ch)`, 182
função `isupper(ch)`, 182
função `isxdigit(ch)`, 182
função `limit()`, 141-142
função `load()`, 333
função `localtime()`, 309, 312-314
função `main()`
    argumentos, 211-215
    declaração completa de, 281
    linguagem C, 39-40
    visão geral, 132
função `make_structure()`, 300
    função `malloc()`
        alocando espaço para estruturas, 293-295
        armazenamento de string, criando, 289-290
        liberando memória, 290-293
        visão geral, 288-289
função `mkdir()`, 340, 341
função `opendir()`, 335-336
função `pow()`, 152
    função `printf()`
        bibliotecas, 353
        depurando com, 362
        discussão geral, 54
        dividindo declarações longas, 79-80
        floats versus inteiros, 65-66
        formatando, 190-194
        função `getchar()`, 84-85
        função `stat()`, 338, 339
        funções retornando valores, 139
        marcador de posicionamento %f, 62-63
        nova linha, 55
        sequências de escape, 55-57
        texto, exibindo com, 53-54
        valores, exibindo com, 60-62
        variáveis, trabalhando com, 74-75
        visão geral, 42-43

função `printf()`, 53-57
função `printf()`, 62, 85
função `printf()`, 62, 85
função `putchar()`, 86-87, 280
    função `puts()`
        adicionando mais texto, 49-50
        argumentos, 136
        arrays bidimensionais, 175
        depurando com, 362
        desabilitando declarações com argumentos, 50-51
        visão geral, 48-49
função `puts()`, 48-49
função `rand()`, 156-160
função `readdir()`, 336, 337
função `realloc()`, 291-292, 293
função `rename()`, 342-343, 365
função `rewind()`, 330-332
função `rmdir()`, 340
função `save()`, 333
    função `scanf()`
        arrays `char` vazios, 170
        erros, comuns, 375
        função `malloc()`, 289
        lendo string com, 91-92
        lendo valores com, 92-93
        listas ligadas, 300
        ponteiros, 259
        visão geral, 90-91
função `scanf()`, 92
função `scanf()`, 92
função `second()`, 346, 348, 349
função `show()`, 283
função `showarray()`, 179-180
função `sin()`, 155, 156
função `sleep()`, 309
função `sqrt()`, 152
função `srand()`, 158-160
função `srandom()`, 311
função `stat()`, 337-338, 339
função `strcasecmp()`, 186, 188
função `strcat()`, 187, 189
função `strchr()`, 187
função `strcmp()`, 186, 188, 282
função `strcpy()`, 187
função `strlen()`, 187, 254
função `strncasecmp()`, 187
função `strncat()`, 187
função `strncmp()`, 186
função `strncpy()`, 187
função `strnstr()`, 187
função `strrchr()`, 187
função `strrev()`, 284-285

função `strstr()`, 187
função `system()`, 216-217
função `tan()`, 155
    função `time()`
        função `srand()`, utilizando com, 159-160
        números aleatórios, 311
        verificando o relógio, 310-311
        visão geral, 309
função `toascii(ch)`, 183
função `tolower(ch)`, 183
função `toupper(ch)`, 183, 186
função `unlink()`, 344
função `verify()`, 142
    funções
        Veja também função `fgets()`
        Veja também função `main()`
        Veja também função `malloc()`
        Veja também função `printf()`
        Veja também função `puts()`
        Veja também função `scanf()`
        Veja também funções de armazenamento permanente
        `abs()`, 152
        adicionando, 41-43
        `arrayinc()`, 180
        `binbin()`, 233-235, 243, 245
        `ceil()`, 152, 153
        `chdir()`, 340, 341
        `closedir()`, 336
        construindo, 130-132
        `convert()`, 138-140
        `cos()`, 155
        `create()`, 283
        `ctime()`, 309, 312, 338-339
        CTYPE, 182-186
        `delete()`, 305
        `difftime()`, 309, 314
        `discount()`, 283
        enviando múltiplas variáveis para, 138
        erros de vinculação relacionados a, 57-58
        escrevendo, 379
        `exit()`, 215-216
        `fclose()`, 318, 319
        `fgetc()`, 319-320, 326, 343
        `floor()`, 152
        `fopen()`, 318, 319, 322, 324
        `fprintf()`, 319, 321, 323
        `fputc()`, 343
        `fputs()`, 320-321
        `fread()`, 324-326, 327, 329

`free()`, 292-293
`fseek()`, 332-333
`ftell()`, 330-332
`fwrite()`, 323-324, 327, 329, 333
`getc()`, 85
`getch()`, 197
`getchar()`, 84-86, 87, 89, 196
`getcwd()`, 340, 341
`gets()`, 95
`graph()`, 137
`initialize()`, 228-229
interativas, 197
`isalnum(ch)`, 182
`isalpha(ch)`, 182
`isascii(ch)`, 182
`isblank(ch)`, 182
`iscntrl(ch)`, 182
`isdigit(ch)`, 182
`isgraph(ch)`, 182
`ishexnumber(ch)`, 182
`islower(ch)`, 182
`isnumber(ch)`, 182
`isprint(ch)`, 182
`ispunct(ch)`, 182
`isspace(ch)`, 182
`isupper(ch)`, 182
`isxdigit(ch)`, 182
`limit()`, 141-142
`load()`, 333
`localtime()`, 309, 312-314
`make_structure()`, 300
manipulação de caracteres, 181-186
matemática, 145, 151-153
`mkdir()`, 340, 341
`opendir()`, 335-336
palavra-chave `return`, 141-142
passando argumentos para, 136-138
passando arrays para, 178-180
passando estruturas para, 207
ponteiros em, 282-285
`pow()`, 152
prototipando, 132-134
`putchar()`, 86-87, 280
`rand()`, 156-160
`readdir()`, 336, 337
`realloc()`, 291-292, 293
`rename()`, 342-343, 365
retornando arrays de, 180
retornando valores, criando, 138-140
`rewind()`, 330-332
`rmdir()`, 340
`save()`, 333

```
second(), 346, 348, 349
show(), 283
showarray(), 179-180
sin(), 155, 156
sleep(), 309
sqrt(), 152
srand(), 158-160
srandom(), 311
stat(), 337-338, 339
strcasecmp(), 186, 188
strcat(), 187, 189
strchr(), 187
strcmp(), 186, 188, 282
strcpy(), 187
string, 186-189
strlen(), 187, 254
strncasecmp(), 187
strncat(), 187
strncmp(), 186
strncpy(), 187
strnstr(), 187
strrchr(), 187
strrev(), 284-285
strstr(), 187
system(), 216-217
tan(), 155
time(), 159-160, 309-311
tipo void, 130
toascii(ch), 183
tolower(ch), 183
toupper(ch), 183, 186
unlink(), 344
```
variáveis em, 135-136
verify(), 142
visão geral, 33-34, 129
funções CTYPE
  mudando caracteres, 185-186
  testando caracteres, 183-185
  visão geral, 182-183
funções de armazenamento permanente
  acesso a arquivo em C, 317-318
  anexando texto a arquivos, 322
  arquivos de dados binários, trabalhando com, 324-327
  dados binários, escrevendo, 323-324
  escrevendo estruturas em arquivos, 327-330
  escrevendo texto em arquivos, 318-319
  lendo e voltando, 330-332
  lendo texto de arquivos, 319-321

registro específico, encontrando, 332-333
salvando listas ligadas em arquivos, 333-334
visão geral de acesso aleatório a arquivos, 327
visão geral de acesso sequencial a arquivos, 317
visão geral, 317
funções de armazenamento, permanente
  acesso a arquivo em C, 317-318
  anexando texto a arquivos, 322
  arquivos de dados binários, trabalhando com, 324-327
  dados binários, escrevendo, 323-324
  escrevendo estruturas em arquivos, 327-330
  escrevendo texto em arquivos, 318-319
  lendo e voltando, 330-332
  lendo texto de arquivos, 319-321
  registro específico, encontrando, 332-333
  salvando listas ligadas em arquivo, 333-334
  visão geral de acesso de arquivo aleatório, 327
  visão geral de acesso de arquivo sequencial, 317
  visão geral, 317
funções de conversão, CTYPE, 183, 185-186
funções de disco (funções de armazenamento permanente)
  acesso a arquivos em C, 317-318
  anexando texto a arquivos, 322
  arquivos de dados binários, trabalhando com, 324-327
  dados binários, escrevendo, 323-324
  escrevendo estruturas em arquivos, 327-330
  escrevendo texto em arquivos, 318-319
  lendo e voltando, 330-332
  lendo textos de arquivo, 319-321
  registro específico, encontrando, 332-333
  salvando listas ligadas em arquivo, 333-334
  visão geral de acesso de acesso

aleatório a arquivos, 327
visão geral de acesso de acesso
aleatório a arquivos sequencial, 317
visão geral, 317
funções de manipulação de caracteres
mudando caracteres, 185-186
testando caracteres, 183-185
visão geral, 181-183
funções do tipo void, 130
funções interativas, 197

• G •

gang initialization, 184
gerando informação, com funções, 34
graus, 154-155, 156

• H •

Hopper, Grace, 22

• I •

I/O (entrada e e saída)
acesso de arquivo em C, 317-318
armazenando strings, 88-90
caractere, 83-88
dispositivos para, 83-84
fluxo de entrada, 194-197
função fgets(), 93-95
função getchar(), 84-86
função putchar(), 86-87
função scanf(), 90-93
tipo de variável char, 87-88
visão geral, 83
ícone Cuidado, 4
ícone DICA, 4
ícone Lembre-se, 4
ícone Papo de Especialista, 4
ícones, descrito, 4
IDE (Ambiente de Desenvolvimento Integrado), Code::Blocks
área de trabalho, 12-13
argumentos de linha de comando, 212-213
chaves em, 373
código-fonte, 16-17, 38
configurações de detecção de erro do compilador, 53
contabilizando arquivo de projeto, 29
depurando em, 355-362

estrutura de programa, 39
executando código em modo Texto, 211
executando projetos, 18-19
fechando projetos, 19
instalando, 10-12
módulos, criando, 346-347
montando projetos, 18-19
nomeação de arquivos de programa, 28
projeto, criando, 14-16
salvando projetos, 19
texto de Autocompletar, 40-41
vinculando a bibliotecas, 353-354
visão geral, 10
Visualizador de Man/Html Pages, 20
IDE do Code::Blocks
área de trabalho, 12-13
argumentos de linha de comando, 212-213
chaves em, 373
código-fonte, 16-17, 38
configurações de detecção de erros do compilador, 53
contabilizando arquivos de projeto, 29
depurando em, 355-362
estrutura de programa, 39
executando código em modo Texto, 211
executando projetos, 18-19
fechando projetos, 19
instalando, 10-12
módulos, criando, 346-347
montando projetos, 18-19
nomeando arquivos de programa, 28
projeto, criando, 14-16
salvando projetos, 19
texto de Autocompletar, 40-41
vinculando a bibliotecas, 353-354
visão geral, 10
Visualizador de Páginas Man/Html, 20
inicialização
arrays multidimensionais, 177-178
arrays, 167
estruturas, 203-204
gang, 184
loop do-while, 122
loops for, 115-116
loops while, 121
loops, 113
ponteiro, 261-262

Índice **417**

entrada e saída (I/O)
    acesso a arquivo em C, 317-318
    armazenando strings, 88-90
    caractere, 83-88
    dispositivos para, 83-84
    fluxo de entrada, 194-197
    função fgets(), 93-95
    função getchar(), 84-86
    função putchar(), 86-87
    função scanf(), 90-93
    tipo de variável char, 87-88
    visão geral, 83
instalando o IDE do Code::Blocks, 10-12
    inteiros
        função scanf(), 92-93
        versus floats, 65-66
        visão geral, 60
interfaces com abas, IDE do Code::Blocks, 13
item default, estrutura switch-case, 109, 110

• **J** •

    janela de terminal
        executando código em modo Texto, 210-211
        iniciando, 209-210
        vinculando dois arquivos de código-fonte, 348
        visão geral, 209
janela Watches, IDE do Code::Blocks, 361
justificação à direita, 193
justificação à esquerda, 193-194

• **L** •

largura, saída da função printf(), 190-193
lendo
    código em voz alta, 382-383
    dados binários de arquivos, 324-325
    dados de arquivos, 330-332
    texto de arquivos, 319-321
letras, contando com loops for, 118
liberando memória, 290-293
linguagem C. *Veja também* programação C;
linguagem de programação B, 23
linguagem de programação C++, 22-23, 25, 393, 394
linguagem de programação D, 23

linguagem FORTRAN, 22
    linguagem, C. *Veja também* programação C; *componentes específicos da linguagem por nome*
    bibliotecas, 34
    comentários, 36-38
    declaração return, 40-41
    declarações e estrutura, 35-36
    estrutura de programa, 38-39
    função main(), 39-40
    funções, 33-34, 41-43
    operadores, 34-35
    palavras-chave, 32-33
    variáveis e valores, 35
    visão geral, 31
linguagens de alto nível, 32
linguagens de baixo nível, 32, 252
linguagens de nível médio, 32
Linux, prompt de comando em, 209, 210
listas ligadas
    listas, ligadas
        alocando espaço para estruturas, 293-295
        armazenamento de string, criando, 289-290
        criando, 295-300
        editando, 300-305
        função malloc(), 288-289
        liberando memória, 290-293
        salvando, 305, 333-334
        visão geral de alocação de memória, 287
        visão geral, 287
lógica bitwise, 391
lógico (&&), 107, 235
long, agrupamentos binários, 232
loop aninhado triplo, 120
loop do-while, 122-123
    loops for
        aninhados, 119-120
        argumentos da função main(), 215
        bubble sort, 172
        contando com, 117-118
        discussão geral, 115-117
        erros em, 126-127
        erros relacionados a, 369-37, 371-372
        fazendo algo várias vezes com, 114-115
        infinitos, 124
        letras, contando com, 118

operador de decremento em, 147-148
operador de incremento em, 146-147
pausando a execução do programa com, 311
pontos e vírgulas em, 371
vírgulas em, 372
visão geral, 114
loops for aninhados, 119-120
loops infinitos, 114, 123-125, 374-375
loops infinitos, 114, 123-125, 374-375
    loops while
      erros em, 126
      erros relacionados a, 369-37, 371
      estruturando, 120-121
      exibindo strings utilizando ponteiros, 275
      função `fgetc()`, 320
      funções CTYPE, 184-185
      infinitos, 124-125
      lendo diretórios, 337
      listas ligadas, 300
      loop `do-while`, 122-123
      retornando ponteiros de funções, 285
      variável `count`, 331
      visão geral, 120
    loops. *Veja também* loops `for`; loops `while`
      condição de saída, 114
      declaração `break`, 125-126
      declarações em, 113
      definido, 113-114
      erros em, 126-127
      infinito, 114, 123-125, 374-375
      inicialização, 113
      pontos e vírgulas em, 371
      visão geral, 113

• M •

Macintosh, prompt de comando em, 209-210
macro `S_ISDIR`, 339
macro, 85, 350
    manipulação de dados, binário
      função `binbin()`, 243, 245
      operador bitwise AND, 237-238
      operador bitwise OR, 235-237
      operadores binários, 240-241
      trocando valores, 241-243
      visão geral, 235

      XOR, 238-240
marcação, compilador, 374
marcador de posição `.1f`, função `printf()`, 139
marcador de posição `%c`, função `printf()`, 75, 84
marcador de posição `%c`, função `printf()`, 75, 84
marcador de posição `%d`
marcador de posição `%d`
marcador de posição `%f`, função `printf()`, 62-63, 66, 190-191
marcador de posição `%f`, função `printf()`, 62-63, 66, 190-191
marcador de posição `%p`, com operador `&`, 257, 258
marcador de posição `%p`, com operador `&`, 257, 258
marcador de posição `%s`, função `scanf()`, 91-92
marcador de posição `%s`, função `scanf()`, 91-92
marcando valores de bit, 237-238
    matemática
      aritmética, 63-64
      decrementando, 146-148
      diretiva `#define`, 68
      floats, 65-66
      função `rand()`, 156-160
      funções, 145, 151-153
      incrementando, 146-148
      inteiros, 65-66
      operadores de atribuição, 150-151
      operadores de módulo, 149-150
      operadores de prefixação ++ e --, 148-149
      operadores, 63, 145-146, 395, 403
      ordem de precedência, 160-162
      ponteiro, em arrays, 269-273
      trigonometria, 154-156
      visão geral, 63, 145
mensagem cômica, exibindo na tela, 47-48
mensagens de erro, melhorando, 363-365
menu View, 12
modo Texto, executando código em, 210-211
módulo `main.c`, 348
    módulos
      arquivo cabeçalho personalizado, criando, 349-352
      compartilhando variáveis entre, 348-349
      criando, 346-347
      definido, 346

recomendações para, 352, 379
vinculando dois arquivos de código-fonte, 345-348
visão geral, 345
montando projetos, 18-19, 24
multivariável (estruturas). *Veja também* listas ligadas
alocando espaço para, 293-295
aninhadas, 206-207
arrays de, 204-205
escrevendo em arquivos, 327-330
operador `sizeof`, 255-256
palavra-chave `typedef`, 221-223
passando para funções, 207
preenchendo, 203-204
variáveis globais, 227-229
visão geral, 199-202

• N •

nova linha, 55, 376
níveis de linguagem, programação, 32
nomes
criativos, 378
função, 130
variável, 74, 76, 253
nomes criativos, 378
notação
array, 273-274, 280
ponteiro, 280
notação `*(*(ptr+1))`, 280
notação `*(*(ptr+a)+b)`, 280
notação `*(ptr+0)`, 280
notação `*(ptr+0)`, 280
notação `**` (notação de ponteiro duplo), 278-279
notação `**(ptr+1)`, 280
notação `**(ptr+a)+b`, 280
notação `**ptr`, 280
notação `*array[]`, 280
notação `*ptr`, 280
notação `*ptr`, 280
notação `array[a][0]+b`, 280
notação `array[a][b]`, 280
notação `array[0]`, 280
notação `array[0][0]`, 280
notação `array[1][0]`, 280
notação `array*`, 280
notação de ponteiro duplo (notação `**`), 278-279
números aleatórios, 156-160, 311
números binários negativos, 244

números de base 16 (hexadecimal), 245-247, 387-390
números de linha, no IDE do Code::Blocks, 17
números hexadecimais (base 16), 245-247, 387-390
números negativos, em variáveis inteiro, 77-78
números pseudoaleatórios, 157
números. *Veja também* floats; matemática; valores hexadecimais, 245-247
aleatórios, 156-160, 311
binário negativo, 244
linha, no IDE do Code::Blocks, 17
negativo, em variáveis inteiro, 77-78
octal, 247
pseudoaleatórios, 157

• O •

operação `(*pa)++`, 273
operação `*pa++`, 272
operação `*pa++`, 272
operador – (subtração), 63, 146
operador – (decremento)
discussão geral, 147-148
prefixando, 148-149
visão geral, 146
operador – (menos unário), 146
operador ! (NOT), 107, 240, 241
operador * (multiplicação), 63, 146
operador / (divisão), 63, 146
operador % (módulo), 146, 149-150
operador + (adição), 63, 146
operador + (mais unário), 146
operador << (bit shift para a esquerda), 241-242, 243
operador >> (bit shift para a direita), 241, 243
operador ~ (complemento de), 240, 241
operador AND
operador bit shift esquerdo (<<), 241-242, 243
operador bitwise AND (&), 237-238, 240
operador bitwise OR (|), 235-237, 240
operador de adição (+), 63, 209146
operador de atribuição -= (subtração), 150
operador de atribuição (=), 101-102, 146, 370-371
operador de atribuição *= (multiplicação), 150

operador de atribuição /= (divisão), 150
operador de atribuição %= (módulo), 150, 158
operador de atribuição += (adição), 150
operador de atribuição de adição (+=), 150
operador de atribuição de divisão (/=), 150
operador de atribuição de multiplicação (*=), 150
operador de atribuição de subtração (-=), 150
operador de atribuição módulo (%=), 150, 158
operador de bit shitf direito (>>), 241, 243
operador de comparação != (não é igual a), 100
operador de comparação < (menor que), 100
operador de comparação <= (menor ou igual a), 100
operador de comparação == (igual a), 100, 370-371
operador de comparação > (maior que), 100
operador de comparação >= (maior ou igual a), 100
operador de comparação igual a (==), 100, 370-371
operador de comparação maior ou igual a (>=), 100
operador de comparação maior que (>), 100
operador de comparação menor ou igual a (<=), 100
operador de comparação menor que (<), 100
operador de comparação não é igual a (!=), 100
operador de complemento de (~), 240, 241
operador de complemento de (~), 240, 241
    operador de decremento (-)
        discussão geral, 147-148
        prefixando, 148-149
        visão geral, 146
operador de divisão (/), 63, 146
operador de endereço de memória, 93
    operador de incremento (++)
        discussão geral, 146-147
        em array, 269, 272
        prefixando, 148-149
        visão geral, 146
operador de membro (.), 202
operador de multiplicação (*), 63, 146
operador de ponteiro de estrutura (→), 293-294, 300

operador de posição de memória (&)
    arrays, pegando o endereço de, 268
    função malloc(), 289
    ponteiros, 380
    posição de variável, verificando, 257, 258, 259
    mancadas da função scanf(), 375
operador de subtração (-), 63, 146
operador exclusivo OR (XOR), 238-240, 241
operador inclusivo OR, 240
operador lógico && (AND), 107, 235
operador lógico || (OR), 107, 235
operador módulo (%), 146, 149-150
operador NOT (!), 107, 240, 241
    operador OR
        bitwise (|), 235-237, 240
        exclusivo (XOR), 238-240, 241
        lógico (||), 107, 235
operador sizeof, 256-256, 289, 294
operador ternário (?:), 111-112
operador unário mais (+), 146
operador unário menos (-), 146
operadores bitwise, 396
operadores de atribuição, 150-151, 382, 395, 403
    operadores de comparação
        lógica, 105-107, 395-396, 403
        ordem de precedência, 403
        visão geral, 99-101, 395
operadores de comparação lógica, 105-107, 395-396, 403
operadores de comparação matemáticos, 99-101
operadores unários, 240, 382, 396, 403
    operadores. *Veja também operadores específicos por nome*
        atribuição, 150-151, 382, 395, 403
        binário, 240-241, 403
        bitwise, 396
        comparação lógica, 105-107, 395-396, 403
        comparação, 99-101, 105-107, 395, 403
        em linguagem C, 34-35
        matemáticos, 63, 145-146, 395, 403
        ordem de precedência, 403-404
        unário, 240, 382, 396, 403
        visão geral, 395-396
ordem de precedência, 160-162, 403-404
saída padrão, 49. *Veja também* texto I/O

saída, função `printf()`, 192-194
    saída, entrada e (I/O)
        acesso de arquivo em C, 317-318
        armazenando strings, 88-90
        caractere, 83-88
        dispositivos para, 83-84
        fluxo de entrada, 194-197
        função `fgets()`, 93-95
        função `getchar()`, 84-86
        função `putchar()`, 86-87
        função `scanf()`, 90-93
        tipo de variável `char`, 87-88
        visão geral, 83

• P•

painel Management, IDE do Code::Blocks, 12, 13, 16-17
palavra-chave `auto`, variáveis, 225
palavra-chave `const`, variáveis, 225
palavra-chave `enum`, variáveis, 225
palavra-chave `register`, variáveis, 225
palavra-chave `signed`, tipos de variável `int`, 78
palavra-chave `struct`, 201
palavra-chave `typedef()`, 221-223, 297, 350
palavra-chave `union`, variáveis, 225
palavra-chave `volatile`, 225
palavras reservadas, 33
    palavras-chave
        `auto`, 225
        `const`, 225
        `enum`, 225
        `extern`, 348
        linguagem C, 32-33
        obsoletas, 393
        Padrão C11, 393, 394
        `register`, 225
        `signed`, tipos de variável `int`, 78
        `struct`, 201
        `typedef`, 221-223, 297, 350
        `union`, 225
        variável, 225
        visão geral, 393-394
        `volatile`, 225
palavras-chave obsoletas, 393
palavras-chave Padrão C11, 393, 394
palavras, agrupamentos binários, 232
    parênteses
        declaração `return`, 41
        faltando, 373
        forçando ordem com, 161-162, 403

parte de Program Arguments, Caixa de diálogo Select Target, 213
    passando
        argumentos para funções, 136-138
        arrays para funções, 178-180
        estruturas para funções, 207
        ponteiros para funções, 282-283
    pastas. *Veja também* diretórios
        no IDE do Code::Blocks, 29
        para projetos de programação, 15
ponteiro de arquivo, 330-332
ponteiro `fh`, 319
ponteiro, arquivo, 330-332
    ponteiros
        armazenamento de variável, 252-253, 260
        arrays, matemática em, 269-273
        arrays, pegando endereço de, 267-268
        definido, 260
        discussão geral, 260-263
        em funções, 282-285
        expressões, 273
        listas ligadas, 295, 297
        notação array, substituindo por, 273-274
        notação, 280
        operador `sizeof`, 253-256
        ordem de precedência, 404
        posição de variável, 257-259
        problemas com, 251-252
        recomendações para, 380
        strings, classificando, 280-282
        strings, declarando, 276
        strings, exibindo, 275
        strings, montando um array de, 277-280
        strings, visão geral, 274
        trabalhando com, 263-265
        visão geral, 251, 267
    ponto e vírgula
        declarações, 35, 36
        em loops, 126-127, 371
        erros envolvendo, 102-103
pós-decremento, 149
pós-incremento, 149
posição do cursor, 330-332
posicionamento, variável, 253, 257-259, 260
posições de memória, variável, 257-259
postura, importância de, 377-378
precedência, ordem de, 160-162, 403-404
    precisão
        floats, 61

função de saída `printf()`, 190, 191
precisão dupla, floats, 61
precisão única, floats, 61, 76
prefixo `0x`, 246, 247
prefixo `0x`, 246, 247
problemas yorn, 185-186
procedimentos, *Veja* funções
programa C mínimo, 40
programa idiota, 40
    programação. *Veja também*
        linguagem C,
        código-fonte, 16-17, 24-26
        compilando para código objeto, 26
        definido, 21
        executando e testando, 28
        executando projetos, 18-19
        fechando projetos, 19
        ferramentas para, 9-10
        história, 21-23
        IDE do Code::Blocks, 10-13
        IDE, importância do, 10
        montando projetos, 18-19
        níveis de linguagem, 32
        pasta para projetos, 15
        processo de, 23-24
        projeto, criando, 14-16
        relevância da, 1
        salvando projetos, 19
        vinculando em biblioteca C, 27
        visão geral, 1-5, 9
    programas
        executando com a função `system()`, 216-217
        finalizando com a função `exit()`, 215-216
programas gráficos, trigonometria em, 155-156
programas interativos, 301-305, 376
    projetos
        código-fonte, 16-17
        criando, 14-16
        executando, 18-19
        fechando, 19
        montando, 18-19
        salvando, 19
    projetos multimodulares
        arquivo cabeçalho personalizado, criando, 349-352
        compartilhando variáveis entre, 348-349
        criando módulos, 346-347

módulos, definido, 346
recomendações para, 352, 379
vinculando dois arquivos de código-fonte, 345-348
visão geral, 345
protótipos, função
    arquivos cabeçalho, 350
    definido, 34
    discussão geral, 130-132
    evitando o uso de, 133-134
    função `second()`, 348
    problemas relacionados à não utilização, 132-133

• R •

radianos, 154-155, 156
registro específico, encontrando, 332-333
relógio, verificando, 310-311
renomeando arquivos, 342-343
respostas de exercício, 4
respostas, exercício, 4
ressetando bits, 233
resto, calculando, 149-150
retornando ponteiros de funções, 283-285
reutilizando variáveis, 80-82
Ritchie, Dennis, 22

• S •

salvando
    código-fonte, 25
    listas ligadas, 305, 333-334
    projetos, 19
seleção de múltipla escolha, 107-111
semeando o gerador de números aleatórios, 158-160, 311
    sequências de escape
        caracteres ASCII, 391
        discussão geral, 55-57
        dividindo declarações com, 79-80
        visão geral, 399
setando bits, 233
sinais de igual, único versus duplo, 101-102
sintaxe, linguagem C, 35-36
    sistema operacional Unix
        entrada e saída, 83-84
        prompt de comando em, 209, 210
sistema operacional, retornando valor para, 40-41
Soutstroup, Bjarne, 22-23
status bar, IDE do Code::Blocks, 12, 13

stdin (dispositivo de entrada padrão), 83-84
stdout (dispositivo de saída padrão), 83-84
string phrase[], 184
   strings
      armazenando, 88-90
      array de, montando, 277-280, 281
      arrays bidimensionais, 174-175
      arrays char, 167-168
      classificando, 280-282
      comparando, 187-188
      definido, 27, 33, 181
      diretiva #define, 68
      fluxo de entrada, 194-197
      formatação da função printf(), 190-194
      função fgets(), lendo com, 94
      função malloc(), criando armazenamento com, 289-290
      função scanf(), lendo com, 91-92
      funções CTYPE, 182-186
      funções, 186-189
      montando, 189
      passando para funções, 138
      ponteiros, declarando pela utilização, 276
      ponteiros, exibindo utilizando, 275
      visão geral, 181, 274
subdiretórios, 339
   sub-rotinas (funções)
      Veja também função fgets()
      Veja também função main()
      Veja também função malloc()
      Veja também funções de armazenamento permanente
      Veja também função printf()
      Veja também função puts()
      Veja também função scanf()
      abs(), 152
      adicionando, 41-43
      arrayinc(), 180
      binbin(), 233-235, 243, 245
      ceil(), 152, 153
      chdir(), 340, 341
      closedir(), 336
      construindo, 130-132
      convert(), 138-140
      cos(), 155
      create(), 283
      ctime(), 309, 312, 338-339
      CTYPE, 182-186

delete(), 305
difftime(), 309, 314
discount(), 283
enviando valores múltiplos para, 138
erros do vinculador relacionados a, 57-58
escrevendo, 379
exit(), 215-216
fclose(), 318, 319
fgetc(), 319-320, 326, 343
floor(), 152
fopen(), 318, 319, 322, 324
fprintf(), 319, 321, 323
fputc(), 343
fputs(), 320-321
fread(), 324-326, 327, 329
free(), 292-293
fseek(), 332-333
ftell(), 330-332
fwrite(), 323-324, 327, 329, 333
getc(), 85
getch(), 197
getchar(), 84-86, 87, 89, 196
getcwd(), 340, 341
gets(), 95
graph(), 137
initialize(), 228-229
interativas, 197
isalnum(ch), 182
isalpha(ch), 182
isascii(ch), 182
isblank(ch), 182
iscntrl(ch), 182
isdigit(ch), 182
isgraph(ch), 182
ishexnumber(ch), 182
islower(ch), 182
isnumber(ch), 182
isprint(ch), 182
ispunct(ch), 182
isspace(ch), 182
isupper(ch), 182
isxdigit(ch), 182
limit(), 141-142
load(), 333
localtime(), 309, 312-314
make_structure(), 300
manipulação de caracteres, 181-186
matemática, 145, 151-153
mkdir(), 340, 341
opendir(), 335-336
palavra-chave return, 141-142

passando argumentos para, 136-138
passando arrays para, 178-180
passando estruturas para, 207
ponteiros em, 282-285
`pow()`, 152
prototipando, 132-134
`putchar()`, 86-87, 280
`rand()`, 156-160
`readdir()`, 336, 337
`realloc()`, 291-292, 293
`rename()`, 342-343, 365
retornando arrays de, 180
retornando valores, criando, 138-140
`rewind()`, 330-332
`rmdir()`, 340
`save()`, 333
`second()`, 346, 348, 349
`show()`, 283
`showarray()`, 179-180
`sin()`, 155, 156
`sleep()`, 309
`sqrt()`, 152
`srand()`, 158-160
`srandom()`, 311
`stat()`, 337-338, 339
`strcasecmp()`, 186, 188
`strcat()`, 187, 189
`strchr()`, 187
`strcmp()`, 186, 188, 282
`strcpy()`, 187
string, 186-189
`strlen()`, 187, 254
`strncasecmp()`, 187
`strncat()`, 187
`strncmp()`, 186
`strncpy()`, 187
`strnstr()`, 187
`strrchr()`, 187
`strrev()`, 284-285
`strstr()`, 187
`system()`, 216-216
`tan()`, 155
`time()`, 159-160, 309-311
tipo `void`, 130
`toascii()`, 183
`tolower()`, 183
`toupper()`, 183, 186
`unlink()`, 344
variáveis em, 135-136
`verify()`, 142
visão geral, 33-34, 129
switch -`Wall`, 374
switch, 134

• T •

tabulação
em linguagem C, 36
em loops `for`, 119
no IDE do Code::Blocks, 17
tecla Enter, fluxo de input, 195
tela Start Here, IDE do Code::Blocks, 14
tela, exibindo texto na
adicionando mais, 49-50
desabilitando declarações com comentários, 50-51
erros do vinculador, 57-58
erros, fazendo de propósito, 51-53
mensagem cômica, 47-48
tempo
calendário, 308
características C relacionadas a, 308-309
delay, criando, 314
função `localtime()`, 312-314
timestamp, visualizando, 312
verificando o relógio, 310-311
visão geral, 307
testando
funções CTYPE para, 182, 183-185
visão geral, 28
texto de Autocompletar, IDE do Code::Blocks, 40-41
texto em negrito, no livro, 3
texto I/O
armazenando strings, 88-90
função `fgets()`, 93-95
função `scanf()`, 90-93
visão geral, 88
texto monoespaçado, no livro, 3
texto, exibindo na tela
adicionando mais, 49-50
desabilitando declarações com comentários, 50-51
erros do vinculador, 57-58
erros, fazendo de propósito, 51-53
função `printf()`, 53-57
função `puts()`, 48-49
mensagem cômica, 47-48
visão geral, 47
texto. *Veja também* strings
anexando a arquivos, 322
colorindo, no IDE do Code::Blocks, 17
escrevendo em arquivos, 318-319
lendo de arquivos, 319-321

Índice **425**

tipo de estrutura `record`, 201-202
tipo de variável `_Bool`, 73, 77, 397
    tipo de variável `char`. *Veja também*
        strings
            arrays, 88-90, 92
            caractere de I/O, 87-88
            definido, 73
            gama de valores, 77
            ponteiros, 263
            visão geral, 181, 397
tipo de variável `double`, 73, 77, 397
tipo de variável `float`, 73, 76, 77, 265, 397
    tipo de variável `int`
        definido, 73
        fazendo typecast, 219-221
        gama de valores de, 77, 397
        ponteiros, 265
tipo de variável `long int`, 77, 78, 397
tipo de variável `off_t`, 339
tipo de variável `short int`, 77, 78, 397
tipo de variável `unsigned char`, 77, 397
tipo de variável `unsigned int`, 77-78, 397
tipo de variável `unsigned long int`, 77, 397
tipo de variável `unsigned short int`, 77, 397
tipo de variável `void`, 78
tipo, variável, 253, 257, 260
    tomada de decisão
        comparação `if-else`, 103-104
        declaração `else if`, 104-105
        estrutura `switch-case`, 107-111
        operador ternário `?:`, 111-112
        operadores de comparação lógica, 105-107
        operadores de comparação, 99-101
        palavra-chave `if`, 97-99
        posicionamento de ponto e vírgula, 102-103
        sinal de igual único versus duplo, 101-102
        visão geral, 97
tomada de decisão either-or, 103-104
trigonometria, 154, 156

• U •

unidades, 269

• V •

valor `int`
    funções CTYPE, 183
    funções de comparação de estrutura, 188
valores
    atribuindo a variáveis, 74, 80
    binários, exibindo, 233-235
    binários, trocando, 241-243
    em linguagem C, 35
    enviando múltiplas, para funções, 138
    função `printf()`, exibindo com, 60-62
    função, 33
    gama de variáveis, 77
    lendo com a função `scanf()`, 92-93
    marcador de posição `%f`, 62-63
    passando para funções, 136-137
    ponteiros, utilizando atribuição, 264-265
    retornando funções, criando, 138-140
    retornando para o sistema operacional, 40-41
    reutilizando, 66-67
    tipos de, 60
    variáveis como, 71
    visão geral, 59
valores de código ASCII, 85, 118, 387-391
valores de código de controle, 391
    valores decimais
        traduzindo para binário, 233
        valores de código ASCII, 387-390
valores imediatos, 35, 71
variáveis estáticas, 223-225, 284
    variáveis globais
        compartilhando variáveis entre módulos, 348-349
        estruturas, 207, 227-229
        utilizando, 226-227
        visão geral, 225
variáveis locais, 135, 223-224
    variáveis. *Veja também* arrays; variáveis globais; estruturas
        armazenamento, 252-253, 260
        atribuindo valores para, 74, 80
        compartilhando entre módulos, 348-349
        conteúdos, 253, 257

declarando, 74, 76, 80
decrementando, 149
definindo, 71
depurando, 360-362
em funções, 135-136
estática, 223-225
exemplo de, 72
fazendo o typecast, 219-221
incrementando, 149
linguagem C, 35
listas ligadas, 297, 299
múltiplas, criando, 78-80
nome, 253
operador `sizeof`, 253-256
palavra-chave `typedef`, 221-223
ponteiro, 276
posição, 253, 257-259
reutilizando, 80-82
tipo, 253, 257
tipos de, 72-73, 77-78, 397
uso de, 73-76
visão geral, 71, 219

variável `age`, 289
variável `count`, 331, 349
variável `current`, 299, 300
variável de estrutura `filestat`, 338
variável f, função `convert()`, 139
variável `first`, 299
variável global `errno`, 364-365
variável `handle`, função `fopen()`, 318
variável `match`, função `strcmp()`, 188
variável `new`, 297, 299, 300
variável `size_t`, 254
variável t, função `convert()`, 139, 140
variável `time_t`, 308, 310-311

vinculador
    definido, 27, 346
    erros, 57-58

vinculando
    biblioteca C, 27
    bibliotecas, 352-354
    dois arquivos de código-fonte, 345-348

vírgulas, em loops `for`, 117, 372
visão geral do Ambiente de Desenvolvimento Integrado (IDE), 10
visão geral do IDE (Ambiente de Desenvolvimento Integrado), 10
visão geral, 24, 355
visão geral, 47
Visualizador Man/Html Pages, IDE do Code::Blocks, 20
visualizando a timestamp, 312
voltando, 330-332
von Neumann, John, 22

• W •

sites, acompanhantes, 5
Windows
    barra invertida em, 339-340
    função `getcwd()`, 341
    prompt de comando em, 209-210

• X •

XOR (operador exclusivo OR), 238-240, 241

• Z •

zeros, lidando com o marcador de posição `%f`, 62-63